Bonne route !

À la découverte du français dans le monde

Cahier d'exercices / Manuel de laboratoire

B. Edward Gesner
James W. Brown
Patricia P. De Méo
Dalhousie University

John S. Metford

Holt, Rinehart and Winston
a division of
Harcourt Brace & Company

Toronto Montreal Fort Worth New York Orlando Philadelphia San Diego London Sydney Tokyo

ISBN 0-03-922779-0

Publisher: Heather McWhinney
Editor and Marketing Manager: Christopher Carson
Director of Publishing Services: Jean Davies
Editorial Manager: Marcel Chiera
Production Manager: Sue-Ann Becker
Production Supervisor: Carol Tong
Editorial Co-ordination: Séjourné Metford Inc.
Cover Design: Dennis Boyes
Cover Illustration: Federico Botana
Interior Design and Composition: Kim Pines/In French Only Inc.
Printing and Binding: Webcom Limited

This book was printed in Canada on acid-free paper.

1 2 3 4 5   99 98 97 96 95

Preface

The various exercises of the **Cahier d'exercices / Manuel de laboratoire** have been carefully designed to improve your ability to comprehend, speak, read, and write French. They will reinforce skills you acquired as you worked with the related materials of the main text. We have endeavoured to vary the activities as much as possible, and most are placed in contexts to make them more realistic. There are essentially three sorts of activities — structured, guided, and open-ended. The structured exercises will provide you with further basic language practice and are often titled "Pratique pratique," as are similar exercises in the textbook. There will normally be only one correct answer for each item, which you may consult in the "Corrigé," or answer section at the end of the **Cahier / Manuel**. You will often have a choice in the answers to the less structured, guided activities, and they are often personalized. However, though answers may vary somewhat, there are typical or likely answers that will again be provided in the corrigé as examples. The open-ended activities, on the other hand, encourage you to express yourself freely and creatively, and answers to these activities will, of course, vary from student to student. All exercises in both the workbook and the lab manual are preceded by instructions (given in English in the first five chapters and in French thereafter, as in the main text). Read these instructions carefully, several times if necessary. Many exercises are accompanied by a model answer to guide you in your work.

Each chapter of the **Cahier d'exercices** begins with one or two activities that will help you reinforce acquisition of new vocabulary and essential cultural notions presented in the "Sur le vif!" sections of *Bonne route !* Activities include question and answer, multiple choice, completions, true/false, synonyms and antonyms, and so on. Each section of the "Fonctions et observations langagières" presented in the textbook has a battery of related exercices in the **Cahier,** in the parts of each chapter entitled "Communication, structures et vocabulaire." Both structured and more communicative, open-ended activities are included for most chapter subdivisions. Each of the two "Scènes" of each chapter have a similar format. Finally, in "Activité de synthèse," you will be given the opportunity to write creatively and to express your own ideas — you may be asked to write a short essay or letter in this final section. Suggested topics coincide with chapter themes, frequently including materials and incorporating notions from the readings in the "Plus loin" section of the chapter.

The **Manuel de laboratoire** for *Bonne route !* has also been carefully designed in conformity with the general philosophy of the text and corresponds in large measure with its divisions into conversational and cultural sections, a structural and grammatical overview section interspersed with functional and/or situational vocabulary, and, finally, a synthesis of the previous sections that is presented in comprehensive, original, and personal manner. As was the case with the other textual components of *Bonne route !* we have endeavoured to use authentic and contextualized language in the mostly aural/oral exercises comprising the lab manual, though we have also included exercises requiring written responses when special focus on spelling or annotating is required. Naturally, the dialogues themselves, with their special emphasis on register and authenticity, regional and standard features of the French language, and even paralinguistic aspects of speech, such as pause phenomena, are all taken into account in the exercises and activities that make up the **Manuel**. Recognizing the need for both structural accuracy and communicative exchanges, we have tried to vary our exercises so that they reflect both of these basic constituents of language learning. Additionally, each lesson contains a subsection on pronunciation and phonology. Keeping true to our theme of *la francophonie*, we have introduced phonetic features of non-standard French (the accents of Quebec and l'Acadie, for example, and of the south of France) into our phonological descriptions, as well as into our dialogues and exercises. These variants have generally been presented for recognition only, though we do occasionally ask you to distinguish between them in listening exercises. Finally, in the firm belief that you should be exposed to the French language as much as possible in a large variety of situations, we have used many simulation-type listening exercises and a challenging listening comprehension passage in our concluding synthesis section. The final section also includes a "dictée" and personalized questions related to the chapter theme. Your instructor may wish you to hand these in for corrective feedback.

We suggest you work progressively on both the **Cahier** and **Manuel** as you complete the corresponding section of the textbook. As you proceed, we encourage you to use vocabulary and structures you have learned in that chapter while integrating material acquired in earlier chapters. This is in keeping with the "spiral" approach to learning we have adopted as an important feature of this method. We hope you will enjoy the practise materials provided in the **Cahier d'exercices / Manuel de laboratoire** and once again, we wish you bonne route !

Table des matières

Cahier d'exercices

Chapitre préliminaire : Maria arrive à Laval

Scène 1 : L'arrivée

Sur le vif !

A. **Vérifions** Read the following statements and say whether they are true (T) or false (F). If the statement is false, write out the correct answer.

1. Mme Gagnon est étudiante dans le programme d'immersion. (   )

   _____

2. L'université Laval est située dans la ville de Montréal. (   )

   _____

3. Maria vient de Colombie-Britannique. (   )

   _____

4. La chambre de Maria est dans la résidence Saint-Jean. (   )

   _____

5. Le pavillon Charles de Koninck n'est pas loin de la résidence Lemieux. (   )

   _____

B. **Mots apparentés** Reread the dialogue and make a list of five cognates you find, then use them in an original sentence.

1. _____

   _____

2. _____

   _____

3. _____

   _____

4. _____

   _____

5. _____

   _____

Communication, structures et vocabulaire

I. Se présenter, répondre à une présentation

A. **Le bon registre** Read the different styles of introductions and greetings below and say whether they belong to a more formal or a less formal style.

	More formal	Less formal
1. Permettez-moi de me présenter, Monsieur.	[✓]	[ ]
2. Salut, Jane. Je m'appelle Robert.	[ ]	[✓]
3. Enchantée, Madame.	[✓]	[ ]
4. Bonjour, Renée.	[ ]	[✓]
5. Salut, Mesdames.	[✓]	[ ]

II. Identifier les personnes et les choses
Les pronoms sujet
Le verbe *être*

A. **Moi, je suis ...** Fill in the blanks with the correct form of the subject pronoun or the correct form of the verb *être* as indicated.

1. Maria Chang _____est_____ (être) de Fort Saint-Jean.

2. _____Elle_____ est étudiante dans le programme d'immersion.

3. _____Es_____ -tu dans le pavillon de Koninck ?

4. Non, _____je_____ suis dans la résidence Lemieux.

5. Nous _____sommes_____ (être) dans la ville de Québec.

6. Maria et Mme Gagnon _____sont_____ (être) dans le bureau des inscriptions.

III. Poser des questions : répondre à des questions
N'est-ce pas
L'intonation montante

A. **Répondons** Formulate a question and an affirmative answer from the fragments below. Use a subject pronoun in the answer.

modèle Suzanne/être/américaine
Suzanne est américaine, n'est-ce pas ? or Suzanne est américaine ?
Oui, elle est américaine.

1. vous/être/résidence

   _____

   _____

2. les inscriptions/être/ici

   _____

   _____

3. L'Université Laval/être/à Québec

   _____

   _____

4. Marc et Laure, vous/être/de Calgary

   _____

   _____

5. Je/être/dans le pavillon de Koninck

   _____

   _____

IV. Exprimer la négation

A. Mais non ! Answer the following questions in the negative.

1. Jacques Parizeau est le premier ministre du Canada ?

   _____

2. Es-tu artiste ?

   _____

3. La résidence Lemieux est sur le campus de l'université de Montréal, n'est-ce pas ?

   _____

4 *Préliminaire*

4. Mme Gagnon vient de Colombie-Britannique ?

_____

5. Nous sommes dans la chambre à coucher (*bedroom*), n'est-ce pas ?

_____

Scène 2 : En résidence

Sur le vif !

A. **C'est sûr ?** Read the following statements. If they are correct, move to the next item; if they are incorrect, supply the right answer.

1. Jane n'est pas dans la chambre quand Maria arrive.

_____

2. Maria, Jane et Jocelyne sont camarades de chambre.

_____

3. La chambre dans la résidence est petite.

_____

4. Fort Saint-Jean est en Alberta.

_____

5. Maria a des cassettes de Céline Dion.

_____

6. Elle a aussi une imprimante.

_____

B. **Associons les mots** Match the words on the left with the words on the right by drawing lines between them.

camarade	good
chambre	you
ça	far
baladeur	friend
imprimante	room
loin	that
bon-ne	cassette player
toi	printer

Communication, structures et vocabulaire

I. Identifier ses origines

A. D'où est-il/elle ? Below is a list of some of the characters from *Bonne route*. Indicate their city of origin.

modèle Jocelyne (Chicoutimi) → **Elle est de Chicoutimi.**

1. Robert (Sudbury)

   _____

2. Michael et Heather (Halifax)

   _____

3. Gabrielle (St. Boniface)

   _____

4. Maria (Fort Saint-Jean)

   _____

5. Réjean (Chambly)

   _____

II. Décrire les possessions
Le verbe *avoir*
Les articles indéfinis
Les noms au pluriel

A. Vous avez ... ? Answer the following personal questions using the verb *avoir*.

1. Vous avez un piano ?

   Oui, nous avons un piano

2. Votre camarade de chambre a une raquette de tennis, n'est-ce pas ?

   Oui, notre camarade de chambre a une raquette.

3. Vos parents ont des cassettes de Céline Dion ?

   Oui, nos parents avons des casettes

4. Mme Gagnon a les dossiers des étudiants, n'est-ce pas ?

   Oui, Mme Gagnon a les dossiers

5. Maria et Jane ont un magnétophone dans la chambre ?

Oui, elles l'ont.

6. Vous avez une machine à popcorn ?

Oui, nous avons la.

Il y a

B.   Dans la chambre de Paul il y a ... Combine the following elements with *il y a* to say what is in Paul's room. Affirmative (+), negative (-).

modèles réveille-matin (+) **Il y a un réveille-matin dans la chambre.**
   guitare (-) **Il n'y a pas de guitare dans la chambre.**

1.   vélo (+)

_____

2.   cassettes (-)

_____

3.   imprimante (+)

_____

4.   disque laser (+)

_____

5.   livres (+)

_____

6.   chat (-)

_____

7.   affiches (+)

_____

8.   flûte (-)

_____

III. Renvoyer à quelque chose qu'on a déjà mentionné
Le pronom *en*

A.   À l'université A fellow student from another university/college is asking you what services you have at your school. Answer using the pronoun *en*. Try to vary your answers by changing the subject, e,g., J'ai ... , on a ... , nous avons ... , il y a ...

modèle   un département de théâtre ➞ **Oui, nous en avons un.**

1. une cafétéria ?

_____

2. des concerts ?

_____

3. une départemente de musique ?

_____

4. des courts de tennis ?

_____

5. une galerie d'art ?

_____

6. un snack-bar ?

_____

7. un club de français ?

_____

8. une banque ?

_____

Activité de synthèse

A.   **Rédaction**   Write approximately 50 words on **one** of the following subjects.

1. **En salle de classe**   Using the vocabulary you have learned so far, name the things that can be found in your classroom.

     OU

2. **Origines**   Find out what town or city four or five of your classmates are from and report back. (You might want to do this activity with the members of your family)

     OU

3. **Qu'est-ce que nous achetons ?**   You want to know what kinds of things your new roommate has so you can decorate your room. Since he/she has not yet arrived on campus, leave a list of questions to ask him/her about possessions.

Nom _____   Date _____

_____

_____

_____

_____

_____

_____

_____

_____

_____

_____

_____

_____

_____

Préliminaire 9

Chapitre 1 : La première classe

Scène 1 : En route

Sur le vif !

A. **Approfondissons** Answer the following questions using complete sentences.

1. Quel-s personnage-s aime-nt le tennis ?

   _____

2. Est-ce que Jocelyne ne joue pas bien ?

   _____

3. Chicoutimi est loin du lac Saint-Jean, n'est-ce pas ?

   _____

4. Gérard aime faire de l'aérobic le matin ?

   _____

5. Est-ce que le concert de Roch Voisine est au stade Olympique ?

   _____

B. **Jeu d'associations** Match the items in the left column by drawing lines to the appropriate items in the right column.

1. Gérard   la métropole du Saguenay

2. Maria   la chanson traditionnelle

3. Chicoutimi   en forme

4. Daniel Bélanger   étudiant en linguistique

5. Jean-Pierre Ferland   la musique rock

Communication, structures et vocabulaire

I. Identifions les personnes et les choses (suite)

A. Qui est-ce ? Combine the following elements to answer the question *qui est-ce* ? Use a subject pronoun in your answer.

> **modèle**   (Qui est-ce ?) Réjean (professeur) → **C'est Réjean. Il est professeur.**

1. Mme Gagnon (coordinatrice du programme)

   _____

2. Jane et Maria (camarades de chambre)

   _____

3. Gérard (joueur de tennis)

   _____

4. Jocelyne (monitrice)

   _____

5. Roch Voisine, Daniel Bélanger et J-P Ferland (chanteurs)

   _____

   _____

II. Saluer, parler de choses et d'autres, prendre congé

A. Au revoir How might the following people take leave of each other?

> **modèle**   You are saying good-bye to your doctor and you have a return appointment the following week.
>
> **Au revoir, Monsieur (Madame), et à bientôt.**

1. You are saying good-bye to your French professor. It is Tuesday and you have a French class on Wednesday.

   _____

2. Mme Gagnon is saying good-bye to her co-workers on Friday afternoon.

   _____

3. Your brother is saying good-bye to a friend, with whom he's going to spend the day Saturday.

   _____

4. You drop your friend off at work in the morning.

_____

5. A French mother says good-bye to her babysitter late Friday afternoon.

_____

B. Salut ! Following are some likely responses to greetings. What would the salutation or greeting have most likely been?

1. Pas mal. _____

2. Ciao ! _____

3. À demain. _____

4. Je vais bien, merci. _____

5. Comme ci comme ça et toi ? _____

6. Au revoir, Madame/Monsieur/Mademoiselle. _____

III. Dire ce qu'on aime ou ce qu'on n'aime pas
Exprimer les goûts et les préférences

A. Mes préférences Using vocabulary from *J'aime/Je déteste*, express how you feel about the following:

1. les sciences

_____

2. la philosophie

_____

3. le tennis

_____

4. les langues

_____

5. Madonna

_____

6. l'aérobic

_____

7. votre camarade de chambre

_____

8. le squash

_____

Les verbes réguliers en *-er*

B. Conjuguons ... Fill in the blanks with the correct form of the verb.

1. Maria _préfére_ (préférer) la musique traditionnelle.

2. Gérard et Jocelyne _jouent_ (jouer) au tennis ensemble.

3. Nous _adorons_ (adorer) les sciences politiques.

4. Vous _n'aimez pas_ (ne pas aimer) tellement le professeur d'anglais ?

5. Tu _préfères_ (préférer) le squash ou le hockey ?

6. J(e) _aime_ (aimer) bien les chansons de J.-P. Ferland.

IV. Demander des renseignements

A. Faisons connaissance   The students in the immersion programme are getting acquainted. Combine the fragments below with *est-ce que* to form a question.

modèle   Gérard/aimer/tennis → **Est-ce que Gérard aime le tennis ?**

1. Maria/marcher/assez souvent

Est-ce que Maria marche assez souvent

2. Jocelyne et Robert/ne pas écouter/beaucoup/radio

Ils n'écoutent pas beaucoup le radio

3. Maria et Jane/parler/français/dans la chambre

Elles parlent français dans la chambre

4. Robert/ne pas aimer/la musique rock

Il n'aime pas la musique rock

5. Heather et Michael/regarder/quelquefois/télévision

Ils regardent quelquefois la télévision

Chapitre 1   13

B. **Activités** Using *est-ce que* to form a questions, find out what the following students in the immersion programme do or like to do.

modèle Gérard : danser bien
Est-ce que Gérard danse bien ? / Est-ce que Gérard aime bien danser ?

1. Maria : préférer écouter la radio

   _____

2. Heather et Michael : voyager quelquefois

   _____

3. Robert : regarder rarement la télévision

   _____

4. Jane et Marie: habiter en résidence

   _____

5. Jocelyne : aimer la musique de Jean-Pierre Ferland

   _____

6. Et vous ... ?

   _____

V. Identifiez les choses (suite)

A. **Les choses, les gens** Fill in the blanks with the correct form of the definite article.

1. Mme Gagnon aime travailler avec _____les_____ étudiants.

2. Maria a _____l'_____ ordinateur de Jane et _____la_____ raquette de tennis de Robert dans sa chambre.

3. Gérard préfère jouer au tennis avec _____l'?_____ étudiante en sociologie.

4. _____Les_____ chansons de J-P Ferland sont assez traditionnelles.

5. Heather adore _____la_____ littérature.

6. Les étudiants écoutent _____les_____ informations à la radio.

B. **Vocabulaire actif** Following you will find some of the nouns from this and the previous chapter. Do you rember their gender? Write in the correct definite article in the spaces provided, and if the noun begins with a vowel, or if it is plural, indicate whether it is masuline or feminine.

1. __la__ guitare

2. __l'__ ami ( )

3. __le__ vélo

4. __le__ camping

5. __les__ rues

6. __la__ baladeur

7. __les__ masques ( )

8. __les__ skis ( )

9. __la__ salle

10. __le__ disque

11. __le__ voix

12. __la__ université ( )

Scéne 2 : En classe

Sur le vif !

A. Identifications Write the name of the character that corresponds to the following description.

1. Il est étudiant en français. _____

2. Elle organise les activités et les excursions. _____

3. C'est un petit animal. _____

4. Il aime la politique. _____

5. Elle est animatrice. _____

6. Il est professeur. _____

B. Faire des phrases Use the words and/or expressions below in an original sentence.

1. un-e collègue

_____

2. comme ça

_____

3. un furet

_____

4. historique

   _____

5. les métiers d'art

   _____

6. les émissions sportives

   _____

7. exotique

   _____

8. gourmand-e

   _____

Communication, structures et vocabulaire

I. Présenter les autres

A. Présentations Make up a mini-dialogue in which you introduce yourself and your roommate to two other roommates in your dorm. Then introduce yourself and the others to your dean (*doyen/doyenne*) of students.

_____

_____

_____

_____

_____

_____

_____

_____

_____

_____

II. Renvoyer à quelqu'un ou à quelque chose qu'on a déjà mentionné

A. Oui, je l'aime ... Answer the following questions using an appropriate direct object pronoun. If there is an expression in parentheses, add it to your sentence.

1. Est-ce que tu aimes la musique moderne ?

   _____

2. Est-ce que Réjean présente Robert à Jocelyne ? (non)

   _____

3. Ton/ta camarade de chambre adore le cyclisme, n'est-ce pas ?

   _____

4. Est-ce que Robert déteste la ville de Québec ? (non)

   _____

5. Vous aimez les drames psychologiques ? (assez bien/pas tellement)

   _____

6. Jocelyne aime les métiers d'art, n'est-ce pas ? (oui, ... beaucoup)

   _____

7. Robert préfère la nature, le camping et la politique ?

   _____

8. Est-ce que M. Charbonneau présente Mme Charbonneau aux étudiants ? (non)

   _____

III. Parler d'activités et de préférences passées : l'imparfait

A. Quand j'étais petit ... Combine elements from the three groups below to form five complete sentences.

modèle Quand j'étais petit-e, j'aimais la natation.

Quand j'étais petit	aimer	les émissions policières
Quand j'étais à l'école	détester	le jazz
Quand j'avais 15 ans	préférer	les métiers d'art
	adorer	le golf
		la danse aérobique
		le hockey
		les films de John Candy
		le ballet

_____

_____

_____

_____

_____

_____

_____

IV. Expliquer ce qu'on fait dans la vie

A. Professions Answer the following questions about the professions of famous people. Use a subject pronoun in your answer.

> **modèle**   Est-ce que Gilles Vigneault est électricien ?
> **Non, il est chanteur.**

1. Est-ce que Pablo Picasso était musicien ?

    _____

2. Michelle Pfeifer est professeure, n'est-ce pas ?

    _____

3. Perry Mason est médecin ?

    _____

4. Céline Dion est journaliste, n'est-ce pas ?

    _____

5. Est-ce que Liona Boyd est actrice ?

    _____

6. Albert Einstein était informaticien ?

    _____

V. Discuter des activités

A. Quand j'ai du temps libre ... Tell what you like to do (or dislike doing!) in your free time using the structure **verbe + infinitif**.

modèle   Quand j'ai du temps libre, j'aime (adore, préfère, déteste, etc.) parler de la
politique.

Here are some suggestions: cuisiner, visiter les villes historiques, étudier le français,
regarder les films d'aventure, jouer au tennis, chanter et danser, regarder les émissions
sportives, écouter le jazz, etc.

_____

_____

_____

_____

_____

_____

B. J'adore ça ! The characters in *Bonne route* do not all have the same tastes or like the
same activities. Fill in the blanks with the infinitive that best completes the meaning of
the following sentences. Not all verbs necessarily apply to the situations.

verbes : étudier, lire, parler, regarder, aller, écouter, danser

1. Gérard aime surtout _____ la télévision le soir.

2. Michael et Heather préfèrent _____ au théâtre ou au cinéma.

3. Jane adore _____ dans sa chambre ou _____ la radio.

4. Maria déteste _____ de la politique avec son camarade de chambre. Il préfère __
_____ sa leçon de français.

VI. Exprimer les quantités

A. Ça coûte cher ... Write out in French the approximate prices of the following items in
dollars:

modèle   un disque compact ➞ **vingt-deux dollars**

1. une chaîne stéréo

_____

2. un vélo

_____

3. une raquette de tennis

_____

4. un ordinateur

_____

5. une télévision

_____

6. une automobile

_____

VII. Exprimer la durée

A. Depuis longtemps ?   Use the following fragments to form questions with *depuis*, then write an appropriate response to each one.

modèle   Maria et Jane/avoir/machine à popcorn
Est-ce que Maria et Jane ont une machine à popcorn depuis longtemps ?
Non, elles ont une machine à popcorn depuis hier.

1. Robert/être/Québec/longtemps

_____

_____

2. Tu/étudier (*study*)/français/un an

_____

_____

_____

3. Maria et Jane/être/camarades de chambre/trois ans

_____

_____

_____

4. Gérard/étudiant en linguistique/cinq ans

_____

_____

_____

5. Tu/être/à l'université/hier

_____

_____

Activité de synthèse

A. Rédaction Write about 50 words on one of the following subjects:

1. **Sujet de rédaction** See subjects in the textbook.

   OU

2. **La première classe ...** You plan to send your parents a video of your first French class. Include a written description of the segments on the tape which depict the following:

   - who your classmates are, what they are studying and where they are from

   - the formulas they use for greeting each other

   - what they say to each other

   OU

3. **Prenons rendez-vous** You are responding to an ad with a dating service. Make a list of your likes and dislikes to help the service find you an appropriate partner.

   OU

4. **Voitures d'occasion** You are a used-car dealer and must make up price tags for the following vehicles: (spell out all prices)

   une Honda Civic 1989   une Ford Bronco 1990

   une Chevrolet Lumina 1992   une Volkswagen Jetta 1986

   une Mercedes SL 1993

FICHE BIOGRAPHIQUE

nom : _____

prénom : _____

sexe :   masulin _____

         féminin _____   âge : _____

lieu de résidence permanente :

ville : _____

province : _____

profession (+ majeure, si étudiant/étudiante) : _____

_____

_____

_____

_____

passe-temps et préférences : _____

_____

_____

Chapitre 2 : On se retrouve à la cafétéria

Scène 1 : Le déjeuner

Sur le vif !

A. C'est compris Show your comprehension of the dialogue by answering these questions. Be sure to explain your answers.

1. Est-ce que Heather et Michael arrivent ensemble à la cafétéria ?

   _____

2. Est-ce que Gabrielle mange un très bon muffin ?

   _____

3. C'est Heather ou Gabrielle qui (*who*) aime la cuisine à la cafétéria ?

   _____

4. Quel (*what*) est «le problème» à la cafétéria ?

   _____

5. Est-ce que le café de Michael est déjà (*already*) à la table ?

   _____

B. Un peu de vocabulaire Use the following words and expressions in sentences to show that you understand their meaning.

1. enfin

   _____

2. un oncle

   _____

3. être à

   _____

4. penser

   _____

Communication, structures et vocabulaire

I. Décrire les personnes et les choses

A. Exprimez-vous ! Say what you think about each of the following, using the suggested adjective plus a different adjective. Be sure to show the agreements. Put the verb sometimes in the affirmative, sometimes in the negative.

modèle   (arrogant) Les amis ...
       Les amis arrogants sont fatigants !
       Les amis arrogants ne sont pas charmants !

1.   (compliqué) Une classe ...

_____

2.   (français) Les petits déjeuners

_____

3.   (joli) Une bibliothèque

_____

4.   (anglais) La royauté (*royalty*)

_____

5.   (américain) Les émissions

_____

6.   (incompétent) Les conducteurs (*drivers*)

_____

7.   (québécois) La chanteuse

_____

8.   (élégant) Les soirées

_____

9.   (violent) Les sports

_____

B.   **Elle/Il est comment ?** Claude and Martine are discussing their friends and experiences. Answer for them according to the model. Put the adjective into the correct form, choose an appropriate adverb to modify it and invent an explanation!

modèle   Patrick est arrogant. — Et Sylvie ?
       Oui, Sylvie est trop arrogante, c'est vrai. Elle ne parle pas avec (*with*) moi !

1.   Le déjeuner est important. — Et la collation ?

     Oui, _____

2. Les films sont passionnants ! — Et les chansons ?

Oui, _____

3. Ton imprimante est embêtante ! — Et ton ordinateur ?

Non, _____

4. Alan trouve qu'il est parfait. — Et Louise ?

Oui, _____

5. Alma est une chanteuse célèbre. — Et ces (*these*) athlètes ?

Non, _____

II. Parler des membres d'une famille et de leurs possessions

A. **Plusieurs identités** Look at the family tree in *Bonne route* and identify the family members as requested.

modèle   Qui est Nadia ? [a. soeur; b. petite fille]
        Nadia, c'est la soeur de Jocelyne et la petite-fille de Marie-Rose.

1. Qui est Joanne ? [a. fille; b. cousine]

_____

2. Qui est Paul ? [a. mari; b. oncle]

_____

3. Qui est Francis ? [a. fils; b. frère]

_____

4. Qui est Nathalie ? [a. mère; b. soeur]

_____

5. Qui est Henri ? [a. grand-père; b. mari]

_____

6. Qui est Blandine ? [a. fille; b. tante]

_____

7. Qui sont Christine et Claire ? [a. soeurs; b. filles]

_____

8. Qui sont Émile et Blandine ? [a. parents; b. grands-parents]

_____

9. Qui sont Oliver et Raphaël ? [a. frères; b. fils]

   _____

10. Qui est Rosaire ? [a. oncle; b. fils]

   _____

B. **Je connais ma famille** For each object, briefly describe two family members to show that it belongs to one and not to the other. Feel free to invent, but try to avoid gender stereotyping!

   modèle   un gant de base-ball; mon oncle; ma tante
   Mon oncle Rusty n'aime pas le base-ball. Le gant n'est pas à lui.
   Ma tante Hélène aime le baseball. Le gant est à elle.

1. des verres *m* (*goggles*) de natation; mon neveu; ma nièce

   _____

   _____

2. un livre de cuisine; ma mère; mon père

   _____

   _____

3. le ballon de football; mon petit-fils; ma petite-fille

   _____

   _____

4. un accordéon; mon frère; ma soeur

   _____

   _____

5. des tomates *f*; ma belle-soeur; mes fils

   _____

   _____

6. une motocyclette; mes amis; mes amies

   _____

   _____

7. des disques compacts; ma grand-mère; mes neveux

_____

_____

8. des brocolis *m*; ma belle-mère; mon mari

_____

_____

III. Décrire les personnes

A. **La tête haute** Complete the story below with the adjectives given. Do not forget to make the appropriate agreements.

mots suggérés : bon, dangereux, différent, bouclé (*curly*), excellent, grand, grand, noir, notre, passionnant, impoli

J'ai un ami qui est _____ — très _____.

Il mesure 6 pieds 5 pouces (1 mètre 95). Il a les cheveux _____

et _____. Il est généralement de _____

humeur (*mood*). Dans _____ classe d'astronomie, il a des notes

_____. C'est l'étoile (*star*) de la classe ! Mais quand il marche

sur le trottoir (*sidewalk*), c'est _____. C'est parce que les miroirs

(*m*; *mirrors*) des autobus sont extrêmement _____. Même si

(*even if*) la conversation est _____, mon ami pense constamment

aux autobus derrière lui (*behind him*). Il n'est pas _____; il ne

veut (*want*) pas perdre (*lose*) la tête !

B. **Quel âge a ... ?** Imagine each of the following and describe them by giving a) writing out their age, b) giving a brief physical description, c) adding any other comment, with a reasonable explanation.

modèle   1 an   un bébé charmant
  Le bébé a un an. Il a les cheveux foncés. Il est content, et c'est parce qu'il joue avec son chien.

1. 86 ans   un vieil homme égoïste

   _____

   _____

2. 48 ans   des femmes qui font du jogging

   _____

   _____

3. 25 ans   un homme ...

   _____

   _____

4. 17 ans   une jeune femme ...

   _____

   _____

5. 12 ans   des garçons ...

   _____

   _____

6. 9 ans   une jeune fille ...

   _____

   _____

7. 3 ans   des enfants ...

   _____

   _____

8. 125 ans   une maison ...

   _____

   _____

9. 200 ans   un violoncelle (*cello*) ...

   _____

   _____

10. 600 ans   un séquoia ...

_____

_____

11. 3000 ans   une pyramide ...

_____

_____

12. 10 000 ans   des dessins (*m; drawings*) préhistoriques ...

_____

_____

Scène 2 : Quoi faire ?

Sur le vif !

A. **Un peu de vocabulaire** Use the following words and expressions in sentences to show that you understand their meaning.

1. aller au cinéma

_____

2. inviter

_____

3. présenter

_____

4. en danger

_____

B. **La culture à l'affiche** Reread the dialogue and the cultural notes (*Pour en savoir plus*) and draw lines to match the items in column A with the matching items in column B:

1. «Euh» ou «Eh bien»
2. la loi 101
3. un Cadien-une Cadienne
4. une province où la langue française est en danger
5. protéger le français des Cadiens
6. un Acadien-une Acadienne

a. déclaration que le français est la seule (*only*) langue officielle du Québec
b. une personne qui parle français et qui vient des provinces maritimes du Canada
c. le CODOFIL
d. une personne qui parle français et qui vient de la Louisiane
e. une personne qui prépare sa réponse
f. le Manitoba

Communication, structures et vocabulaire

I. Faire des projets

A. Qui va avec qui ? Answer the questions according to the models.

modèles   Tracey : Où est-ce que tu vas ? (en Californie)
            Vern : Je vais en Californie.
            Vern : Tu viens avec moi ? (Très bien)
            Tracey : Très bien, je viens avec toi.

1. Adam : Où est-ce que Shelly va ? (à Winnipeg)

   Charmaine : _____

   Charmaine : Est-ce que tu viens chez Shelly avec moi ? (Très bien)

   Adam : _____

2. Niki : Alain et toi, où est-ce que vous allez après la classe ? (à la piscine)

   Pascal : _____

   Pascal : Est-ce que vous venez aussi pour faire de la natation ? (D'accord)

   Niki : _____

3. Nie : Sharon et Richard vont en ville ? (Oui)

   Bobbi : _____

   Bobbi : Je vais les voir (*to see them*). Tu viens avec moi ? (Entendu)

   Nie : _____

4. Reid : Alors (*so*), où est-ce que nous allons ce soir ? (au cinéma)

   Phong : _____

   Phong : Vikki et Brenda viennent avec nous ? (Naturellement)

   Reid : _____

II. Bien s'exprimer : les verbes suivis des prépositions *à* et *de*

A. Beaucoup d'activités ! In Philadelphia, students from different towns are making each others' acquaintance. Fill in the blanks with the correct form of the verb given and the preposition **à** or **de**.

1. Dan (venir) _____ London. Il (jouer) _____ trombone.

   Après la compétition, il (aller) _____ cinéma.

2. Annette et Chris (jouer) _____ basketball. Ils (venir)

   _____ cafétéria. Ce soir ils (aller) _____ concert de

   jazz.

3. Sue et moi, nous (jouer) _____ violon. Nous (venir)

   _____ courts de tennis et nous (aller) _____

   bibliothèque.

4. Et toi, je sais que tu (jouer) _____ ballon-volant et que tu (venir)

   _____ match.

5. Qu'est-ce que je (penser) _____ ville de Philadelphie ? Elle est

   intéressante !

B. Qui fait quoi ? Still in Philadelphia, students are trying to remember details about their new friends. They ask you all kinds of questions. Reply using the pronouns **y** or **en**, as appropriate. Give accurate information when necessary, otherwise invent the details.

modèle   Est-ce que Sue vient de la bibliothèque ?
              Non, elle n'en vient pas; elle vient des courts de tennis

1. Est-ce que Dan vient de Cornwall ?

   _____

2. Est-ce qu'Annette et Chris vont au concert de jazz ?

   _____

3. Est-ce que tu viens du musée ?

   _____

4. Qui joue au basketball ?

   _____

5. Est-ce que Dan et vous, vous allez au cinéma ?

_____

III. Exprimer des opinions; demander l'avis de quelqu'un

A. **À mon avis** Describe the opinions that the following people have on different subjects. Choose from the adjectives offered and use the expressions **À son avis/Selon elle/Il trouve que** ... as suggested.

modèle   Hélène : La pollution, vous savez, c'est un grand problème aujourd'hui. **(horrible/amusant) À son avis, la pollution est horrible.**

À son avis ...

1. Ravi : Les parents, je sais qu'ils aiment leurs enfants, mais souvent ils les embêtent (*annoy*).

    (frustrant/superbe) _____

2. Cameron : Les sports organisés par les adultes mettent (*put*) beaucoup de pression sur les jeunes.

    (simple/malsain) _____

3. Kate : La musique classique est le sommet de la créativité.

    (superbe/frustrant) _____

Selon lui/elle ...

4. Max : J'aime prendre de l'exercice (*exercise*) trois ou quatre fois par semaine pour être en forme.

    (fatigant/sain) _____

5. Lorrie : Le déficit national est une catastrophe.

    (nécessaire/atroce) _____

6. Omar : Malheureusement (*Unfortunately*), mes dettes personnelles montent (*are increasing*).

    (mauvais/élégant) _____

Elle/Il pense que ...

7. Sarinda : Quand je regarde la télévision, je cherche les reportages sur la politique.

    (embêtant/fascinant) _____

8. Ted : La langue française, pour moi, ce n'est pas un problème !

    (frustrant/simple) _____

9. Sophie : Quand je pense à la bonne cuisine, je ne pense pas aux cafétérias !

    (banal/amusant) _____

B. À mon avis You have already seen opinions on the subjects below. Now, write your personal opinions and include two justifications for each. Use the expressions suggested in the modèle.

> **modèle** la pollution
> **À mon avis/Selon moi/Je pense (trouve) que la pollution ...**
> **Voici pourquoi. A. J'ai l'impression que...**
> **B. Je pense/trouve que...**

1. les parents : _____

    _____

    A. _____

    B. _____

2. les sports organisés : _____

    _____

    A. _____

    B. _____

3. la musique classique : _____

    _____

    A. _____

    B. _____

4. l'exercice : _____

    _____

    A. _____

    B. _____

5. le déficit national : _____

_____

    A. _____

    B. _____

6. mes dettes personnelles : _____

_____

    A. _____

    B. _____

7. la politique : _____

_____

    A. _____

    B. _____

8. la langue française : _____

_____

    A. _____

    B. _____

9. les cafétérias : _____

_____

    A. _____

    B. _____

C. **Les activités de la semaine** We all have opinions about activities that we do for fun or that we are obliged to do. Choose a day of the week and answer the question using the four steps below:

    a. Describe an activity: **Le lundi, je vais quelquefois/presque toujours à la bibliothèque.**
    b. Describe your attitude toward the activity: **J'aime/je n'aime pas ...**
    c. Give an explication of your attitude: **C'est parce que ...**
    d. Summarize your attitude: **Je trouve que c'est bien agréable/c'est stupide ...**

    1. le lundi
    2. le mardi
    3. le mercredi
    4. le jeudi

5. le vendredi
6. le samedi
7. le dimanche

_____

_____

_____

_____

_____

_____

_____

Activité de synthèse

A. **Rédaction** Write 50 to 100 words on one of the following subjects:

1. **Sujet de rédaction** See subjects in the textbook.
   OU
2. **La cafétéria où je mange**
   OU
3. **Mes repas** (*meals*) **préférés**
   OU
4. **Une langue en danger : le** _____

_____

_____

_____

_____

_____

_____

_____

_____

Chapitre 3 : Une soirée de rencontres

Scène 1 : Entretiens avec M. Charbonneau

Sur le vif !

A. C'est compris Show your comprehension of the dialogue by answering these questions. Be sure to explain your answers.

1. Pourquoi est-ce que le chien des Charbonneau s'appelle Napoléon ?

   _____

2. Est-ce que Jane aimerait (*would like*) le chien de Michael ?

   _____

3. Comment s'appelle le chien de Michael, selon vous ?

   _____

4. D'où vient la poupée ?

   _____

5. Pourquoi est-ce que Jane ne peut (*can*) pas voir le bijou en or ?

   _____

B. Un peu de vocabulaire Find in the dialogue words that mean:

1. to be similar _____

2. to show _____

3. a gift _____

4. a painting _____

5. Do you think so? _____

Communication, structures et vocabulaire

I. Décrire les personnes et les choses (suite)
Les adjectifs descriptifs qui précèdent les noms

A. En jeu ! Make at least two sentences for each of the following by applying the adjectives to different nouns. Put the verb sometimes in the affirmative, sometimes in the negative.

modèle   (beau, grand, triste) Les bijoux ont des reflets (*reflections*).
Les grands bijoux ont de beaux reflets tristes.
Les beaux bijoux tristes ont de grands reflets.

1.   (nouveau, gris, grand) L'éléphant ne mange pas les feuilles (*leaves*).

_____

_____

2.   (petit, mauvais, élégant) Le chien joue avec sa famille.

_____

_____

3.   (joli, vieux, calme) Son appartement est près (*near*) du lac.

_____

_____

4.   (petit, beau, formidable) L'île exporte des ordinateurs.

_____

_____

5.   (bon, beau, célèbre) L'artiste admire cette technique.

_____

_____

B.   C'est votre tour ! Complete the sentences using the adjectives above (and others) to make a short story. Put the verb sometimes in the affirmative, sometimes in the negative.

1.   Chez moi, j'ai _____

2.   Il/Elle est _____

3.   Mais ce n'est pas _____

3.   Quand je regarde _____

4.   J'admire _____

5.   Mais je préfère _____

6.   Est-ce que je _____ ?

7.   À la fin (*Finally/In conclusion*), _____

Les adjectifs et noms irréguliers

C. Des opinions ! Invent a sentence for each of the following. Put the verb sometimes in the affirmative, sometimes in the negative.

modèle   île, sensationnel, décision, cruel
L'île est sensationnelle, mais la décision de partir (*leave*) n'est pas cruelle.

1. exposition (*exhibition*), peintures, canadien, exceptionnel

    _____

2. cuisine, chinois, ressembler, américain

    _____

3. chiens, paresseux, voyages, long

    _____

4. aller, soirée, ennuyeux, essentiel

    _____

5. culture, amérindien, actif, maintenant

    _____

6. hommes, sportif, instincts, maternel

    _____

D. Des expériences intéressantes For one of the questions in the preceding exercise, give the background details. Use your own experience or invent appropriate situations. Remember to include lots of adjectives!

modèle   l'île, sensationnel, décision, cruel
L'île sensationnelle s'appelle Manitoulin Island. L'île est belle, naturelle, spéciale. Mais mon ami-e (ma mère, ma soeur, mes amis, etc.) est inquiet-inquiète. Elle/Il pense qu'il y a de gros animaux dangereux ou de petits animaux agressifs dans la forêt. Deux jours. Trois jours. Les vacances sont fatigantes mais merveilleuses. Quatre jours. Cinq jours. Après une promenade ambitieuse nous arrivons au camp et nous trouvons un gros animal noir dans notre petite tente mignonne ! L'île est sensationnelle, et nous sommes courageux, mais la décision de partir n'est pas cruelle.

_____

_____

_____

_____

_____

_____

_____

_____

_____

Les adjectifs irréguliers (suite)

E. **Ils/Elles sont comment ?** Describe the characters you have met so far in the dialogues using one of the adjectives suggested below and another of your choice. (Adjectives can be applied to more than one character.) In each case, explain why you feel the adjective is appropriate.

adjectifs : chic, doux, fou, franc, gentil, inquiet, sec, snob, super, sympa, travailleur

modèle   Jane
Jane est franche parce qu'elle explique qu'elle n'aime pas les chiens qui sautent (*jump*) partout. Elle n'est pas paresseuse parce qu'elle ...

1. Michael

    _____

2. Maria

    _____

3. Gérard

    _____

4. Jocelyne

    _____

5. Heather

_____

6. Jane

_____

7. Gabrielle

_____

8. Joseph

_____

9. M. Charbonneau

_____

10. Robert

_____

Les adjectifs devant/après le nom

F. Devant ou après ? À vous de décider. Read the descriptions below and write the adjective before or after the noun as appropriate to the meaning.

modèle (cher) Patrick est un ami depuis l'école élémentaire.
Patrick est *un cher ami* ...

1. (propre) Cette bicyclette ? Je la lave tous les jours.

— C'est _____

2. (pauvre) Clément admire les sports violents !

— Le _____

3. (même) Tu as toujours (*still*) ton ordinateur ?

— Oui, c'est _____

4. (ancien) Ces chocolats ont un goût (*taste*) étrange !

— Ce sont _____

5. (propre) À qui (*whose*) est cette idée merveilleuse ?

— C'est ma _____

6. (cher) Ce billet d'avion (*plane ticket*) coûte 525,00 $.

— C'est _____

7. (pauvre) Nous allons en vacances. Tu viens ? Ta famille va payer.

— Impossible, je viens de/d' _____

8. (même) Est-ce que c'est Brooklyn ou est-ce que c'est déjà la ville de New York ?

— C'est _____

G. **Les couleurs suggèrent** Certain colours may suggest various emotions or personal qualities to different people. Choose one or two adjectives to describe each of the colours below and explain briefly why you chose those adjectives.

modèle   bleu
Pour moi, le bleu est une couleur joyeuse. Je pense à l'océan.

1. rouge

_____

2. orange

_____

3. noir

_____

4. gris

_____

5. jaune

_____

6. roux

_____

7. vert

_____

8. noir

_____

II. Faire des compliments; exprimer l'admiration

A. **Discutons des chiens** Be an enthusiastic participant in a dog lover's conversation (or is it a monologue?). Use the various techniques you have learned.

> **modèle**   Enfin, voici mon caniche (*poodle*) !
> **mignon — Il est mignon ! /Il est très mignon ! /Qu'il est mignon !**

1. Non, non, c'est une femelle.

   beau — *Elle est belle!*

2. Les caniches font (*do*) des choses extrêmement compliquées.

   intelligent — *Ils font intelligent!*

3. Oui, et regarde comment elle saute partout.

   actif — *Elle est active*

4. Attention ! Elle va te renverser (*push you over*) !

   sympa — *Elle n'est pas sympatique!*

5. Tiens ! Elle pousse son bol. Elle désire manger.

   sensationnel — *Elle est sensationnele*

6. Assis (*Sit.*) ! Elle va rester là très longtemps maintenant.

   attentif — *Elle est très attentive.*

7. Elle participe à une nouvelle compétition cette fin de semaine.

   ambitieux — *Elle est très ambitieuse*

8. Oui, c'est déjà une championne canadienne.

   chanceux — *Elle est chanceuse*

9. Tu trouves ? Écoute, j'ai beaucoup d'autres choses à dire à son sujet (*about her*) ...

   embêtant — _____

10. Comment ? Qu'est-ce que tu dis (*saying*) ?

    élégant — _____

Scène 2 : Entretien avec Mme Charbonneau

Sur le vif !

A. **Cherchez le mot qui veut dire ...** In the conversation, find a synonym for each of the words or expressions below.

1. aller à bicyclette _____

2. une collection de recettes _____

3. faire des projets _____

4. sans partenaire _____

5. une tarte à la viande _____

B. **La culture à l'affiche** Reread the dialogue and the cultural notes (*Pour en savoir plus*) and say whether the following are true (**vrai**), false (**faux**) or probable (**probable**). If they are false, correct them; if they are probable, explain why.

1. v [ ] f [ ] p [ ]   Québec, c'est la ville natale de Maria.

_____

2. v [ ] f [ ] p [ ]   Les conducteurs à Fort Saint-Jean sont agressifs.

_____

3. v [ ] f [ ] p [ ]   Maria adore le badminton.

_____

4. v [ ] f [ ] p [ ]   Le fils de Mme Charbonneau a visité la Colombie-Britannique.

_____

5. v [ ] f [ ] p [ ]   Maria a déjà visité plusieurs régions de la Colombie-Britannique.

_____

6. v [ ] f [ ] p [ ]   Québec est la seule ville d'Amérique du Nord qui a une vieille ville et une ville moderne.

_____

7. v [ ] f [ ] p [ ]   Le cipaille contient seulement des fruits.

_____

8. v [ ] f [ ] p [ ]   Mme Charbonneau va continuer plus tard à parler avec Maria.

_____

Communication, structures et vocabulaire

I. Terminer une conversation

A. Excusez-moi For each of the situations below, provide an appropriate conversation-ending statement..

modèle   Vos parents : N'oublie pas de téléphoner chaque jour !
Vous : Mais oui, je vais téléphoner ! Écoutez, vous allez m'excuser, mais mon ami-e est dans la voiture ...

1. Une vendeuse (*salesperson*) : Mais Monsieur/Madame, j'ai d'autres cadeaux à suggérer ...

    Vous : _____

2. Votre professeur-e : Et vos notes (*marks*) récentes ne sont pas très bonnes ...

    Vous : _____

3. Votre chien : (...)

    Vous : _____

4. Un serveur (*waiter*) : Ce soir je recommende le cipaille, ou bien si vous préférez ...

    Vous : _____

5. Votre ami-e : Et puis, tu ne vas jamais deviner (*guess*) pourquoi, mais ils pensent ...

    Vous : _____

II. Décrire les activités

A. Qu'est-ce qu'on fait ? No matter what a person does, someone else already does it, and something else besides.

modèle   Aline fait de la marche.
          (Randy ... vaisselle) Randy fait aussi de la marche, et après il fait la vaisselle.

1. Shari-Lee fait de la natation.
(Brandon ... devoirs) _____

2. Aleksi fait du jogging.
(Jennifer et Chantale ... musculation) _____

3. Blaise fait le ménage.
(Fabio et moi ... cuisine) _____

4. Louis fait les courses.
(Andrew et Kayla ... canotage) _____

5. Hélène fait de la marche.
(je ... lessive) _____

6. Ils font un pique-nique.
(les enfants et toi ... promenade) _____

III. Parler d'activités et d'événements passés

A. **Moi, j'ai fait ...** You do a great many things, but one of your friends, somewhat more worldly, can't help pointing out that s-he has already done all of them. Put the verb in the past tense and use appropriate past-time expressions or other details as suggested.

modèle   Je fais souvent de l'aérobic.
          (l'hiver passé) — Moi, j'ai fait de l'aérobic l'hiver passé.

1. Je vais visiter le Mexique.

(l'an dernier) — _____

2. Je commence à chanter dans la chorale (*choir*).

(le mois dernier) — _____

3. Nous allons chanter un morceau (*piece*) de Bach.

(la semaine passée) — _____

4. Je suis le soliste pour le concert.

(déjà) — _____

5. Je fais de la pêche cette fin de semaine.

   (avant-hier) — _____

6. J'étudie le japonais.

   (à Tokyo) — _____

7. Je vais avoir une bicyclette à 21 vitesses.

   (l'année dernière) — _____

8. Je participe bientôt (*soon*) à un biathlon.

   (et j'ai gagné) — _____

B. Un endroit (*place*) **que j'ai visité** Choose an interesting place that you have visited and describe some of your activities there in the space below, using the **passé composé**. Feel free to elaborate on your description or use additional verbs. Substitute other subject pronouns (**il/elle/nous**) etc. for **je** when you wish.

Un endroit intéressant que j'ai visité est _____

_____

Je (voyager) _____

_____

Le premier matin, je (admirer) _____

_____

Je (faire) _____

_____

Après, je (être) _____

_____

À midi, je (visiter) _____

_____

Je (trouver) _____

_____

Pendant l'après-midi, je (marcher) _____

_____

Je (regarder) _____

_____

Le soir, je (dîner) _____

_____

Je (parler) _____

_____

Je (danser) _____

_____

En fin de compte (*all things considered*) , je (préférer) _____

_____

IV. Renvoyer à quelqu'un ou à quelque chose qu'on a déjà mentionné Les pronoms objets indirects : *lui, leur*

A. **On a volé ...** About to make a purchase with a friend in a store, you realize that you have unfortunately had your wallet (**le portefeuille**) stolen (**voler**). You are relating the experience to other friends later.

modèle   Qu'est-ce que tu as dit à ton ami-e ?.
(voler) Je lui ai dit : On a volé mon portefeuille !

1. Qu'est-ce que tu as donné à ton ami-e ?.
    (sac-à-dos [*m; backpack*]) _____

2. Qu'est-ce que tu as montré à ton ami-e ?.
    (le sac-à-dos vide [*empty*]) _____

3. Qu'est-ce que tu as dit aux autres ?.
    (aimer beaucoup) _____

4. Qu'est-ce que tu as expliqué aux autres ?.

   (cartes de crédit, argent [*money*], dans) _____

5. Est-ce que tu as demandé de l'aide (*help*) ?.

   (de m'aider) _____

6. Est-ce qu'ils ont parlé aux passants (*passers-by*) ?

   (tout de suite [*right away*]) _____

7. Est-ce qu'on a montré le portefeuille à ton ami-e ?

   (entre [*between*] deux bicyclettes) _____

8. Qu'est-ce que tu as dit à la personne ?

   (un grand merci) _____

Activité de synthèse

A. **Rédaction** Write 50 to 100 words on one of the following subjects:

1. **Sujet de rédaction** See subjects in the textbook.
       OU
2. **Un pays que j'ai visité** Describe interesting experiences you have had in a foreign country.
       OU
3. **Une collection fascinante** Explain a collection that you have or know about, including information on where the items come from and some of their significance.

_____

_____

_____

_____

_____

_____

_____

_____

_____

Chapitre 4 : Au restaurant

Scène 1 : Conflits

Sur le vif !

A. Les choix de boissons (*drinks*) Use the table below to write in the names of the drinks that the characters from the dialogue choose.

personnage	boisson : alcool	boisson : caféine	boisson : fruits
1. Jane			
2. Heather			
3. Maria			
4. Michael			
5. Robert			

B. Les attitudes envers l'usage du tabac Use the table below to rate the characters' attitudes towards smoking.

personnage	très positif	positif	neutre	négatif	très négatif
1. Jane					
2. Heather					
3. Maria					
4. Michael					
5. Robert					

C. Définitions Briefly explain what the following objects or persons are that you could find in a restaurant.

1. l'addition _____

_____

2. la carte _____

_____

3. le plat du jour _____

_____

4. le serveur-la serveuse _____

_____

5. le client-la cliente _____

_____

Communication, structures et vocabulaire

I. Commander à boire ou à manger
Quelques formules/Les articles partitifs

A. **Au supermarché !** Supermarket goods are displayed in carefully planned locations to encourage shoppers to make purchases in particular patterns. Think about how you shop in the supermarket you usually patronise, and describe which items you tend to buy (in which order and in which location).

modèle À l'entrée
Je trouve : les fruits; j'achète (*buy*) : des bananes, des pommes ...

À l'entrée	je trouve	j'achète
Au fond (*at the back*)	**je trouve**	**j'achète**
Au milieu (*in the middle*)	**je trouve**	**j'achète**
À la sortie (*at the exit*)	**je trouve**	**j'achète**

What have you observed? What conclusions can you draw? Explain.

Observations : _____

_____

_____

Conclusions : _____

_____

_____

B. Mon frigo Think about your refrigerator and kitchen cupboards (if you do not have any, think about your family's or friends' kitchens). If you were running a small restaurant from this kitchen, how would you respond to customers' orders? Invent a short dialogue between a customer and yourself.

1. Vous : Vous désirez, Monsieur/Madame ?

   Le client-la cliente : Je voudrais _____

   Vous : Je n'ai pas de _____, mais j'ai du/de la _____

2. Le client-la cliente : _____

   Vous : _____

3. Le client-la cliente : _____

   Vous : _____

4. Le client-la cliente : _____

   Vous : _____

5. Le client-la cliente : _____

   Vous : _____

Les verbes *boire*, *manger*, *acheter*

C. Faire le marché Write the appropriate forms of **acheter**, **boire** or **manger** in the blanks..

Chaque fin de semaine nous allons faire le marché. Nous ___achetons___ les

fruits dans un magasin spécial parce qu'ils sont très frais. Il y a un autre magasin où je

ne/n' _achète_ jamais les viandes de sandwich parce qu'elles sont

tranchées (*sliced*) avant. Nous _mangeons_ peu de viande. Mon amie

boire de l'eau de source (*spring*); elle ne/n' _boire_

pas l'eau du robinet (*tap*) par principe. Ma camarade de chambre et moi, nous

boireons l'eau du robinet quand même. Mon grand-père ne/n'

boire pas l'eau du robinet, mais il ne/n' _boire_ pas

de l'eau de source non plus (*either*). Je pense qu'il est de ceux (*those*) qui

__boire_____ le café et la bière à la place (*instead*). Nous

__mangeons_____ des mets (*dishes*) nutritifs, mais quelquefois, c'est vrai, nous

__achetons_____ des friandises (*treats*).

II. Exprimer la quantité
III. Renvoyer à quelque chose qu'on a déjà mentionné
Le pronom *en*

A. **Les décisions !** For each food item, explain whether or not you *have* it in your kitchen, how much you tend to *eat/drink* it, whether or not you are going to *buy* it often.

> **modèle** je ... les carottes
> **Dans mon frigo maintenant, je n'ai pas de carottes. J'en mange beaucoup et j'en achète souvent.**

1. je ... les tomates _____

_____

2. nous ... le poisson _____

_____

3. il ... la salade _____

_____

4. vous ... crudités _____

_____

5. tu ... le thé _____

_____

6. elles ... frites _____

_____

7. je ... le poulet _____

_____

8. elle ... la bière _____

_____

9. nous ... crème glacée _____

_____

10. ils ... liqueurs douces _____

_____

IV. Bien s'exprimer : les verbes *vouloir* and *pouvoir*

A. Je veux/je peux Ariel et Mustapha have nothing planned for the evening when they receive an unexpected telephone call. Write the appropriate forms of *vouloir* or *pouvoir* in the blanks.

1. Je viens de parler à Gérard au téléphone. Est-ce que tu ___veux___ aller

au match de baseball ce soir ?

2. Oui, très bien, mais est-ce que nous ___pouvons___ trouver des billets ? Je

___veux___ de bons billets; je ne ___peux___ pas supporter

(*stand*) d'être loin de l'action.

3. Ce n'est pas difficile. Gérard et Alice ont des billets excellents, mais ils ne

___veut___ pas y aller aujourd'hui.

4. Des billets «excellents» sont peut-être trop chers pour moi. Combien est-ce qu'ils

___peuvent___ pour ces billets ?

5. Alice ne ___veut___ pas d'argent.

6. C'est très généreux ! Nous ___voulons___ les inviter une autre fois.

7. Alors, je leur dis que nous ___pouvons___ leurs billets et que nous

___voulons___ passer chez eux pour les prendre dans 30 minutes ?

8. C'est ça.. Maintenant, tu ___peux___ m'aider à trouver mes clés (*keys*) ?

V. Critiquer et approuver; dire qu'on est d'accord ou non

A. Analyse Turn back to the tables that you filled in at the beginning of this chapter on *Les choix de boissons* and *Les attitudes envers l'usage du tabac* among the characters in *Conflits*. Write out your findings (numbers, genders) and compare the results to your personal observations among your friends and family. Use the expressions from the *Vocabulaire actif* box of *Bonne route* to express your own views on your findings.

1. Les choix de boisson

   _____

   _____

   _____

   _____

2. Les attitudes envers l'usage du tabac

   _____

   _____

   _____

   _____

3. Avec mes amis et ma famille

   _____

   _____

   _____

   _____

4. Mes opinions

   _____

   _____

   _____

   _____

Scène 2 : Projet d'excursion

Sur le vif !

A. **Définitions ...** Find in *Projet d'excursion* words or expressions that match the definitions below.

   1. marcher dans la forêt _____

2. faire des voyages religieux _____

3. des paysages (*scenery*) typiques d'une région _____

4. Tu veux cesser de parler ? _____

5. un édifice religieux _____

B. **La culture à l'affiche** Reread the dialogue and the cultural notes (*Pour en savoir plus*) and say whether the following are true, false or probable. If they are false, correct them; if they are probable, explain why.

1. v [ ] f [ ] p [ ]   L'île d'Orléans est près de la Nouvelle-Orléans.

_____

2. v [ ] f [ ] p [ ]   Jane croit (*believes*) aux miracles.

_____

3. v [ ] f [ ] p [ ]   Jocelyne n'aime pas les détails.

_____

4. v [ ] f [ ] p [ ]   Robert est un peu snob.

_____

5. v [ ] f [ ] p [ ]   Sainte-Anne de Beaupré est le lieu de pèlerinage le plus (*most*) populaire du monde.

_____

6. v [ ] f [ ] p [ ]   Michael n'a pas beaucoup de cheveux.

_____

Communication, structures et vocabulaire

I. Faire des projets (suite)
Le futur proche

A. **Qu'est-ce qu'on va faire ?** Adapt the following statements to the immediate future, and add a few words if you like.

modèle   Elle téléphone chaque soir.
   Elle va téléphoner chaque soir.

1. Nous préparons le menu.

   _____

2. Ils visitent leur père à l'hôpital.

   _____

3. Vous nagez beaucoup ?

   _____

4. Le serveur recommande la tarte aux pommes.

   _____

5. Je ne parle plus (*no longer*) à ton ami !

   _____

6. Tu ne manges pas chez nous ?

   _____

7. Elle écoute l'explication avec patience.

   _____

II. Exprimer des notions temporelles : dire l'heure qu'il est

A. **Quelle curiosité !** Répondez aux questions suivantes.

1. Le samedi (*on Saturdays*), préférez-vous le matin, l'après-midi ou le soir, en général ? Pourquoi ?

   _____

   _____

2. Le lundi, préférez-vous le matin, l'après-midi ou le soir ? Pourquoi ?

   _____

   _____

3. Où êtes-vous en général avant vos cours ?

   _____

   _____

4. Où allez-vous en général après vos cours ?

_____

_____

5. Aimez-vous arriver à vos cours à l'heure ou en avance ?

_____

_____

6. Etes-vous souvent en retard ?

_____

_____

B. **Quelle heure ?** You will remember from a previous exercise *Je veux/je peux* that Ariel and Mustapha have decided to take in a baseball game.Using your experience as a guide, set up a detailed schedule of the trip, presuming that the game starts at 1:30 p.m. and remembering that they have to pick up the tickets at Gérard and Alice's place on the way. Assume that they have a light meal in a restaurant before coming home in the evening.

10h00 du matin _____ je parle avec Ariel _____

_____   _____

_____   _____

_____   _____

_____   _____

_____   _____

_____   _____

_____   _____

_____   _____

C. **Des projets pour la semaine** As you can see from her calender below, Sophie has a fairly busy week ahead of her!

	lundi	mardi	mercredi	jeudi	vendredi
9h	histoire	espagnol		dentiste	
10h		philosophie	leçon de piano	maths	biologie
11h	maths		piscine		histoire
1h		déjeuner avec Marthe		chimie	
2h	français		leçon de squash	biologie	philosophie
3h	bibliothèque	flûte avec Lorraine		français	
4h	tennis avec Robert		retrouver Luc	bibliothèque	match de basket
soir		concert de Kashtin		cinéma avec Francine	inviter des amis

Some of Sophie's activities (classes, lessons,) would no doubt be repeated each week, while others (her dentist appointment, the Kashtin concert, etc.) would presumably be taking place this week only. Note the following distinction:

Je vais au concert de Kashtin **mardi.** I'm going to the Kashtin concert on Tuesday.
J'ai un cours d'histoire **le lundi** et **le vendredi.** *I have History classes on Mondays and Fridays (= every Monday and Friday)*

Use the following models to guide you in this activity:

modèles   lundi 4h : **Lundi à quatre heures, Sophie joue/va jouer au tennis avec Robert.**
          jeudi 10h : **Le jeudi à dix heures, Sophie a un cours de maths.**

1. mardi 3h _____

   _____

2. jeudi 9h _____

   _____

3. vendredi soir _____

_____

4. mercredi 2h _____

_____

5. jeudi 1h _____

_____

6. jeudi soir _____

_____

7. lundi 3h _____

_____

8. mercredi 11h _____

_____

III. Exprimer des notions spatiales

A. **Le plan du campus** Imagine that friends have just arrived at your university and are interested to know where various buildings or services are found. Explain where they are located.

   modèle   La librairie ?
   Elle est dans le pavillon des étudiants (*Student Union Building*) en face du département de français.

1. L'amphithéâtre *m.(lecture hall)* ? _____

_____

2. La bibliothèque ? _____

_____

3. La cafétéria ? _____

_____

4. Le département de (français) ? _____

_____

5. Mon cours de (maths) ? _____

_____

Nom _____   Date _____

6. Le gymnase ? _____

_____

7. La librairie (*bookstore*) ? _____

_____

8. La piscine ? _____

_____

9. Ma résidence ? _____

_____

10. Le stade (*stadium*) ? _____

_____

IV. Bien s'exprimer : les verbes réguliers en *-ir*

A. Un choix à faire Give the correct form of the verb *choisir* in the following sentences.

1. Nous ___choissons___ nos cours avant septembre.

2. Les touristes ___choissent___ des souvenirs.

3. Au restaurant, je ___choise___ souvent du poisson.

4. Quand Robert fait un voyage, il ne ___choisse___ pas de visiter les sites touristiques.

5. Tu ___choisses___ un livre à la bibliothèque.

6. Je ___chois___ un beaujolais pour mon dîner.

7. Vous ___choissez___ toujours lentement (*slowly*), n'est-ce pas ?

B. Quel verbe ? Choose the appropriate verb from the list below, and complete the story.

verbes : aller, avoir, chercher, choisir, détester, grandir, jouer, montrer, porter (*to wear*), pouvoir, préparer, regarder, rentrer, réussir, rougir (*to redden, to blush*), venir, vouloir

Madame Sibille _____ au magasin. Elle _____ un

nouveau jean pour son fils, qui a 10 ans. «Oh, là, là, pense-t-elle. Il

_____ trop vite ! Je _____ un jean bien solide;

Patrick _____ souvent dehors (*outside*) avec ses amis.» Patrick ne

_____ pas avec sa maman parce qu'il _____

magasiner (*to go shopping*). Madame Sibille _____ les jeans dans

plusieurs magasins. Enfin, elle _____ à trouver un beau jean bien

solide. Mais quelle couleur acheter ? Elle _____ un jean rouge, pour

changer un peu. Elle pense qu'il ne _____ plus porter de jeans bleus.

Elle _____ à la maison, et elle _____ le nouveau

jean à Patrick. Patrick, lui, se fâche (*gets angry*) et il _____. «Un jean

rouge ! Je ne _____ pas porter un jean rouge, maman ! Mes amis

_____ tous des jeans noirs !» Madame Sibille _____

dans la cuisine et elle _____ une tasse de thé.

Activité de synthèse

A. **Rédaction** Write 50 to 100 words on one of the following subjects:

1. **Sujet de rédaction** See subjects in the textbook.

    OU

2. **Au restaurant** Relate a memorable experience that you have had, either working or dining in a restaurant. Use some dialogue form and try to include expressions of opinion, disagreement, etc.

    OU

3. **Au musée** Discuss a visit that you have made to a museum, art gallery, etc. Mention

what aspects of the displays you appreciated particularly and assess their effectiveness in calling up other times and other places.

OU

4. **Réception au musée** A museum or art gallery is holding a reception to celebrate a new display. You are in charge of the menu. List the food you plan on offering and explain the rationale for your choices.

_____

_____

_____

_____

_____

_____

_____

_____

_____

_____

_____

_____

_____

_____

_____

_____

Chapitre 5 : Une excursion dans la région de Québec

Scène 1 : Quelques sites

Sur le vif !

A. Vous avez bonne mémoire ? Indiquez si les commentaires suivants sont vrais (v) ou faux (f). S'ils sont faux, corrigez-les (*correct them*).

1. Les chutes que les étudiants visitent près de Québec s'appellent le «mini-Niagara». ( )

   _____

2. Pour faire la visite d'une grande ville en France, on prend souvent un autocar. ( )

   _____

3. Maria a oublié sa carte dans sa chambre. ( )

   _____

4. Robert aime l'excursion parce qu'elle représente le «vrai Québec» pour lui. ( )

   _____

5. Le roman, *Maria Chapdelaine*, se situe (*takes place*) dans la région de l'île d'Orléans. ( )

   _____

B. Correspondances Indiquez par une ligne l'élément à droite qui accompagne bien la personne ou le lieu (*place*) à gauche.

1. la chute Montmorency   Chicoutimi

2. Le lac Saint-Jean   un écrivain

3. Jocelyne   *Maria Chapdelaine*

4. Péribonka   près de Québec

5. Louis Hémon   se situe dans le Saguenay

Communication, structures et vocabulaire

I. Parler du temps et du climat

A. La météo Quel temps fait-il dans les villes suivantes selon les renseignements (*information*) donnés ?

Neige Pluie Vent Soleil Couvert Orage

modèle   Toronto—N : → **À Toronto il neige.**

1. Ottawa—N,C

_____

2. Nouvelles-Orléans—S

_____

3. Madrid—P

_____

4. Los Angeles—V,O

_____

5. Paris—N

_____

6. Chicoutimi—V,S

_____

7. Bruxelles—V,C

_____

8. Lausanne—P,O

_____

II. Exprimer des notions de temps : les mois, les saisons, la date

A. En quelle saison sommes-nous ? Lisez les descriptions suivantes et dites quelle est probablement la saison. Indiquez ensuite (*next*) quels sont les mois de cette saison.

1. Il pleut quelquefois mais il ne fait pas froid. Il fait souvent du soleil et d'habitude il y a des fleurs.

_____

2. Le ciel est souvent du et il fait très froid. Il neige et on aime faire du ski.

   _____

3. Il fait beaucoup de soleil et quelquefois il pleut. Il fait chaud et on fait du ski nautique.

   _____

4. Il fait souvent beau et il ne pleut pas trop. Le ciel est quelquefois couvert à la fin (*at the end*) de cette saison.

   _____

B. **Selon le temps !** Complétez les phrases suivantes en employant des expressions de temps, de climat, de saison, etc. pour décrire (*describe*) certaines activités qu'on fait selon (*depending on*) le temps.

   modèle   Je fais du ski nautique quand ... ⟶ **Je fais du ski nautique en été quand il fait beau.**

   1. Je fais du ski nordique quand ...

      _____

   2. Moi et mon/ma camarade de chambre, nous restons dans la chambre quand ...

      _____

   3. Maria aime jouer au tennis quand ... et au squash quand ...

      _____

      _____

   4. Les étudiants dans le programme d'immersion partent (*leave*) en excursion quand ...

      _____

   5. Nous allons à la piscine quand la température ...

      _____

   6. Les joueurs de golf ont peur (*are afraid*) quand ...

      _____

III. Parler de vêtements : le verbe *mettre*

A. **Que porter ?** Lisez les phrases suivantes et dites quels vêtements vous mettez (*put on*) normalement pour ces conditions météorologiques.

   modèle   Il pleut beaucoup ⟶ Je mets (je vais mettre) des bottes et un imperméable.

1. Il fait très froid et il neige.

   _____

2. Il fait un peu frais.

   _____

3. Il pleut et il va y avoir (*there is going to be*) un orage.

   _____

4. Il fait beau et vous allez faire de la marche à la campagne.

   _____

5. Le ciel est couvert et il fait du vent.

   _____

B. Mais, mettez un pull ! Imaginez que vous êtes responsable d'un groupe de scouts. Qu'est-ce qu'ils doivent porter dans les conditions qui suivent :

modèle   faire du camping dans votre province/État en automne
Vous : **Vous devez mettre/on doit mettre un jean, un pull et des bottes. On doit porter aussi X,Y,Z ...**

1. passer trois jours à la campagne près d'un lac en été

   _____

   _____

2. faire une randonnée (*to go hiking*) en montagne en hiver

   _____

   _____

3. faire un tour en kayak au printemps dans une région où il pleut beaucoup

   _____

   _____

4. faire du camping sauvage (*wilderness*) à Terre-Neuve au printemps

   _____

   _____

5. faire du camping au bord de la mer (*seaside*) en Provence au mois d'octobre

   _____

   _____

IV. Parler d'activités et d'événements passés
L'accord du participe passé avec *avoir*

A. **Mettons-nous d'accord !** Complétez avec la forme convenable du participe passé. Attention à l'accord !

1. La vaisselle ? Je l'ai _____ (faire) après le dîner.

2. Les lettres ? Elle les a _____ (écrire) hier.

3. Le petit déjeuner ? Je l'ai déjà _____ (prendre).

4. La télévision ? Nous l'avons _____ (regarder) hier soir.

5. Ses amis ? Tu les as _____ (aider), non ?

V. Demander et donner des renseignements
Des questions *oui/non*
D'autres questions

A. **Comment ?** Suivez le modèle pour créer des questions par inversion du sujet et du verbe. Ajoutez les adverbes interrogatifs indiqués.

modèle   Nous avons assez de temps → **Avons-nous assez de temps ?**

1. Elle est bien contente de faire une promenade.

   _____

2. Il fait toujours beau et chaud au Québec en été. (quand)

   _____

3. Robert vient de Sudbury.

   _____

4. Vous allez visiter la basilique cet après-midi.

   _____

5. Les étudiants remontent (*get back in/on*) dans l'autobus.

   _____

6. Mme Gagnon n'arrive pas dans l'île d'Orléans dans l'autobus. (comment)

   _____

7. Elle a fini de manger un chien chaud.

   _____

8. Tu ne viens pas avec les étudiants. (pourquoi)

_____

Scène 2 : Quelques achats

Sur le vif !

A. Vrai ou faux ? Corrigez le sens des phrases suivantes si elles sont fausses.

1. Jane admire les artisans de l'île d'Orléans. ( )

_____

2. Roger Pouliot est le guide des étudiants dans l'île d'Orléans. ( )

_____

3. Michael a envie de faire des tableaux (*paintings*) dans l'île. ( )

_____

4. Robert apprécie beaucoup les souvenirs qu'on vend dans l'île. ( )

_____

5. Les étudiants visitent les sites suivants : une église, une boutique d'artisanat et une ferme. ( )

_____

B. On va bientôt partir ! Les Charbonneau sont sur le point de partir à la Martinique. Complétez leur conversation en choisissant un mot ou expression de la liste suivante. Utilisez chaque mot une fois seulement en le modifiant (*changing*) si nécessaire.

Vocabulaire : l'érable; une boutique; avoir hâte; un souvenir; un tableau; venir de; un artisan; dispendieux; le sirop; des pinceaux; une cruche

Mme Charbonneau : Sais-tu, Réjean, nous n'avons pas encore pensé aux _____

que nous voulons offrir à nos amis les Londé. Ils aiment beaucoup le folklore; nous

pouvons peut-être acheter de la poterie faite par des _____ de la région.

M. Charbonneau : Oui, un-e joli-e _____ est toujours apprécié-e. Et n'oublions

pas qu'ils trouvent notre _____ de/d' _____ délicieux. Et ce n'est pas

trop _____ en ce moment.

Mme Charbonneau : Pierre, le fils des Londé, aime la peinture, n'est-ce pas ? Pourquoi pas lui acheter des _____ dans la _____ des artistes de la rue St. Jean ?

M. Charbonneau : Bonne idée, Cécile. Max Londé me disait l'autre jour au téléphone

que Pierre _____ finir un autre _____ . Ah, je/j' _____ de revoir

toute la famille. Encore une *(only one more)* semaine !

Communication, structures et vocabulaire

I. Parler du passé récent

A. Qu'est-ce qu'ils viennent de faire ? Mettez les verbes dans le **passé récent**.

> **modèle**   Maria *écoute* des disques de Roch Voisine
> **Maria *vient d'écouter* des disques de Roch Voisine.**

1. Maria **laisse** les biscuits dans la chambre.

   _____

2. Robert et Jocelyne **visitent** une vieille ferme.

   _____

3. Les étudiants dans le cours d'immersion **font** le tour *(take a trip around)* de l'île d'Orléans.

   _____

4. Gabrielle **achète** des souvenirs.

   _____

5. Robert **a** une discussion avec un artisan.

   _____

II. Bien s'exprimer : les adjectifs démonstratifs

A. Opinions ! Complétez par la forme appropriée de l'adjectif démonstratif (**ce**, **cet**, **cette**, **ces**).

1. _____ chutes sont magnifiques.

2. _____ autocar est très luxueux.

3. J'adore _____ cruche.

4. _____ professeur est un guide capable.

5. On vend de la poterie dans _____ boutique.

6. Elle ne rencontre pas très souvent _____ amis-là.

B. Désaccord Vous allez dans un grand magasin avec un-e ami-e pour faire des achats. Chaque fois que vous indiquez quelque chose à votre ami-e, il/elle ne l'aime pas. Qu'est-ce qu'il/elle dit ?

   modèle   Vous : Voilà un beau pantalon.
                  Lui/elle : Je n'aime pas ce pantalon; je préfère acheter un jean.

1. Vous : Voilà un baladeur formidable.

   Lui/elle : _____

   _____

2. Vous : Tiens, voici une machine à popcorn bon marché.

   Lui/elle : _____

   _____

3. Vous : Voilà des disques magnifiques.

   Lui/elle : _____

   _____

4. Vous : Regarde ! Voici des chaussures élégantes.

   Lui/elle : _____

   _____

5. Vous : Voilà un très bon ordinateur.

   Lui/elle : _____

   _____

III. Bien s'exprimer : la conjugaison des verbes réguliers en *-re*

A. Activités dans l'île Choisissez de la liste un verbe en *-re* pour compléter les phrases suivantes. N'oubliez pas de conjuguer le verbe !

répondre	descendre
rendre	vendre
perdre	interrompre
attendre	entendre

1. Les étudiants _attendent_ l'autobus depuis quinze minutes.

2. Michael _perd_ patience quand l'autobus n'arrive toujours pas.

3. Nous _rendons_ visite à des amis dans l'île d'Orléans.

4. _Entendez_ -vous la sonnette des cloches (*ringing of the bells*) d'ici ?

5. Venez voir, Messieurs-Dames, je _rends_ des spécialités de la région.

6. Le guide ne _répond_ pas à mes questions.

IV. Décrire les sentiments et réactions physiques

A. Réactions Répondez aux questions personnelles suivantes.

1. As-tu toujours faim en classe ?

_____

2. As-tu envie de visiter la ville de Québec ?

_____

3. Tes camarades de classe ont-ils besoin d'étudier davantage (*more*) ?

_____

4. As-tu quelquefois chaud dans ta chambre ?

_____

5. Vos amis ont-ils soif quand ils jouent au tennis ?

_____

6. As-tu sommeil après les cours ?

_____

V. Décrire les routines
Les verbes pronominaux au présent
Nuancer les routines

A. Mes habitudes Pour chaque pièce (*room*) de la maison donnée dans l'exercice, indiquez quelques activités habituelles que vous y accomplissez. Utilisez autant de (*as many*) verbes pronominaux que possible et nuancez vos réponses par des expressions telles que **d'habitude ... , tous les lundis ... , ... un peu,** etc.

modèle   D'habitude je me brosse les dents dans la salle de bains ...

1. la chambre

    _____

    _____

2. la salle de bains

    _____

    _____

3. la cuisine

    _____

    _____

4. le salon

    _____

    _____

B. Subtilités Combinez les éléments des trois colonnes pour nuancer les habitudes des personnes indiquées.

normalement	je/nous	se coucher de bonne heure
ordinairement	tu/vous	s'endormir en classe
souvent/toujours	mon/ma cama-	se réveiller tard
tous les jours	rade de chambre	se dépêcher trop
un peu/très	les gens	s'amuser avec ses copains/copines

1. _____

2. _____

3. _____

4. _____

5. _____

Activité de synthèse

A. **Rédaction** Écrivez à peu près 100 mots sur un des sujets suivants :

1. **Sujet de rédaction** Voir les sujets dans le livre.

   OU

2. **Excursion au Québec** Dites dans une courte lettre à un-e ami-e quels sont les sites que vous avez envie de visiter à Québec ou dans l'Ile d'Orléans, et pourquoi vous avez envie de les visiter.

   OU

3. **Mes saisons préférées** Choisissez vos deux saisons préférées et dites pourquoi vous les aimez. Quel temps fait-il d'habitude ?

   OU

4. **Soldes !** Imaginez que vous êtes responsable du rayon (*department*) «vêtements» dans un magasin où vous aimez faire des achats. Inventez une mini-campagne publicitaire.

_____

_____

_____

_____

_____

_____

_____

_____

_____

_____

_____

Chapitre 6 : Que nous réserve l'avenir ?

Scène 1 : Projets

Sur le vif !

A. **Un peu de vocabulaire** Employez les mots suivants dans une phrase pour montrer que vous en comprenez bien le sens.

1. le-s projet-s

_____

2. avoir besoin

_____

3. aider

_____

4. là-bas

_____

5. incroyable

_____

6. compter

_____

7. un poste

_____

8. la frontière

_____

B. **Perspectives sur la francophonie**   Encerclez (*circle*) la réponse correcte.

1. Le Sénégal est situé
   a) près de l'Australie
   b) en Afrique du sud
   c) sur la côte atlantique de l'Afrique

2. Léopold Senghor est
   a) un poète martiniquais
   b) un homme politique
   c) le directeur de l'ACDI

3. La Martinique forme une partie
    a) du la Guadeloupe
    b) des départements d'Outre-Mer
    c) de l'île Maurice

4. Généralement, un-e assistant-e est nommé-e à un poste dans l'établissement suivant :

    a) une école maternelle à la Martinique
    b) un lycée en France
    c) une université au Sénégal

5. La montagne Pelée

    a) est très populaire parmi les grimpeurs (*among climbers*)
    b) se trouve sur la côte atlantique de l'Afrique
    c) a fait éruption en 1902

Communication, structures et vocabulaire

I. Bien s'exprimer : sortir, partir, sentir, servir, dormir

A. Pratique pratique Formez des phrases complètes à partir des segments ci-dessous :

1. il/partir/Mexique/semaine/prochaine

    _____

2. Nous/dormir/tard/tous les matins

    _____

3. Tu/sentir/parfum/fleurs (à l'interrogatif)

    _____

4. Je/servir/dîner/7h30 (à l'interrogatif)

    _____

5. elles/sortir//classe/avant/leurs camarades

    _____

6. vous/partir/Martinique/à la fin du cours (au négatif)

    _____

B. Situations Employez un des verbes de la liste ci-dessous pour décrire ce que vous allez probablement faire dans les situations suivantes :

sortir, partir, sentir, dormir, servir

1. Vous travaillez depuis un mois sur un projet très important et maintenant vous êtes très fatigué-e.

   _____

   _____

2. Vous prenez lentement votre petit déjeuner quand vous vous rendez compte (*realize*) que votre bus arrive dans deux minutes.

   _____

   _____

3. Vous avez invité des copains/copines à dîner chez vous et vous voulez les impressionner (*impress*).

   _____

   _____

4. Vous avez gagné $3 000 dollars et vous n'avez jamais visité l'Europe.

   _____

   _____

5. Vous êtes au supermarché et vous voulez acheter des fruits très mûrs (*ripe*).

   _____

   _____

II. Exprimer des notions spatiales
A, de, en + un endroit

A. **Déplacements** Remplissez les tirets avec la préposition géographique qui convient

1. M. Charbonneau est content d'aller _____ Martinique.

2. Jocelyne va travailler pour l'ACDI _____ Sénégal.

3. Pour aller _____ France, il faut un visa et plusieurs photos.

4. Maria, elle aussi, va _____ Europe où elle a trouvé un poste d'assistant _____ Charleville-Mézières.

5. Gérard va faire des études de linguistiques _____ Poitiers.

6. La ville de Charleville-Mézières est située _____ nord-est de la France, près de la frontière belge.

7. Heather et Michael vont _____ Provence avec leurs enfants.

8. Gabrielle, Jane et Robert vont rester _____ Québec (*province*).

B. **Invitation au voyage !** Inventez des slogans publicitaires invitant des voyageurs à visiter les pays ou régions suivants :

modèle   Italie ➔ **Venez en Italie. Nous avons la meilleure pizza du monde et à Rome vous pouvez visiter des ruines magnifiques et ...**

1. Mexique

_____

2. Californie

_____

3. Pays-Bas

_____

4. l'Ile du Prince Edouard

_____

5. Asie

_____

Renvoyer à un endroit : y et en (synthèse)

C. **On y va !** Remplissez les tirets avec **y** ou **en** selon le cas.

1. Gérard va faire des études de linguistique dans le Poitou. Il compte __*y*__ rester pendant trois mois.

2. Maria arrive de Montréal, n'est-ce pas ? — Oui, elle __*y*__ arrive.

3. Est-ce que Charleville-Mézières est située en Belgique ? — Mais non, elle n'__*en*__ est pas située.

4. Est-ce que Maria va séjourner (*stay*) dans la ville de Paris avant d'aller dans le nord ? — Oui, elle va __*en*__ séjourner.

5. Quand Heather et Michael vont-ils arriver de Paris ? Ils vont __*y*__ arriver demain matin.

La situation dans l'espace

D. **Où est ... ?**   Répondez aux questions suivantes en employant la préposition ou l'aire de vent qui convient.

Prépositions : devant/derrière; à côté de; près de; en face de; entre; au milieu de; à gauche (de)/à droite (de)

Aires de vent : nord, nord-est, nord-ouest; ouest; est; sud, sud-est, sud-ouest; centre

1. Où est votre place dans la salle de classe ?

    _____

2. Est-ce que Toronto se trouve (*is located*) dans l'ouest du Canada ?

    _____

3. Où votre professeur se place-t-il/elle dans la salle de classe ? Et votre partenaire ou groupe ?

    _____

4. Les plus grandes villes françaises sont Paris, Lyon et Marseille. Où sont-elles situées ?

    _____

    _____

    _____

5. Y a-t-il un-e autre étudiant-e près de vous dans votre classe de français ? Si oui, où est-il/elle ?

    _____

6. Est-ce que la ville de Miami se situe dans le sud-ouest des Etats-Unis ?

    _____

Scène 2 : Sentiments

Sur le vif !

A. Le mot juste   Relisez la conversation et complétez les phrases avec un mot ou une expression convenable (*suitable*).

1. Réjean est un peu triste parce que c'est la fin du programme et les étudiants vont lui _____.

2. On décide de ne pas parler du passé, mais plutôt de _____.

3. Gérard pense que ses camarades sont tous _____ , mais il a _____.

4. Heather et Gérard disent (*say*) qu'ils ont envie de renoncer à tout parce qu'ils ne sont pas sûrs de pouvoir _____.

5. Gabrielle a passé son enfance au Manitoba _____ aller au Québec.

6. Une fois en Provence, Michael va essayer de cuisiner et faire _____.

B. Où se trouve ... ? Dites où se trouvent les endroits (*places*) suivants. Écrivez des phrases complètes.

1. L'université Laurentienne

   _____

2. Poitiers

   _____

3. La région du Saguenay-Lac-Saint-Jean

   _____

4. Jonquière

   _____

5. Le lac Saint-Jean

   _____

Communication, structures et vocabulaire

I. Exprimer les émotions et les attitudes
Expressions avec *avoir*

A. Attitudes Répondez aux questions personnelles suivantes :

1. As-tu envie d'aller en Afrique du Nord ?

   _____

2. Est-ce que tu as honte de ne pas faire tes devoirs ?

   _____

3. Tu as besoin d'un visa pour visiter le Mexique, n'est-ce pas ?

   _____

4. Tu as peur de partir en voyage tout-e seul-e ?

   _____

5. As-tu hâte de finir tes cours à l'université ?

_____

II. Parler des intentions, donner des instructions
L'impératif

A. Se débrouiller à l'université Dites à un-e camarade comment réussir à votre université.

modèle   consulter le bulletin des cours → **Consulte/consultez le bulletin des cours.**

1. choisir un bon professeur

_____

2. acheter tes/vos livres avant d'aller en classe

_____

3. être toujours à l'heure

_____

4. trouver une place près du professeur

_____

5. ne pas dormir pendant le cours

_____

6. écouter attentivement et prendre de bonnes notes

_____

7. ne pas avoir peur de poser des questions

_____

8. attendre jusqu'à (*until*) la fin du cours avant de sortir.

_____

B. Liens affectifs Quelles émotions éprouvez-vous (*feel*) quand quelqu'un vous adresse de la façon suivante (*in the following way*) ? Essayez de répondre en employant une expression avec *avoir*.

1. N'exagérez pas tout le temps !

_____

2. Ne crains (*to be afraid*) pas les chiens !

_____

3. N'achetez pas tant de livres !

_____

4. Ne sois pas si avaricieux (*greedy*) !

_____

5. Ne mange pas tous les éclairs !

_____

III. Renvoyer à quelqu'un qu'on a déjà mentionné Pronoms objets directs et indirects (*me*, *te*, *nous*, *vous*)

A. Quoi de neuf ? Heather et Michael téléphonent à leurs enfants à Halifax pour savoir s'il y a des nouvelles (*news*) importantes. Donnez les réponses des enfants en employant un des pronoms objets *me*, *te*, *nous*, ou *vous*.

1. Heather : Est-ce que grand-mère et grand-père nous ont téléphoné ?

_____

2. Heather : Est-ce qu'ils comptent passer vous voir ?

_____

3. Heather : Mon patron t'a donné mes dossiers, Emily ?

_____

4. Michael : Est-ce que mes copains m'ont rendu visite ?

_____

5. Michael : Nous vous avons envoyé assez d'argent, n'est-ce pas ?

_____

6. Michael : Andy, est-ce que ta tante Marguerite te gâte (*spoil*) pendant que (*while*) nous ne sommes pas là ?

_____

IV. Parler d'activités passées, décrire les conditions dans le passé : l'imparfait (suite)

A. La dernière fois que j'étais à la Martinique ... M. Charbonneau raconte aux étudiants ses activités pendant son dernier séjour à la Martinique. Remplissez les tirets avec la forme correcte du verbe.

1. Je _faisais_ (faire) du ski nautique tous les jours.

2. La mer _etait_ (être) calme et bleue.

3. Je _mangais_ (manger) des plats exotiques tous les soirs.

4. Mes amis m' _invitaient_ (inviter) souvent chex eux.

5. Nous _faisions_ (faire) des promenades sur la plage et nous _____ (écouter) de la musique après.

6. Nous _allions_ (aller) souvent en ville pour prendre l'apéritif.

B. C'est pour rire ! Racontez une plaisanterie (*joke*) en français tout en décrivant (*describing*) les circonstances et situations au passé.

modèle Alors, un chauffeur de taxi qui descendait les Champs Elysées et qui cherchait un client, est tombé sur (*came upon*) un monsieur qui ...

_____

_____

_____

_____

_____

Activité de synthèse

A. Rédaction Écrivez à peu près 100 mots sur un des sujets suivants :

1. **Sujet de rédaction** Voir les sujets dans le livre.
      OU
2. **Leçon de géographie** Vous êtes professeur-e de géographie dans un cours d'immersion pour enfants. Faites un plan de votre leçon sur le monde francophone : les continents, les pays, les îles , les villes, etc., et où ils se situent.
      OU
3. **Une excursion** Racontez une excursion imaginaire à deux ou trois des sites décrits dans **Plus loin**. N'oubliez pas de mentionner vos sentiments et vos émotions personnelles.

_____

_____

_____

_____

_____

_____

_____

_____

_____

_____

_____

_____

_____

_____

_____

_____

_____

_____

_____

_____

_____

Chapitre 7 : Joseph en Acadie

Scène 1 : Au studio

Sur le vif !

A. **Suivez la piste !** Mettez les événements du dialogue dans le bon ordre.

1. Joseph met son casque. ( )

2. Carole explique à Joseph comment va marcher l'interview. ( )

3. Alain montre à Joseph comment le microphone marche. ( )

4. Carole est heureuse d'accueillir Joseph. ( )

5. Joseph doit faire face à l'appareil. ( )

6. Alain va faire des gestes. ( )

7. Carole Broussard arrive à la hâte. ( )

8. Les techniciens font le compte à rebours. ( )

B. **L'Acadie existe-t-elle ?** Relisez le dialogue et les notes et faites une liste de tous les noms de lieu acadiens mentionnés. Ensuite, faites une liste de tous les mots signalant l'expulsion ou l'isolement des Acadiens.

_____

_____

_____

_____

_____

_____

Communication, structures et vocabulaire

I. Donner des instructions; vérifier la compréhension

A. **Apprendre à cuisiner** Expliquez à quelqu'un comment se servir de (*to use*) votre cuisinière (*oven/stove*).

vocabulaire utile : allumer le gaz/l'électricité; régler la température du four (*oven*)/des réchauds (*burners*); mettre en marche le ventilateur (*fan*); vérifier le temps de cuisson (*cooking*); fermer le gaz/l'électricité, etc.

Pour servir de votre cuisinière, il faut que vous allumiez le gaz ; ensuite vous régler la température du four. Depuis ça, vous mettiez en marche le ventilateur, vérifiez le temps de cuisson, et finalement vous fermez le gas.

B **Allumons !** Vous parlez seulement un peu français et votre propriétaire vous explique comment installer une nouvelle bouteille de propane dans votre cuisinière. Complétez la conversation.

Le propriétaire : D'abord, il faut s'assurer que le bec à gazeux complètement fermé, d'accord ?
Vous : Je m'excuse, mais je comprends mal le bec à gazeux complètement fermé.

Le propriétaire : Pas exactement. Vous devez fermer tous les réchauds avant.
Vous : Fermer tous les réchauds ? Excusez-moi, mais je n'ai pas bien compris. Vous fermez tous les réchauds avant ?

Le propriétaire : Puis, détachez le tuyau à gaz (*the gasline*) de la bouteille et emportez la bouteille vide à une station-service.
Vous : Est-ce qu'il faut qu'emporte la même bouteille chaque fois à la station-service ?

Le propriétaire : Non, non. Ce n'est pas nécessaire d'utiliser la même bouteille.
Vous : Alors, vous preniez la bouteille à la station-service pour retourner la bouteille ?

Le propriétaire : Oui, c'est un peu ça. Vous déposez la bouteille vide et comme ça vous n'êtes pas obligé de payer la consigne (*deposit*). Compris ?

Vous : Je ne comprends pas très bien.

II. Exprimer la nécessité, la volonté, le désir

A. **Réclamations** Un groupe de citoyens (*citizens*) passe devant un comité des droits linguistiques et culturels d'une minorité. Le comité doit écouter les réclamations (*demands*) et y répondre. Remplissez les tirets avec la forme correcte du verbe, et ajoutez quatre ou cinq réclamations personnelles.

modèle Nous voulons que les panneaux routiers (*roadsigns*) dans notre communauté soient bilingues ...

1. Il faut que nous _ayons_ (avoir) des revues et des périodiques (*magazines and periodicals*) en français.

2. Il est nécessaire que vous nous _fournissiez_ (fournir) des services légaux bilingues.

3. Nous voulons que vous _soyez_ (être) plus sincères pour nous aider mieux (*better*).

4. _Il faut que nous ayons les écôles français pour les enfants._

5. _Il est nécessaire que vous pourviez la service d'hôpital en français._

6. _Il faut que nous ayons des journals français._

7. _Je peux voire le restaurants bilingues, aussi!_

8. _A la post de police, il est nécessaire que vous soyez les personelle bilingues._

B. **Différences d'opinion** Jean-Pierre veut/voudrait faire des choses à sa façon (*in his own way*) mais ses parents ont d'autres idées. Qu'est-ce qu'ils lui disent ? Employez surtout des expressions indiquant la nécessité, la volonté et le désir (e.g., Nous voulons/voudrions que ... ; il vaudrait mieux que ... ; il faut que ... etc.)

modèle Jean-Pierre : Je voudrais rendre visite à mes copains.
Ses parents : **Mais non, il vaudrait mieux que tu fasses tes devoirs.**

Jean-Pierre : Je ne veux pas rester chez nous ce soir

Ses parents : _Oui, il faut que tu restes chez nous ce soir._

Jean-Pierre : Mais, je voudrais aller au cinéma.

Ses parents : 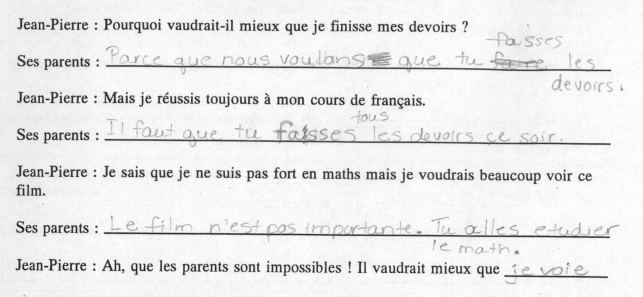 Non, tu n'alles pas au cinéma

Jean-Pierre : Pourquoi vaudrait-il mieux que je finisse mes devoirs ?

Ses parents : Parce que nous voulons que tu ~~faire~~ fasses les devoirs.

Jean-Pierre : Mais je réussis toujours à mon cours de français.

Ses parents : Il faut que tu fasses tous les devoirs ce soir.

Jean-Pierre : Je sais que je ne suis pas fort en maths mais je voudrais beaucoup voir ce film.

Ses parents : Le film n'est pas importante. Tu alles etudier le math.

Jean-Pierre : Ah, que les parents sont impossibles ! Il vaudrait mieux que je voie

la film ce soir.

III. Exprimer des quantités numériques

A. **Anniversaires** Voici une liste de quelques francophones célèbres. Écrivez en toutes lettres en quel siècle (*century*) ils sont nés.

1. Napoléon 18^e

   _____

2. Pierre Trudeau 20^e

   _____

3. Marie Curie 19^e

   _____

4. Jacques Cartier 15^e

   _____

5. Montaigne 16^e

   _____

6. Charlemagne 8^e

   _____

B. À l'école primaire Dites en quelle année de l'école primaire vous avez appris à faire les activités suivantes :

modèle   lire — 1ère → J'ai appris à lire en première année.

1. écrire — 1ère et 2e

_____

2. faire la soustraction (*subtraction*) — 3e

_____

3. faire la multiplication — 4e

_____

4. réciter tou-te-s les provinces/états de mon pays — 5e

_____

5. situer les pays d'Europe — 6e

_____

6. faire des calculs algébriques — 8e et 9e

_____

C. Faisons un inventaire Vous êtes libraire et il faut que vous fassiez (*do*) un inventaire avant la rentrée (*beginning of school*). Faites un inventaire des articles suivants en employant des approximations en **-aine**.

1. carnets [*notebooks*] (environ 10)
    Il y a une dizaine des carnets

2. crayons [*pencils*] (à peu près 100)
    Il y a une centaine des crayons

3. règles [*rulers*] (environ 50)
    Il y a une cinqaine des règles

4. stylos [*pens*] (à peu près 20)
    Il y a une vingtaine de stylos

5. fiches [*index cards*] (presque 15)
    Il y a une quinzaine de fiches

6. gommes [*erasers*] (environ 12)
    Il y a une douzaine de gommes .

IV. Les expressions de temps ; dire l'heure qu'il est (suite)
Le système de 24 heures

A. **Programmes** Vous êtes responsable du programme des émissions de la chaîne 1. Écrivez en toutes lettres les émissions suivantes à l'heure indiquée :

modèle   **Le Téléjournal 17h00** → **Le Téléjournal** passe à dix-sept heures.

1. **Huit, ça suffit**   18h00

_____

2. **Mini journal**   18h25

_____

3. **La Roue de la Fortune**   18h45

_____

4. **Santa Barbara**   19h10

_____

5. **Le Journal de la Une**   20h00

_____

6. **Colombo**   20h30

_____

B. **Ma journée à l'université** En employant le système de 24 heures, dites à quelle heure ...

1. vous arrivez à l'université

   J'arrive à l'université à 8h

2. vous avez votre premier cours

   J'ai ma premier course à 11 hr

3. vous rencontrez vos copains/copines

   Je reconte mas copines à 10h 30

4. vous déjeunez

   Je déjeune à 13 hr 30

5. vous allez à la bibliothèque

   J'allé à la bibliothèque à 19 hr 30

6. vous rentrez chez vous

_____

Scène 2 : La situation des francophones

Sur le vif !

A. L'Acadie Relisez la conversation et les notes culturelles aux questions suivantes par des phrases complètes.

1. Joseph a-t-il visité les régions acadiennes dans l'ouest du Canada avant de visiter l'est ?

    _____

2. Est-il vrai que les Cadiens s'intéressent plus à leur histoire que les Acadiens ?

    _____

3. Combien de personnages y a-t-il dans *La Sagouine* ?

    _____

4. Quel pourcentage de la population au Canada est francophone ?

    _____

5. Citez quelques particularités de la ville de Moncton ?

    _____

B. Un peu de vocabulaire Relisez la conversation et remplacez le mot ou l'expression soulignée par un synonyme.

1. **Mais non**, on s'inquiète beaucoup de la situation des francophones au Canada.

    _____

2. Un des grands problèmes chez les Cadiens, c'est que le français **est presque sur le point** de disparaître.

    _____

3. **Pendant son voyage**, Joseph est allé à la Baie Sainte-Marie.

    _____

4. Tout comme les Cadiens, les Acadiens **adorent** leur culture.

    _____

5. Au Canada, beaucoup d'élèves bénéficient d'**une instruction** en français.

_____

Communication, structures et vocabulaire

I. Bien s'exprimer : les verbes pronominaux; sens réciproque et sens idiomatique
Les verbes réciproques

(A.) Rapports réciproques Répondez aux questions suivantes par des phrases complètes.

1. Est-ce que vous vous aimez, vous et votre copain/copine ?

    Oui, nous nous aimons.

2. Désormais (*From now on*), nous nous rencontrons tous les jours à 7 heures, d'accord ?

    Oui, nous nous recontrons à 7 h.

3. Les familles Charbonneau et Tremblay se connaissent (*know each other*), n'est-ce pas?

    Oui, ils se connaissent.

4. Est-ce que les jeunes amants (*lovers*) s'embrassent très souvent ?

    Non, les amants ne s'embrassent.

5. Toi et ton entraîneur, vous vous parlez tout le temps du sport, n'est-ce pas ?

    Oui, nous nous parlons du sport.

6. Vous vous écrivez souvent, vous et vos amis d'enfance ?

    Oui, nous nous écrivons.

Les verbes pronominaux idiomatiques

(B.) En Acadie, on s'amuse ! Choisissez un verbe pronominal idiomatique pour compléter le sens de chaque phrase.

verbes : s'amuser, se demander, s'intéresser à, se dépêcher, se rappeler, s'entendre, se promener, se souvenir

1. Les différents peuples francophones semblent *s'entendent* très bien au Canada.

2. Chaque année beaucoup de Cadiens visitent le site de la déportation en Nouvelle-Ecosse où ils *se souvenent* dans le parc et sur les prés (*meadows*).

3. Joseph *se rappelle* de son enfance en Louisiane.

4. Aujourd'hui les Acadiens _se demandent_ quelquefois comment ils vont préserver leur identité.

5. Tous les ans au mois d'août il y a un festival acadien à Grand Pré où les amis de l'Acadie _s'amusent_ toute la journée.

II. Bien s'exprimer : l'impératif des verbes pronominaux

A. Conseils ! Un-e ou plusieurs de vos camarades de classe subit/subissent (*is/are undergoing*) beaucoup de stress à cause de ses/leurs études. Donnez-lui/leur des conseils en employant des verbes pronominaux.

modèle   Tu es trop anxieux/anxieuse. Détends-toi (*relax*) et habitue-toi à pratiquer de la méditation.

quelques verbes utiles : se promener, s'amuser, s'intéresser à, se dépêcher, s'installer, se détendre, s'habituer à

1. Tu es toujours trop sérieux/sérieuse.

   _____

2. Vous êtes pressées tout le temps.

   _____

3. Nous n'avons pas de bons rapports avec nos professeurs.

   _____

4. Tu déménages (*move*) une fois par mois.

   _____

5. Vous ne quittez jamais votre chambre.

   _____

6. Tu t'ennuies sans raison.

   _____

B. Jamais d'accord ! Maria et Michael ne sont presque jamais d'accord. Elle est trop puritaine et il est trop indulgent. Comment Michael répond-il aux critiques de Maria ?

modèle   Maria : Michael, fais un effort pour t'entendre avec tout le monde !
   Michael : **Mais, je m'entends avec tout le monde sauf toi !**

Maria : Michael, dépêche-toi ou tu seras en retard !

Michael : _____

_____

Maria : Habitue-toi à ne pas boire tant de vin !

Michael : _____

_____

Maria : Amuse-toi en plein air, pas au bar !

Michael : _____

_____

Maria : Ne te moque pas du mouvement écologique !

Michael : _____

_____

Maria : Ne t'ennuie pas si facilement !

Michael : _____

_____

III. Bien s'exprimer : les verbes *lire* et *écrire*

A. Faisons des recherches ! Les étudiants dans le programme d'immersion vont à la bibliothèque pour préparer une composition pour le prochain cours. Dites ce qu'ils font.

1. Gérard _____ (lire) des revues de linguistique acadienne.

2. Michael et Heather _____ (écrire) ensemble un document sur l'artisanat dans l'île d'Orléans.

3. Robert _____ (décrire) l'excursion en autobus.

4. Jocelyne et Robert _____ (s'écrire) des petits mots (*notes*) sur le «vrai Québec».

5.   Jane et Maria _____ (décrire) la chute Montmorency.

B.   Lire, c'est cool ! Répondez aux questions personnelles suivantes :

1.   Qu'est-ce que tu aimes lire avant de dormir ?

_____

2.   Est-ce que vous écrivez des cartes postales quand vous êtes en vacances ?

_____

3.   As-tu lu **Une Année en Provence** de Peter Mayle ?

_____

4.   Est-ce que vos amis d'enfance vous écrivent des lettres de temps en temps ?

_____

5.   Qu'est-ce que tu as décrit dans ta dernière composition ?

_____

6.   Tu lis souvent des bandes dessinées, n'est-ce pas ?

_____

IV. Parler d'activités et d'événements passés
Le passé composé et l'auxiliaire être

A.   Déplacements Décrivez les déplacements des Acadiens après le grand dérangement.

Informations utiles :

1.   arriver sur la côte est du Canada

_____

2.   partir de Grand Pré

_____

3.   aller en Nouvelle Angleterre

_____

4.   repartir en France ou en Louisiane

_____

5.   retourner au Canada

_____

6. aller dans des régions différentes des Maritimes

_____

7. rentrer sur leurs terres

_____

8. rester fidèle à leur culture

_____

B. **Journée active !** En employant autant de verbes de mouvement que possible, décrivez vos va-et-vient (*comings & goings*) pendant une journée active récente.

À sept heures du matin, je suis descendu-e prendre le petit déjeuner et j'ai mangé très vite. Ensuite, je ...

_____

_____

_____

_____

_____

Activité de synthèse

A. **Rédaction** Écrivez 100-150 mots sur un des sujets suivants.

1. **Sujet de rédaction** Voir les sujets dans le manuel.
   OU
2. **Langue et patrie** Écrivez une composition sur les différences entre les États-Unis et le Canada par rapport à (*as concerns*) la question de la langue française.
   OU
3. **Le sort des Acadiens** Rédigez un mot à un-e ami-e sur le sort des Acadiens.
   OU
4. **Les guerres sont des bêtises !** En remplissant un formulaire pour le service militaire de votre pays, vous devez expliquer pourquoi vous ne vous sentez pas capable de servir (e.g., vous ne voulez pas changer vos habitudes !)

_____

_____

_____

_____

Chapitre 8 : Maria apprend à se débrouiller

Scène 1 : Arriver à Paris

Sur le vif !

A. Vocabulaire Remplissez les blancs par les mots ou expressions suivants. Utilisez chaque mot une fois seulement, en le modifiant si nécessaire.

frapper; une douche; à pied; un étage; le filet; économiser; une nuit; la balle; une clé; vérifier; une partie; loin; un jeu

Bruce part à Ottawa où il participe à un tournoi (*tournament*) de tennis. Il téléphone à l'hôtel Carleton pour réserver une chambre.

Réceptionniste : Allô, j'écoute.

Bruce : Bonjour, Monsieur. Je voudrais réserver une chambre pour deux _journées_, le 24 et le 25 juillet. Je viens à Ottawa pour participer au championnat de tennis. Est-ce que le Carleton est _loin_ du complexe sportif Lansdowne ?

Réceptionniste : Ah, c'est pour le championnat ? L'hôtel est à dix minutes _à pied_ du complexe. Tiens, j'ai fait _un jeu_ de tennis juste avant de me rendre au travail ce matin. Quel plaisir de _____ la _____, surtout quand elle ne va pas dans _____ !

Bruce : Ah, c'est _un jeu_ sensationnel ! Bon, est-ce qu'il reste une petite chambre pour le 25 et le 26 ?

Réceptionniste : Euh, je/j' _vérifier_. Oui, Monsieur, j'ai encore une chambre à un lit au 7e _étage_ avec _une douche_. C'est une chambre à 39 dollars, ça vous va ?

Bruce : Oui, c'est parfait; mon parrain (*sponsor*) m'a demandé de/d' _économiser_ le plus possible. J'essaierai de ne pas emporter (*leave with*) _____ à la fin de mon séjour ! Merci, Monsieur, et à bientôt.

Réceptionniste : Au revoir, et bon voyage !

B. **Vrai ou faux ?** Si les commentaires culturels sont faux, corrigez-les.

1. v [   ] f [   ]   Le Panthéon est une des principales curiosités du quartier Latin à Paris.

   _____

   _____

2. v [   ] f [   ]   La plupart des hôtels du quartier Latin sont des établissements de luxe.

   _____

   _____

3. v [   ] f [   ]   Dans un hôtel sans ascenseur, les chambres aux étages inférieurs
   coûtent moins cher que les chambres aux étages supérieurs.

   _____

   _____

4. v [   ] f [   ]   En France, le 4e étage d'un immeuble est l'équivalent du 3e étage en
   Amérique du Nord.

   _____

   _____

5. v [   ] f [   ]   On trouve une collection importante de tableaux impressionnistes au
   Musée d'Orsay.

   _____

   _____

6. v [   ] f [   ]   Picasso est un des grands peintres impressionnistes.

   _____

   _____

7. v [   ] f [   ]   L'original de la Joconde, tableau célèbre de Léonard de Vinci, se
   trouve au Louvre.

   _____

   _____

8. v [   ] f [   ]   La cathédrale Notre-Dame remonte au XVe siècle.

   _____

   _____

Communication, structures et vocabulaire

I. Exprimer l'obligation, le besoin : le verbe *devoir*

A. **Hier, aujourd'hui, demain ...** Claire a de très nombreuses obligations ces jours-ci. Qu'est-ce qu'elle dit ?

modèle Aujourd'hui/je/devoir/donner trois leçons de piano.
Aujourd'hui, je *dois* donner trois leçons de piano.

1. Avant-hier/mes amis et moi/devoir/préparer des demandes de jobs d'été

   doivent

2. Hier/mes frères/devoir/finir un projet de géographie/et je/devoir/les aider un peu

   doivent

3. Ce matin/je/devoir/passer mon permis de conduire (*take my driver's test*)

   dois

4. Cet après-midi/ma soeur et moi/devoir/rendre visite à notre grand-mère malade

   doit

5. En ce moment/je/devoir/finir une dissertation d'histoire

   dois

6. Demain/je/devoir/réviser (*review*) mes notes de biochimie

   dois

7. Après-demain/mes parents/devoir/me laisser faire la grasse matinée !

   doivent

B. Désolé, mais ... Inventez quelques excuses (discrètes ?) pour terminer les segments de conversation suivants. Essayez d'utiliser le verbe **devoir** dans quelques réponses.

1. (un employé de banque) Je suis désolé, Madame, d'être obligé de vous dire que votre compte est à découvert (*overdrawn*) de 500 dollars.

    (Marjorie) _____

    _____

2. (votre mère) Tu sais, tu ne nous as pas encore dit si tu as bien réussi à ton examen de maths.

    (vous) _____

    _____

3. (son/sa meilleur-e ami-e, au téléphone) Quoi ? Ce n'est pas vrai que tu es sorti-e avec Rob/Meghan vendredi soir !

    (Janet/John) _____

    _____

4. (votre dentiste) Vous savez, ce sera bientôt le moment d'arracher (*to pull*) vos quatre dents de sagesse (*wisdom*).

    (vous) _____

    _____

5. (la prof d'informatique) Avez-vous une petite demi-heure pour discuter du dernier devoir que vous avez remis ? Il faut dire les choses comme elles sont, il n'était pas très satisfaisant.

    (Brad) _____

    _____

II. Parler d'activités et d'événements futurs

A. Prédictions ! Prédisez certaines choses à propos des activités futures de quelques personnages de *Bonne route* en mettant les verbes indiqués au temps futur.

modèle Maria (aller à Paris). Elle (prendre le train à Charleville-Mézières / travailler comme assistante dans un collège)
Maria *ira* à Paris. Elle *prendra* le train à Charleville-Mézières où elle *travaillera* comme assistante dans un collège.

1. Gérard (s'installer à Poitiers en septembre/choisir ses cours de linguistique)

   Gérard installera à Poitiers en Septembre quand il choisira ses cours de linguistique

2. M. Charbonneau (se rendre à la Martinique/commencer ses recherches)

   Il se rendra à la Martinique pour commencera ses recherches.

3. Heather et Michael (prendre l'avion jusqu'à Amsterdam/voyager à Roquevaire). Ils (passer un an en Provence)

   Ils prendront l'avoin jusqu'à Amsterdam, quand Ils voyageront à Roquevaire. Ils passeront un an en Provence.

4. Jocelyne (être au Sénégal). Elle (enseigner le français/vivre dans une famille sénégalaise)

   Elle serra au Sénégal. Elle s'enseignera le français quand elle vivront dans une famille sénégalais.

5. Joseph (faire le tour du Canada francophone). Il (devoir retourner en Louisiane en novembre)

   Il ferront le tour du Canada francophone. Il ~~devra~~ devra retourner en Louisiane en novembre.

6. Et Jane ? À vous d'imaginer !

   Et Jane ? Ira-elle s'imaginer !

7. Et Gabrielle et Robert ?

Nom _____   Date _____

B. Projets Complétez de façon personnalisée :

modèle   Ce soir, je (aller) ...
→ Ce soir, j'irai voir les *Belles-Soeurs* de Michel Tremblay.

1. Demain, je (faire) _ferai_ _____

   _____

2. Pendant le week-end, mes amis et moi (vouloir) _voudrons_ ____

   _____

3. La semaine prochaine, j' (appeler) _appellerai_ _____

   _____

4. Dans deux mois, j' (avoir) _aurai_ _____

   _____

5. L'été prochain, ma famille (pouvoir) _pourrat_ _____

   _____

6. Dans un an, j' (acheter) _achèterai_ _____

   _____

7. D'ici cinq ans, mes amis et moi (être) _serons_ _____

   _____

8. Et dans 50 ans (!), je (savoir) _saurai_ _____

   _____

III. Bien s'exprimer : le verbe *prendre*

A. Mais Peter Peudoué n'a rien compris ! Complétez l'histoire suivante par une forme appropriée de *prendre, apprendre* ou *comprendre*.

Peter et un copain _____ (prendre) récemment une semaine de vacances et

ils _____ (apprendre) qu'il y avait un charter bon marché à Genève.

«_____ (prendre) donc nos vacances en Suisse francophone», se sont-ils dit. Hélas, ils _____ (comprendre) tous les deux assez mal le français. Peter

_____ (apprendre) à l'aéroport de Genève qu'il fallait réserver les voitures

de location (*rental cars*) bien à l'avance. Ils décident donc de louer des vélos et le copain

de Peter _____ (prendre) un vélo de course (*speed bike*). Ils _____

(apprendre) vite qu'il y a beaucoup de montagnes en Suisse ! «_____

(comprendre) -moi bien, Peter» lui dit son copain, «quand je te dis que je _____

(prendre) le temps de faire quelques recherches si tu veux que je _____

(prendre) d'autres vacances avec toi.» «Oui, oui, je _____ (comprendre)»,

répond le malheureux Peter.

B. **Chacun à son goût** On trouve un bon choix de boissons chaudes et froides au Café «La Belle Époque». Consultez le petit menu et suggérez ce que les personnes suivantes vont peut-être prendre.

Carte des Consommations

Boissons chaudes			Bières	
café express	7F	33cl	Kronenbourg	12F
café crème	11F	"	Heineken	14F
thé au citron	9F	"	Lowenbrau	14F
lait chaud	8F			
chocolat chaud	10F		Vins	
Boissons fraîches				
			1/2 Vouvray (blanc)	22F
			1/2 Listel (rosé)	18F
jus de fruits	12F		1/2 Beaujolais (rouge)	20F
- pomme				
- raisin			Apéritifs	
- pamplemousse				
- abricot			Cinzano blanc	14F
limonade	9F		Dubonnet	14F
Canada Dry	12F		Martini rouge	14F
Coca-Cola	12F		Campari	16F
Orangina	12F		Chivas Regal	19F
thé glacé	8F			
lait froid	8F			

	Digestifs	
Eau minérale	Cointreau	21F
	Grand Marnier	23F
1/4 Perrier 9F	Poire William	20F
1/4 Vichy 7F	Cognac Napoléon	24F

modèle   Jean a très soif. Il prend/prendra une bière Kronenbourg.

1. C'est le mois d'août et vous adorez le thé. Vous _____
   _____

2. Après leur match de squash, Maria et Chantal _____
   _____

3. Suzanne a envie d'une boisson chaude, mais elle déteste le café et le thé. Elle
   _____

4. Après une journée de ski, Brom _____
   _____

5. Vous invitez votre patron (*boss*) à prendre «l'apéro». Il _____
   _____

6. Vous et moi, nous choisissons un vin pour accompagner le poisson. Nous _____
   _____

7. Notre camarade déteste le vin. Pour accompagner son repas, elle _____
   _____

8. Brian et Doug ont très bien mangé. Après le repas ils _____
   _____

IV. Offrir à boire; offrir de l'aide; accepter, refuser

A. Il faut savoir aider les autres Offrez de l'aide aux personnes qui se trouvent dans les situations suivantes et imaginez leur réponse. (Elles vont peut-être refuser votre aide de temps en temps.)

modèle   (une vieille dame dans une gare) O là là, cette valise est incroyablement lourde.

(vous) Permettez-moi de vous aider, Madame.

(elle) Enfin oui, je veux bien. Merci, Monsieur.
        OU
Ah, c'est bien gentil, mais je peux me débrouiller.
Merci tout de même (*just the same*).

1. (un passant [*passerby*] devant votre appartement, l'été) O mon Dieu, quelle chaleur ! Je n'ai jamais eu si soif.

   (vous) _____

   (le passant) _____

2. (une amie) Mais ce n'est pas possible; j'ai encore oublié mon livre de physique !

   (vous) _____

   (l'amie) _____

3. (un autre passant, qui est perdu) Mais j'étais sûr que la rue Redwood était dans ce quartier !

   (vous) _____

   (le passant) _____

4. (Jean-Pierre) Ce n'est pas vrai, j'ai laissé mon casse-croûte (*snack*) dans la cuisine ce matin.

   (vous) _____

   (Jean-Pierre) _____

5. (Laure) Zut, j'ai un examen oral dans dix minutes et je ne me souviens plus où se trouve le bureau du prof.

   (vous) _____

   (Laure) _____

Scène 2 : En route vers le nord

Sur le vif !

A. **Vocabulaire** Relisez la conversation *En route pour le nord* pour trouver un synonyme des mots ou expressions suivants.

1. de l'autre côté _____

2. se mettre dans une file d'attente (*line-up*) _____

3. dire merci _____

4. le prix (d'un billet, etc.) _____

5. donner des informations _____

6. discuter avec un vendeur/une vendeuse pour essayer d'avoir un prix plus bas _____

   _____

7. (payer) en argent liquide _____

8. l'endroit où on prend un billet _____

9. un match _____

10. une plate-forme (dans une gare) _____

11. ce n'est pas grave _____

12. un objet très vieux _____

B. **Culture** Relisez la conversation et les notes culturelles avant de compléter les phrases suivantes.

1. Quand on fait la queue à la gare pour demander des renseignements, il faut

   normalement _____

2. Pour réserver une place dans un train français, on doit _____

3. On paie moins cher en période _____

4. Avant de monter dans un train, il faut absolument _____ son billet.

5. La SNCF offre des tarifs spéciaux aux _____, aux _____ et

aux _____.

6. Le plus grand marché de Paris, où on trouve toutes sortes de vieux objets, s'appelle

_____

7. A propos de l'hospitalité, on dit souvent que les Français _____

_____. (Mais il faut se méfier [*beware*] des généralisations !)

8. L'équivalent français de la carte de crédit Visa est _____.

Communication, structures et vocabulaire

I. Comparer

(A.) **Comparaison n'est pas raison !** Complétez les phrases suivantes avec la comparaison indiquée par les symboles -, +, =.

modèle   Un billet d'avion coûte (+) cher (billet de train)
             Un billet d'avion coûte plus cher qu'un billet de train.

1. Une chambre au 7e étage coûte (-) cher (une chambre au 2e)

    Une chambre au 7e étage coûte moins d'une chambre *chere que* *au 2e*

2. Maria descend à l'hôtel (+) souvent (ses parents)

    Maria descend à l'hôtel plus souvent que ses parents.

3. En ville, le métro roule (=) vite (le train)

    En ville, le métro roule autant que le train. *aussi vite*

4. La chambre de Maria est (+) petite (notre chambre)

    La chambre de Maria est plus petite que notre chambre.

5. Maria comprend (+) bien le français (ses frères et sa soeur)

    Maria comprend aussi bien *que* le français de ses frères et sa soeur.

6. Les TGV sont (=) fréquents maintenant (les trains normaux)

    Les TGV sont ~~autant que fréquents~~ aussi fréquents que les trains normaux

B. **Il faut savoir taquiner** (*tease*) Suivez les modèles pour répondre aux questions suivantes.

modèles   Est-ce que Madeleine parle **bien** français ?
(moi) **Oui, elle parle français *mieux* que moi.**
(Georges) **Ah, mais c'est Georges qui parle français *le mieux*.**

Est-ce que Philippe porte de **beaux** tee-shirts ?
(Jacques) **Oui, il porte de *plus beaux* tee-shirts que Jacques.**
(Yvan) **Ah, mais c'est Yvan qui porte *les plus beaux* tee-shirts.**

1. Est-ce que Françoise oublie **souvent** son livre de français ?

(Katie) _Non, Katie oublie plus souvent ~~son livre plus~~ que François_

_____

(Ginette) _____

_____

2. Rob a de **bonnes** notes ce semestre, n'est-ce pas ?

(Ted) _Ted a de mieulle ~~potes mieux~~ que Rob._

(Rick) _____

3. Est-ce que Rose donne des réponses **intéressantes** en classe ?

(moi) _J'ai donne des réponses plus intéressantes ~~que Rose~~_

_____

(Thérèse) _____

_____

4. Est-ce que Brendan conduit (*drives*) **vite** ?

(Don) _Don conduit plus vite que Brendan_

(Gerry) _Il conduit le plus vite._

5. Est-ce que Régine achète **beaucoup** de cds en ce moment ?

(nous) _Oui, nous acheten le plus de CDs._

(Odile) _____

6. Est-ce que tu dors **assez** ces jours-ci ?

(toi) _Oui, je dors_

(Jeanne) _____

C. **On compare constamment !** Écrivez cinq phrases comparatives à propos de vos amis, vos goûts, vos activités, etc.

modèle Je vais au cinéma **plus souvent que** mes amis, mais ils lisent **plus de** romans **que** moi.

1. _____

_____

2. _____

_____

3. _____

_____

4. _____

_____

5. _____

_____

II. Le *passé composé* avec les auxiliaires *avoir* et *être*

A. **Attention à l'auxiliaire !** Complétez le paragraphe au *passé composé* pour dire quelles ont été les premières activités de Karolyn jeudi dernier.

[handwritten note: Objet direct = avoir]

Karolyn _est sorti_____ (sortir) de sa chambre à huit heures et quart et elle _est descendue_ (descendre) prendre le petit déjeuner. Elle _est montée_ *[handwritten: est]* (monter) chercher ses livres scolaires et elle les _est descendus_ *[handwritten: a]* (descendre). Juste avant de partir à la Fac, elle _a monté_____ (monter) un thé à sa mère. Elle _est sorti_ *[handwritten: est]* (sortir), elle _est rentre_ *[handwritten: a]* (rentrer) le chat et elle _a sorti_____ (sortir) son vélo du garage pour aller suivre son premier cours.

[handwritten note: ✗ Use AVOIR with an direct object]

B. **Votre dernier voyage** Pensez à votre voyage le plus récent et répondez aux questions suivantes.

1. Dans quelle région/quel pays êtes-vous allé-e ? _____
   _____

2. Vers quelle heure êtes-vous monté-e dans le train (le bus/la voiture/l'avion, etc.) ?
   _____
   _____

3. Et vos bagages, vous les avez envoyés séparément ou vous les avez montés dans le train (bus, etc.) avec vous ?
   _____
   _____

4. Et à quelle heure est-ce que vous êtes descendu-e du train (du bus, etc.) ? _____
   _____

5. Quelle était votre destination finale ? _____
   _____

6. Etes-vous sorti-e visiter la ville (le village/l'île, etc.) tout de suite après votre arrivée ou étiez-vous trop fatigué-e ? _____
   _____

7. Quand est-ce que vous êtes rentré-e de vacances ? _____

   _____

8. Avez-vous tout de suite sorti vos guides touristiques pour organiser un autre voyage ?

   _____

   _____

III. Exprimer l'irritation; s'excuser
Le verbe *dire*

A. La vérité, rien que la vérité Connaissez-vous le proverbe français : «Toutes les vérités ne sont pas bonnes à dire ?» Complétez les questions suivantes en remplissant les tirets par une forme du verbe *dire* au **passé composé**, au **présent** ou au **futur**.

1. Est-ce que tu _____ toujours la vérité ?

2. Et tes amis, est-ce que — jusqu'à maintenant ! — ils t' _____ la vérité ?

3. Ta/ton prof de français te _____-elle/-il de temps en temps la vérité ?

4. Tes amis et toi, est-ce que vous ne _____ pas toujours la vérité à vos parents ?

5. Faisons une résolution — _____ la vérité pendant au moins une semaine !

6. Mieux encore, promets-moi que tu _____ la vérité toute l'année prochaine.

B. Apprenons à réagir Trouvez dans la colonne de droite la meilleure réplique aux questions et commentaires de la colonne de gauche.

1. Pourriez-vous m'expliquer comment fonctionne cette télécarte ? ( )

2. Vous passerez me chercher à sept heures, d'accord ? ( )

3. Attention, Mademoiselle, vous prenez ma place. ( )

4. J'en ai marre des pickpockets dans le métro ! ( )

5. Je pense que c'est votre tour (*turn*), Monsieur; excusez-moi. ( )

a) Il n'y a pas de mal, Monsieur.

b) Oui, et ça m'énerve quand les gens ne sont pas ponctuels !

c) C'est très simple, Madame; vous n'avez qu'à insérer votre carte dans le téléphone et composer le numéro du correspondant.

d) Mais vous exagérez, ça fait déjà dix minutes que j'attends.

e) Ah, je ne savais pas, mais je comprends maintenant.

6. Vivienne ne peut pas venir parce que son père est très malade. ( )

f) Moi aussi, ça commence à être insupportable.

7. O là là, Greg est en retard encore une fois. ( )

g) Entendu, Louise.

IV. Relier une série d'événements

A. **Au Grand Hôtel Oriental** Rétablissez dans l'ordre chronologique probable la série d'événements suivante et reliez-les dans un paragraphe à l'aide de mots et d'expressions comme *d'abord*, *ensuite*, *enfin*, etc.

1. Elle a pris le petit déjeuner dans sa chambre. ( )
2. Elle a retrouvé Chantal au «Jeu de Paume». ( )
3. Juste avant de descendre, elle a téléphoné à Chantal pour reconfirmer leur partie de squash. ( )
4. Le réveille-matin de Maria a sonné à 7h20. ( )
5. Elle a dit au réceptionniste qu'elle veut garder la chambre 32 deux jours de plus. ( )
6. Elle s'est levée à 7h30. ( )
7. Elle a sorti son matériel de squash de son sac-à-dos. ( )
8. Elle a pris une bonne douche en attendant (*while waiting*) qu'on lui prépare son petit déjeuner. ( )
9. Elle est descendue. ( )
10. Elle a quitté l'hôtel et elle a pris le métro. ( )

_____

_____

_____

_____

_____

_____

_____

_____

_____

B. **Il faut venir chez moi !** Indiquez à un-e nouveau/nouvelle ami-e comment trouver votre chambre, appartement ou maison. (Vous êtes en ce moment dans la salle de classe de français.) Donnez des directions aussi précises que possibles — il est facile de se perdre !

_____

_____

_____

_____

_____

_____

_____

_____

_____

Activité de synthèse

A. **Rédaction** Écrivez 100-150 mots sur un des sujets suivants :

1. **Sujet de rédaction** Voir les sujets dans le livre.
   OU

2. **Je m'appelle Maria Chang ...** Maria a fait la connaissance d'un compagnon de voyage sympathique dans le train et lui raconte ses expériences et impressions à Paris.
   OU

3. **Ma région préférée** Comparez votre ville/région/province/pays avec un-e autre que vous connaissez assez bien.

_____

_____

_____

_____

_____

Nom _____   Date _____

_____

_____

_____

_____

_____

_____

_____

_____

_____

_____

_____

_____

_____

_____

_____

_____

_____

_____

_____

Chapitre 9 : La famille Sawchuck/O'Brien dans le Midi

Scène 1 : Chez les Arnaud

Sur le vif !

A. **Un peu de vocabulaire** Employez les mots suivants dans une phrase pour montrer que vous en comprenez bien le sens.

1. la retraite

   _____

2. un siècle

   _____

3. les assurances

   _____

4. la cheville

   _____

5. louer

   _____

6. la lumière

   _____

7. bricoleur

   _____

8. soigner

   _____

B. **La culture à l'affiche** Relisez les notes culturelles de la section *Pour en savoir plus* et répondez aux questions suivantes :

1. Où se trouve Roquevaire ?

   _____

2. Qu'est-ce qu'on fait des «mas» en Provence ?

_____

3. Quel est le rôle des vacances chez le Français typique ?

_____

4. Quand est-ce que les Français partent d'habitude en vacances ?

_____

5. Depuis quand est-ce que les Français ont un minimum de cinq semaines de congés payés par an ?

_____

6. Les Français bénéficient de différentes formes de protection sociale. Donnez quelques exemples.

_____

_____

Communication, structures et vocabulaire

I. Demander des renseignements

A. Jack et Jill Jack et Jill, qui ne se sont pas vus (*haven't seen each other*) depuis longtemps, prennent un café ensemble. Reconstituez leur conversation en remplissant chaque blanc avec un pronom, adjectif ou adverbe interrogatif.

Jack : Tiens, Jill, on m'a dit que tu vas bientôt partir en Nouvelle-Zélande.

Jill : Ah bon ? _____ t'a dit cela ? Et _____?

Jack : C'est John qui m'en parlait la semaine dernière. _____ tu vas faire là-bas ? _____ as-tu décidé d'y aller ?

Jill : Je vais me promener une quinzaine de jours. J'y vais surtout parce que je rêve d'y aller depuis des années ! Et toi, _____ se passe en ce moment ? _____ sont tes projets ? _____ vas-tu pendant les vacances ? Et _____ emmèneras-tu (*will you take*) avec toi ? Raconte !

Jack : Que de (*what a lot of*) questions ! Malheureusement, mon seul projet de vacances,

c'est de trouver une bonne job — je suis fauché (*broke*) ! À ton avis,

_____ emploi correspond le mieux à mes talents ?

Jill : Euh ... as-tu essayé MacDonald's ?

B. **Faisons les bagages** Vous voulez passer les vacances de Noël en Provence. Quelles sortes de questions allez-vous poser à votre agent-e de voyage ?

modèles **Quels** hôtels de Marseille ne sont pas trop chers ?
Qui peut m'indiquer les spectacles (*shows*) et les boîtes (*clubs*) de nuit les plus intéressants ?
Qu'est-ce qu'il faut visiter dans la région ? etc.

1. _____

2. _____

3. _____

4. _____

5. _____

6. _____

7. _____

II. Bien s'exprimer : les verbes pronominaux aux temps composés

A. **Une journée mal commencée** Formulez des phrases au passé composé avec les éléments indiqués.

Ce matin-là, tout allait (*was going*) mal. Paul et Hélène (se réveiller)

se sont réveillés tard et ils avaient peur d'être en retard pour leur cours. Hélène

(se lever) s'est levée la première et elle (faire) a fait

le café. Paul (aller) est allé faire sa toilette. Il (se raser)

s'est rasé , mais comme il a essayé de faire vite, et il (se couper)

s'est coupé plusieurs fois. Hélène (se peigner) s'est peignée ,

puis elle (s'habiller) s'est habillée . Ils (déjeuner) ont déjeuné en vitesse, et ensuite ils (aller) <u>sont allés</u> à leur voiture. La voiture était

en panne (*was broken down*). Les autobus étaient en grève. Hélène et Paul (se regarder)

<u>se sont regardés</u>, (commencer à rire) <u>commencé à rir</u>, et (rentrer)

<u>sont rentrés</u> à la maison.

B. Les bons moments de la vie Décrivez brièvement votre meilleur week-end cette année. Essayez d'utiliser plusieurs verbes pronominaux.

modèle   Samedi matin, j'ai dormi très tard; je me suis levé-e seulement à 11h30. Ensuite, je ...

_____

_____

_____

_____

_____

_____

_____

_____

_____

_____

III. Parler de la santé et des accidents; exprimer des notions de malaise, d'inquiétude et de soulagement

A. Quelle horreur ! Complétez l'histoire (presque tragique !) suivante par les mots ou expressions de la liste. (Utilisez chaque mot ou expression une fois seulement, et conjuguez les verbes au temps approprié si nécessaire.)

Mots et expressions à employer : avoir une opération; quel soulagement; une ambulance; grave; rester au lit; hélas; à la campagne; un examen médical; rester en forme; se casser le bras; à l'hôpital; c'est épouvantable

Comme d'habitude, je suis parti faire du vélo _____ samedi dernier,

car j'essaie de _____. _____, une voiture qui ne

m'a pas vu m'a renversé (*knocked me down*) et j'ai perdu conscience. On a fait venir

_____ et j'ai été transporté _____. Au moment où

j'ai repris conscience (*came to*), j'ai entendu un docteur dire : «Ce jeune homme devra

peut-être _____». J'ai crié : «_____ !» Mais après

_____ complet, on a découvert que je _____; ce

n'était pas plus _____ que ça. _____ !

Mais tout de même, j'aurais dû (*should have*) _____ ce jour-là !

B. Dites, docteur ... Vous êtes médecin. Comment allez-vous peut-être conseiller les personnes qui se plaignent d'avoir les symptômes suivants ?

modèle   Docteur, j'ai presque constamment un rhume.
Prenez 500 grammes de vitamine C tous les jours et dormez au moins huit heures chaque nuit.

1. Docteur, je ne dors presque pas et je suis fatigué tout le temps.

   _____

   _____

2. Docteur, j'ai une douleur aiguë au genou gauche.

   _____

   _____

3. Docteur, j'ai une méchante fièvre depuis quarante-huit heures.

   _____

   _____

4. Docteur, je pense que j'ai le rhume des foins; j'éternue presque tout le temps quand je suis dehors.

   _____

   _____

5. Docteur, j'essaie de me soigner, mais j'ai très mal à la tête trois ou quatre fois par semaine.

   _____

   _____

IV. Bien s'exprimer : les verbes et les prépositions

A. Pratique pratique Suivez le modèle :

modèle   je / commencer / m'intéresser à la politique
          Je commence à m'intéresser à la politique.

1. je / essayer / finir mes devoirs avant 9h00

   _____

2. ils / aimer / jouer au football

   _____

3. vous / regretter / travailler tous les soirs, n'est-ce pas ?

   _____

4. elle / choisir / voyager en Norvège cet été

   _____

5. je / s'amuser / raconter des histoires un peu idiotes

   _____

6. nous / détester / aller en classe le lundi matin

   _____

7. tu / inviter tes amis / venir chez toi

   _____

8. je / préférer / rester chez moi cet après-midi

   _____

9. elles / renoncer / fumer

   _____

10. il / se dépêcher / envoyer une lettre à son oncle

   _____

B. On peut toujours rêver Complétez l'histoire suivante par la préposition **à** ou **de** (si nécessaire) suivie d'un infinitif présent ou passé, ou d'un participe présent.

modèles   J'essaie _____ (finir) le plus vite possible.
J'essaie de finir le plus vite possible.
Elle étudie toujours en _____ (écouter) la radio.
Elle étudie toujours en écoutant la radio.

Qui n'aime pas _____ (rêver) de temps en temps en

_____ (penser) à des aventures fabuleuses ? Après

_____ (gagner) une fortune dans une loterie (car les aventures

fabuleuses peuvent _____ ([coûter] assez cher !), et avant

_____ (partir) vers des pays exotiques, il vaut mieux

_____ (prendre) le temps de lire deux ou trois livres et de

consulter un bon agent de voyages. Sans _____ (se préparer)

un peu, on ne réussira peut-être pas _____ (choisir) une aventure

qui correspond à ses goûts. Et pour _____ (s'amuser) bien, il faut

aussi _____ (décider) si on veut _____ (partir)

seul ou avec des amis. Mais d'abord, n'oubliez pas _____

(gagner) la loterie !

Scène 2 : À la découverte de Roquevaire

Sur le vif !

A. Un peu de culture Dites si les éléments suivants sont typiquement canadiens, français ou les deux :

	canadiens	français	les deux
1. le fromage de chèvre (goat)	[ ]	[ ]	[ ]
2. les grands lacs	[ ]	[ ]	[ ]
3. les charcuteries	[ ]	[ ]	[ ]
4. le pain cuit au feu de bois	[ ]	[ ]	[ ]

5. les centres commerciaux   [ ]   [ ]   [ ]

6. le sirop d'érable   [ ]   [ ]   [ ]

7. les platanes   [ ]   [ ]   [ ]

8. des hivers très froids   [ ]   [ ]   [ ]

9. de bons poissons et crustacés [ ]   [ ]   [ ]

10. les matchs de hockey   [ ]   [ ]   [ ]

B. Vocabulaire Dans leur contexte dans la conversation *À la découverte de Roquevaire*, quel est le sens des mots suivants ?

1. la place   (a)   [ ]   room
                      (b)   [ ]   place
                      (c)   [ ]   square

2. un séjour   (a)   [ ]   journey
                      (b)   [ ]   stopover
                      (c)   [ ]   stay

3. extra   (a)   [ ]   supplementary
                      (b)   [ ]   wonderful
                      (c)   [ ]   high-priced

4. un jouet   (a)   [ ]   toy
                      (b)   [ ]   jewel
                      (c)   [ ]   game

5. l'entretien   (a)   [ ]   entertainment
                      (b)   [ ]   maintenance
                      (c)   [ ]   entirety

6. une grande surface (a)   [ ]   large area
                      (b)   [ ]   highlight
                      (c)   [ ]   shopping centre

7. plaisanter   (a)   [ ]   to joke
                      (b)   [ ]   to be pleased
                      (c)   [ ]   to complain

Communication, structures et vocabulaire

I. Renvoyer à quelqu'un ou à quelque chose qu'on a déjà mentionné

A. Pratique pratique Remplacez l'expression indiquée par un pronom complément d'objet direct ou indirect.

modèles Donnez le livre *à Pierre*. (non) ➞ **Non, ne lui donnez pas le livre.**

Ne donnez pas *le livre* à Pierre. (si) ➞ **Si, donnez-le à Pierre.**

1. Montrez les photos *à Marilyn*. (non)

   _____

2. Offrez *des bonbons* aux enfants. (non)

   _____

3. Ne donnez pas *la chemise* à Georges. (si)

   _____

4. N'achetez pas *de disques* aujourd'hui. (si)

   _____

5. Jouez *au squash* trois fois cette semaine. (non)

   _____

6. Ne posez pas beaucoup de questions *aux profs*. (si)

   _____

7. Vendez *votre manuel de psychologie*. (non)

   _____

8. N'allez pas *à la pharmacie* avant trois heures. (si)

   _____

II. Donner, accepter ou refuser des conseils

A. Réagissez ! Comment allez-vous probablement réagir si on vous offre les conseils suivants ?

modèles Va jouer au bingo trois ou quatre fois par semaine.

Oui, c'est une très bonne idée; je vais peut-être gagner beaucoup d'argent.
   OU
Non, je ne suis pas de ton avis; je n'ai pas assez de temps et je ne suis pas très chanceux/chanceuse.

1. Tu devrais te reposer beaucoup plus; tu as l'air fatigué tout le temps.

   _____

   _____

2. Je te conseille de chercher un emploi à temps partiel; tu sembles avoir constamment des problèmes d'argent.

   _____

   _____

3. À mon avis, tu dois étudier un peu plus si tu veux avoir une bourse (*scholarship*) l'année prochaine.

   _____

   _____

4. Il vaut mieux regarder moins souvent la télévision; tu regardes cinq ou six émissions par jour, non ?

   _____

   _____

5. Il faut commencer à faire des projets pour les grandes vacances !

   _____

   _____

6. Tu ferais bien de te détendre un peu pendant le week-end; je sais que tes cours sont difficiles, mais ...

   _____

   _____

B. Voulez-vous être centenaire ? Faites une liste de dix choses à faire/ne pas faire si vous voulez vivre très longtemps. (Utilisez le vocabulaire actif «Suggérer, conseiller» et «Accepter, refuser des conseils» des pages 320-321 cons vos phrases.)

modèle   Si vous voulez vivre très longtemps, ça vaut la peine de faire régulièrement du sport.

1. _____

2. _____

3. _____

4. _____

5. _____

6. _____

7. _____

8. _____

9. _____

10. _____

III. Faire des achats

A. **Qu'est-ce que vous cherchez au juste ?** Remplissez les tirets.

modèle   Pour acheter des stylos, on peut aller dans **une papeterie**.

1. Pour acheter des livres, on peut aller dans _____.

2. Pour acheter cinq cents grammes de Roquefort, on peut aller dans _____.

3. Pour acheter de la peinture à l'huile, on peut aller dans _____.

4. Pour acheter 50 comprimés de Tylenol, on peut aller dans _____.

5. Pour acheter un kilo de sucre, on peut aller dans _____.

6. Pour acheter un bouquet de roses, on peut aller dans _____.

7. Pour acheter le numéro le plus récent de *L'actualité*, on peut aller dans _____

_____.

8. Pour acheter quelques bananes, on peut aller dans _____.

B. Qu'est-ce que je peux acheter ? Écrivez deux ou trois choses que vous pouvez acheter dans les commerces indiqués avec le montant d'argent attribué.

modèle   une papeterie/quinze dollars
          Je peux acheter deux cahiers et un bon stylo.

1. une boucherie/vingt-cinq dollars

   _____

2. une bijouterie/deux cents dollars

   _____

3. une épicerie/douze dollars

   _____

4. un magasin de meubles/mille dollars

   _____

5. un kiosque à journaux/sept dollars

   _____

IV. Bien s'exprimer : les verbes *voir* et *croire*

A. Pratique pratique Faites des phrases complètes selon le modèle.

modèle   Je/voir/bien sans lunettes (*glasses*).
          Je vois bien sans lunettes.

1. Megan/voir/la vie en rose en ce moment

   _____

2. Vous/ne pas voir/qu'on se moque de vous ?

   _____

3. Sean et Liam/voir/très bien avec leurs verres de contact.

   _____

4. Et toi, qu'est-ce que tu/voir/bien en ce moment ?

   _____

5. Nous/croire/que les vidéos sont superbes.

_____

6. Je/croire/ que c'est mon meilleur essai.

_____

7. Jean-Pierre/ne pas croire/très souvent ce qu'Edouard lui raconte.

_____

8. Yvonne et Marguerite/croire/que leurs modems sont très utiles.

_____

B. Répondez, s'il vous plaît

1. Jusqu'à quel âge avez-vous cru au Père Noël ?

_____

2. Est-ce que vos amis croient tout ce que (*everything that*) vous leur dites ?

_____

3. Est-ce que vous avez vu des choses que vous avez eu du mal (*trouble*) à croire ? Si oui, donnez un exemple.

_____

4. D'habitude, combien de films voyez-vous par mois ?

_____

5. Et cette semaine, verrez-vous peut-être un bon film ?

_____

Activité de synthèse

A. Rédaction   Écrivez 100-150 mots sur un des sujets suivants :

1. **Sujet de rédaction**   Voir les sujets dans le livre, p. 000.

    OU

2. **Une nouvelle bien désagréable** Vous êtes dans le bureau de votre médecin avec un-e ami-e quand vous apprenez la mauvaise nouvelle — vous allez devoir avoir une opération la semaine prochaine ! Imaginez la conversation qui va avoir lieu entre vous, le médecin et votre ami-e.

   OU

3. **Salut, toi !** Rédigez (*compose*) un petit mot (*short letter*) que vous allez envoyer à un-e ami-e avec qui vous voulez rester en contact. Parlez un peu de votre vie à l'université cette année, de vos activités et loisirs, de vos problèmes, de vos projets, etc. Posez aussi quelques questions à votre ami-e — vous voulez être au courant de son état de santé, de ce qu'elle/il a fait, etc.

   OU

4. **Je consomme donc je suis** Vous héritez de $5 000 d'une vieille tante qui vient de mourir. Vous aimez beaucoup faire des achats dans différentes sortes de magasins et boutiques. Dans quels commerces irez-vous ? Et qu'est-ce que vous achèterez ? Soyez précis, et ne dépassez pas (*don't go over*) votre budget !

   _____

   _____

   _____

   _____

   _____

   _____

   _____

   _____

   _____

   _____

Chapitre 10 : Gérard se rend à Charleville-Mézières

Scène 1 : Rendez-vous à la gare

Sur le vif !

A. **Que veut dire ...?** Choisissez dans la colonne de droite la définition qui correspond aux mots et expressions de la colonne de gauche.

Mots et expressions	Définitions
1. crevé ( )	(a) période d'attente entre deux parties d'un voyage
2. une étape ( )	
3. être en pleine forme ( )	(b) vouloir manger copieusement
4. (la) première ( )	(c) parler, discuter
5. une correspondance ( )	(d) excessivement fatigué
6. prévu ( )	(e) recommencement des classes en septembre
7. bavarder ( )	
8. avoir une faim de loup ( )	(f) phase (de la vie, etc.)
9. la rentrée ( )	(g) ce qui a été anticipé
	(h) avant-dernière année des études secondaires
	(i) se sentir très bien

B. **Petit test culturel** Relisez la conversation *Rendez-vous à la gare* et les notes culturelles de la section *Pour en savoir plus*; ensuite, encerclez la meilleure réponse :

1. Chez les jeunes , le mot **génial** veut dire
   a) généreux
   b) extrêmement intelligent
   c) fantastique

2. La Corse est
   a) un département français
   b) une province italienne
   c) un petit pays indépendant

3. Les étudiants français ont
   a) moins de vacances que les étudiants nord-américains
   b) autant de vacances que les étudiants nord-américains
   c) plus de vacances que les étudiants nord-américains

4. Les vacances de Pâques ont lieu
   a) en automne
   b) en hiver
   c) au printemps

5. CM 2 est un cours de niveau
   a) élémentaire
   b) secondaire
   c) universitaire

6. On prépare le «bac»
   a) à la fin des études élémentaires
   b) à la fin des études secondaires
   c) pour compléter le DEUG

7. Une **licence** permet de
   a) conduire une voiture
   b) préparer une maîtrise à l'université
   c) aller à la chasse

Communication, structures et vocabulaire

I. Renvoyer à quelqu'un ou à quelque chose qu'on a déjà mentionné

II. Bien s'exprimer : utiliser deux pronoms objets à la fois

A. Pratique pratique Réécrivez les phrases suivantes en remplaçant les éléments soulignés par des pronoms.

modèle   *Pierre* verra *Linda* demain soir.
   ***Il la* verra demain soir.**

1. *Evelyne* téléphone souvent *à ses copains.*

   _____

2. *Georges* n'a pas oublié *la cassette.*

   _____

3. Il va répondre *à sa lettre* tout de suite.

   _____

4. Ils parlent tout le temps *de l'argent.*

   _____

5. Elle donnera *sa réponse à Margaret* demain.

   _____

6. *Nicole* a acheté *du parfum à Paris.*

   _____

7. Montre *tes photos à Rebecca.*

   _____

8. Ne sers plus *de gâteau à ton frère.*

   _____

B. Dis-moi Maria ... Répondez affirmativement ou négativement aux questions que Maria et Gérard se sont posées. Utilisez autant de pronoms que possible dans vos réponses.

   modèles   Est-ce que tu étudies la linguistique en ce moment ?
   Oui, *je l'***étudie en ce moment.**

   Est-ce que tu téléphones souvent à tes parents ?
   Non, *je ne leur* **téléphone pas souvent.**

   (Maria à Gérard)
   1. Est-ce que tu étudies aussi la littérature française cette année ?

   _____

   2. Est-ce que tes amis à Poitiers t'invitent de temps à temps à rencontrer les membres de leur famille ?

   _____

   3. Est-ce que ton directeur de thèse a assez de temps pour te voir régulièrement ?

   _____

   4. Et est-ce qu'il t'explique clairement les méthodes de recherche ?

   _____

   (Gérard à Maria)
   5. Est-ce que tu as toujours des cours le samedi matin ?

   _____

   6. Penses-tu que les élèves trouvent tes cours ennuyeux ?

   _____

7. Est-ce que les autres assistants te donnent quelquefois des idées utiles ?

_____

8. Et est-ce que tu comptes toujours passer les vacances de février à Paris ?

_____

C. **On n'est pas toujours d'accord !** Vous n'êtes pas d'accord avec les idées d'un-e de vos camarades. Dites-le-lui clairement.

modèles   Je vais montrer mes timbres européens à mon prof d'histoire.
              Mais non, ne les lui montre pas !

              Je ne vais pas prêter (*lend*) d'argent à ta soeur.
              Mais si, prête-lui-en !

1. Je vais montrer ma collection d'étiquettes de vin (*wine labels*) à mes profs de français et de géologie.

_____

2. Je ne vais pas envoyer de cadeaux d'anniversaire à mes parents cette année.

_____

3. Je ne vais pas laisser mes livres de sciences politiques en résidence pendant les vacances.

_____

4. Je dois parler de mes problèmes à ma meilleure amie.

_____

5. Je vais emprunter (*borrow*) de l'argent à mes amis si je n'en ai pas assez.

_____

6. Il ne faut pas poser beaucoup de questions aux profs après les cours.

_____

III. Parler des peurs, de l'inquiétude; rassurer, encourager

A. **Emotions diverses**   Mettez les numéros des questions ou commentaires de la colonne de gauche à côté de la réplique (*rejoinder*) la plus appropriée de la colonne de droite.

1. J'ai une peur bleue; je vais   a) Ce n'est pas grave - j'en
   chez le dentiste cet après-midi.   ai un autre. ( )

2. Comment ? Tu as eu une bourse de mille dollars ? Félicitations !

3. Encore un F en chimie ! Je vais abandonner ce cours horrible.

4. Je suis un peu inquiète. J'ai mal au coeur depuis ce matin.

5. Jean, je suis désolé. J'ai perdu l'exemplaire de *King Lear* que tu m'as prêté.

6. Ne sois pas si nerveuse, Lois; ce n'est qu'une petite présentation orale devant la classe.

b) Ne t'en fais pas; je suis sûr que ce n'est rien. ( )

c) Oui, mais je panique; je vais peut-être oublier ce que je dois dire. ( )

d) C'est sûr que c'est beaucoup mieux que rien. ( )

e) Ne sois pas nerveuse; ça ne fait jamais mal ... après la pîqure ! ( )

f) Allez, un peu de courage; essaie encore un peu. ( )

B. Réagissez Est-ce que vous allez être inquiet/inquiète ou rassuré-e dans les situations suivantes ? Écrivez un commentaire approprié.

modèles   Vous avez trois examens en deux jours à la fin du semestre.
J'ai déjà la trouille ! Je ne pourrai jamais préparer trois examens en si peu de temps.

Vous avez beaucoup de devoirs en maths en ce moment.
Il n'y a pas de problème; je suis fort-e en maths !

1. Votre camarade de chambre décide tout d'un coup qu'elle/il va renoncer à ses études; on lui a proposé un excellent emploi, mais il faut commencer tout de suite.

_____

_____

2. Votre meilleur-e ami-e vous dit que si vous avez besoin d'argent, il/elle peut facilement vous prêter $500.00.

_____

_____

3. Votre ordinateur ne marche plus et votre essai doit être remis (*handed in*) demain à neuf heures.

_____

_____

4. Vous avez deux semaines de vacances inattendues (*unexpected*); le système de chauffage (*heating*) de l'université ne fonctionne pas du tout.

_____

_____

5. Votre vieil oncle vous a donné sa voiture, mais elle a besoin de plusieurs réparations.

_____

_____

6. Vous avez la pneumonie; vous n'avez pas besoin de passer (*take*) vos examens de fin de semestre.

_____

_____

Scène 2 : Visite en Belgique

Sur le vif !

A. Vocabulaire Trouvez dans la conversation *Visite en Belgique* des équivalents pour les mots et expressions suivants.

1. go for a bike ride _____

2. in a little while _____

3. to bring, provide _____

4. to get along well _____

5. the opportunity _____

6. I'm up for that ! _____!

7. varied _____

8. a job opening _____

9. an outing _____

10. in favour of _____

11. impressive _____

B. **Culture** Relisez la conversation et les notes culturelles avant de compléter les phrases suivantes.

1. Charleville-Mézières se trouve dans la région de _____.

2. Le célèbre poète _____ est né à Charleville. Le poète _____

   a été un de ses grands amis.

3. Il y a trois langues officielles en Belgique - _____, _____ et

   _____.

4. Le siège de l'Union européenne se trouve à _____ et s'appelle le

   _____.

5. Trois organismes internationaux ont leur siège (*seat*) à Bruxelles : _____

   _____, _____ et _____

   _____.

6. On peut admirer plusieurs styles architecturaux à Bruxelles — par exemple, les styles

   _____, _____ et _____.

Communication, structures et vocabulaire

I. Parler des situations, conditions et activités passées

A. **Ce jour-là ...** On n'oublie presque jamais ce qu'on faisait au moment d'un grand événement historique. Faites des phrases selon le modèle pour dire ce que Peter, ses amis et les membres de sa famille faisaient au moment du tremblement de terre (*earthquake*) de San Francisco de 1989.

   modèle Sandra _____ (préparer) le dîner au moment du tremblement de terre.
   Sandra préparait le dîner au moment du tremblement de terre.

1. Evelyn _____ (travailler) à Pizza Hut.

2. Mon frère et ma soeur _____ (regarder) les séries mondiales (*world series*)

   à la télé.

3. Je _____ (prendre) un bain.

4. Mes parents _____ (faire) une promenade dans le parc.

5. Cynthia et Irene _____ (être) à l'université.

6. Quatre de mes amis _____ (jouer) au tennis.

7. Andrew _____ (finir) un devoir d'histoire.

8. Mon oncle Jack _____ (répondre) à une lettre.

B. Un accident de la circulation Choisissez la forme convenable du verbe (passé composé *ou* imparfait) et complétez la petite histoire suivante :

Il _____ (faire) un temps superbe ce matin quand je _____

(descendre) le boulevard Laurier, et il _____ (ne pas y avoir) beaucoup de

circulation. Comme toujours, je _____ (faire) très attention. Mais tout

d'un coup (*suddenly*), une voiture qui _____ (rouler - *to go*) beaucoup trop

vite _____ (arriver) au feu rouge (*traffic light*) où j'_____ (avoir)

la priorité. Je pense que le chauffeur (*driver*) _____ (ne pas voir) le feu, car

il _____ (commencer) à traverser le carrefour (*intersection*). Je/J' _____

(freiner - *to brake*), mais il _____ (rentrer) dans (*to crash into*) ma voiture

neuve. Heureusement, il _____ (ne pas y avoir) de voiture derrière moi,

et personne n' (*nobody*) _____ (être) blessé (*hurt*) dans l'accident. Tout est

bien qui finit bien !

C. Souvenirs d'enfance Vos activités d'enfance étaient sans doute très variées. Qu'est-ce que vous faisiez quand vous étiez seul-e ? Avec votre famille ? Avec vos ami-e-s ? Écrivez quelques phrases basées sur les possibilités présentées dans les colonnes ci-dessous (*below*). Mais surtout, *ajoutez* des activités à la colonne deux qui reflètent vos propres expériences de jeune enfant ou d'adolescent-e.

modèle   À l'âge de dix ans, je faisais une promenade dans le parc une fois par semaine.

je	aller à l'école à pied/	tous les jours
mon/ma/mes soeur-s/	en vélo/en bus/en métro	chaque semaine
frère-s et moi	travailler dans les champs	tous les mois
mes ami-e-s et moi	(*fields*)	tous les étés
?	visiter des musées	tous les hivers
	faire des pique-niques	chaque année
	nager dans une piscine	d'habitude
	/dans un lac/dans	(assez/très) souvent

une rivière   toujours

écouter la musique rock/ une fois par ...

folk/punk/rap   (semaine, etc.)

faire une promenade dans ?

le parc/la forêt

aller au cinéma/à un concert

jouer à des jeux électroniques

dîner dans de bons restaurants

partir en vacances par le train/

en bateau/en avion/en voiture

?

??

???

_____

_____

_____

_____

_____

_____

_____

_____

_____

_____

II. Exprimer des notions de temps, d'espace et de manière

A. **Enrichissons notre vocabulaire** Les adjectifs suivants ne font peut-être pas encore partie de votre vocabulaire «actif», mais vous allez trouver la forme des adverbes équivalents sans difficulté. Allez-y !

modèle harmonieux ➞ harmonieusement

1. intensif _____   5. implicite _____

2. courant _____ (*fluently*) 6. discret _____

3. miraculeux _____   7. décent _____

4. légal _____   8. résolu (*determined*) _____

B. J'en ai marre ! Ajoutez les adverbes suivants au petit texte qui suit. Utilisez chaque adverbe une fois seulement.

adverbes : vraiment; assez; absolument; peu; constamment; même (*even*); tranquillement; longtemps; hier; immédiatement; d'habitude; tout à fait; seulement; vite; tout d'un coup (*all of a sudden*)

Pourquoi est-ce que j'ai _____ des problèmes, moi ? _____, vers quatre heures de l'après-midi, je travaillais _____ dans ma chambre; je n'avais pas _____ fini mon devoir de maths. _____, le mercredi soir, je vais au cinéma avec mes camarades et j'avais _____ envie de voir Wayne's World VII. Mais hélas, mes petits projets ont changé _____ _____. Le téléphone a sonné _____ et mon oncle m'a dit qu'il fallait absolument que je vienne _____ chez lui. Il sait depuis _____ que je suis bricoleur (*handy*) et il me téléphone s'il a une réparation à faire. Non _____ est-ce que j'ai passé toute la soirée chez lui; je n'ai _____ pas pu finir mon devoir de maths. Le prof trouvait mon explication _____ convaincante (*convincing*) !

C. Vive le samedi ! Heureusement, on ne fait pas en général les mêmes sortes d'activités le week-end que pendant la semaine. Décrivez brièvement un samedi typique. Utilisez autant d'adverbes que possible.

Normalement, le week-end, je ...

_____

_____

_____

_____

_____

III. Exprimer des notions de temps

A. Histoire inventée Remplissez les tirets par la préposition *depuis, pendant, pour, dans* ou *en.*

Mireille a envie de visiter Montréal _____ des années. Elle habite à Bathurst,

Nouveau-Brunswick _____ 1987, et elle sait qu'elle peut être à Montréal _____ seulement sept heures si elle prend le train. C'est la fin du mois de mai, et elle va être

en vacances _____ cinq semaines, au début du mois de juillet; elle décide que

c'est le moment de réaliser son rêve. Elle partira à Montréal _____ deux semaines,

et elle se reposera _____ une semaine après son voyage. Malheureusement, elle

doit travailler _____ le reste de l'été.

IV. Bien s'exprimer : les verbes conjugués comme *mettre*

A. Qui conjugue bien s'exprime bien Donnez la forme appropriée du verbe indiqué entre parenthèses.

modèle   (passé composé) elle **a remis** (remettre)

Passé composé

1. tu _____ (promettre)

2. ils _____ (mettre)

3. vous _____ (permettre)

Imparfait

1. nous _____ (mettre)

2. je _____ (remettre)

3. elles _____ (admettre)

Présent

1. elle _____ (permettre)

2. je _____ (remettre)

3. nous _____ (mettre)

Futur

1. vous _____ (promettre)

2. elles _____ (mettre)

3. il _____ (admettre)

B. Mettez-moi au courant, s'il vous plaît Répondez brièvement aux questions suivantes.

1. Combien de temps mettez-vous (*do you take*) pour venir à l'université le matin ?

_____

_____

2. Quand vous vous mettez en colère, est-ce que, d'habitude, ça dure longtemps ?

_____

_____

3. Est-ce que vous vous mettez à préparer (*study for*) vos examens à la dernière minute ?

_____

_____

4. Qu'est-ce que vous ne permettez absolument pas à vos amis ?

_____

_____

5. Qu'est-ce que vous leur promettez le plus souvent ?

_____

_____

6. Et qu'est-ce que vous n'osez pas admettre à ses mêmes amis ?

_____

_____

7. Quelles sortes de choses avez-vous tendance à presque toujours remettre ?

_____

_____

Activité de synthèse

A. Rédaction Écrivez 100-150 mots sur *un* des sujets suivants :

1. **Sujet de rédaction** Voir les sujets dans le livre.

   OU

2. **Cher/chère ami-e** Vous décidez d'envoyer quelques nouvelles à un-e ami-e d'enfance que vous n'avez pas vu-e depuis plus de cinq ans. Dites-lui ce que vous aviez envie de faire il y a cinq ans, ce que vous avez fait réellement et ce que vous êtes en train de faire cette année. Ne cachez pas vos soucis (*worries*). Le ton de la lettre va sans doute être assez familier.

   OU

3. **Un an en Europe** Imaginez que vous avez la possibilité de passer un an en Belgique ou en Suisse francophone. Allez-vous être étudiant-e ? Assistant-e ? Travailler au pair ? Voyez-vous d'autres possibilités ? Imaginez les plaisirs et les problèmes qui vous attendent.

OU

4. **La marraine** (*godmother*) **ou la sorcière** (*witch*) Essayez de reconstituer — ou de réinventer — l'histoire de *Cendrillon*, de *Hansel et Gretel* ou d'un autre conte de fée (*fairy tale*). N'hésitez pas à changer plusieurs détails — donnez libre cours (*give free rein*) à votre imagination ! Alors — il était une fois (*once upon a time*) ...

Chapitre 11 : Les Charbonneau à la Martinique

Scène 1 : Spécialités de la région

Sur le vif !

A. **Les mots et la vie** Remplissez les tirets par les mots ou expressions suivants que vous avez vus dans la conversation *Spécialités de la région*. Utilisez chaque terme une fois seulement en le modifiant si nécessaire.

Vocabulaire : un plat; gourmand; mélanger; une tranche; un petit bout; la cassonade; une tarte; un échange; une cuillerée à table; avoir lieu; une recette; un oeuf

Mme Londé et Mme Charbonneau ont fait _____ de _____ pendant la soirée qui _____ chez les Londé. Il y a beaucoup de _____ dans _____ que Mme Londé aime préparer, dix _____ en tout. Après tout, ce n'est pas le sucre qui manque à la Martinique ! Il faut bien la _____ avec la farine et les _____. Et vous, êtes-vous un peu _____? Quel est votre _____ préféré ? Si je vous proposais _____ de gâteau au chocolat, est-ce que vous en prendriez (*would take*) bien une ou deux _____?

B. **Je n'habite pas la Martinique, moi.** Faites une liste de dix choses que vous trouvez dans les magasins et marchés de votre ville qu'on ne va peut-être pas trouver facilement à la Martinique.

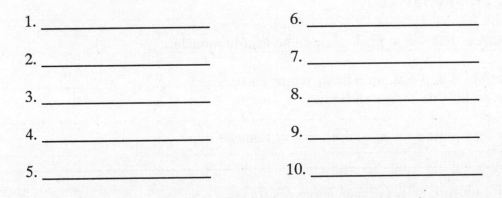

1. _____   6. _____

2. _____   7. _____

3. _____   8. _____

4. _____   9. _____

5. _____   10. _____

C. **Un peu de culture** Répondez brièvement aux questions suivantes.

1. Depuis quand est-ce que la Martinique est un département d'outre-mer de la France ?

   _____

   _____

2. Comment s'appelle la ville principale de la Martinique?

   _____

3. Indiquez un fruit indigène de la Martinique. _____

   _____

4. Qu'est-ce que c'est que le «pain doux» ? _____

   _____

5. Donnez les noms de trois pâtisseries françaises bien connues.

   _____

   _____

6. Indiquez les noms de deux tartes typiquement québécoises.

   _____

   _____

Communication, structures et vocabulaire

I. Exprimer les quantités
Le pronom *en* : synthèse

A. Pratique pratique Utilisez le pronom *en* en suivant le modèle.

modèle Roger/boire de l'eau minérale/de temps en temps
Roger *en* boit de temps en temps.

1. je/manger du yaourt/trois ou quatre fois par semaine

   _____

2. André/boire un litre de jus d'orange/tous les jours

   _____

3. Mélanie/avoir besoin d'argent/en ce moment

   _____

4. nous/voir beaucoup de films/récemment

_____

5. je/vouloir manger une tranche de gâteau/maintenant

_____

6. Cécile et Denise/prendre des vitamines/assez régulièrement

_____

7. tu/revenir de Marseille/la semaine dernière/n'est-ce pas ?

_____

8. Christophe/avoir moins de temps libre/Jacques/cette semaine

_____

B. **Il faut bien faire des courses de temps en temps.** Indiquez une douzaine de choses que vous achetez régulièrement, la quantité que vous en prenez normalement et la fréquence avec laquelle (*which*) vous les achetez.

modèle J'achète un kilo d'oranges une fois par semaine.

1. _____

2. _____

3. _____

4. _____

5. _____

6. _____

7. _____

8. _____

9. _____

10. _____

11. _____

12. _____

II. Raconter une histoire : relier une série d'événements dans le passé

A. Pratique pratique Suivez le modèle pour indiquer que certaines activités en avaient précédé d'autres.

modèle   La semaine dernière, Régine a beaucoup travaillé au labo, mais la semaine précédente, ... à la maison.
La semaine précédente, elle *avait* beaucoup *travaillé* à la maison.

1. La semaine dernière, j'ai beaucoup étudié à la bibliothèque, mais la semaine précédente, ...dans mon appartement.

   _____

2. Hier, André a assisté à tous ses cours, mais avant-hier, ... un cours seulement.

   _____

3. L'année dernière, je suis allé à Ottawa une fois, mais en 1993, ... trois fois.

   _____

4. Ce soir, nous avons regardé plusieurs émissions à la télé, mais hier soir, ... seulement une émission.

   _____

5. Le mois dernier, Sandra est sortie jouer au badminton une fois par semaine, mais le mois précédent, ... trois fois par semaine

   _____

   _____

6. Jeudi soir, je n'ai pas étudié du tout, mais mercredi soir, ... trois heures.

   _____

7. Cette semaine, nous nous sommes détendus plusieurs fois, mais la semaine dernière, ... seulement samedi après-midi.

   _____

8. Hier, Yvette a écouté deux cassettes au labo, mais avant-hier, ... seulement une cassette.

   _____

   _____

B. Un choix difficile Écrivez une liste de cinq choses que vous aviez faites avant de choisir l'université où vous étudiez en ce moment.

modèle J'avais demandé à mes amis à quelle université ils espéraient aller.

1. _____
2. _____
3. _____
4. _____
5. _____

Scène 2 : Contrastes

Sur le vif !

A. Vocabulaire Relisez la conversation *Contrastes* et remplissez les tirets par un mot ou expression convenable.

1. Il est bien agréable de se promener sur les _____ de la Martinique.

2. Au Québec, on est content de se trouver devant un bon feu de bois pendant une

   _____ de neige.

3. Je déteste _____ la neige en hiver !

4. Les hivers martiniquais sont très _____ par rapport aux hivers canadiens.

5. Le climat de la Martinique est le plus désagréable pendant la saison des _____.

6. On ne peut pas savoir quand il y aura une nouvelle _____ du volcan Pelée.

7. Les cyclones sont _____; il est normal d'avoir peur !

8. Les Martiniquais sont très _____ d'étudier leur langue maternelle à l'école.

9. Attention — si on se comporte (*behave*) mal à l'école, on risque une _____ !

10. Il est important de _____ les racines d'un peuple.

B. À vous de choisir ! Relisez la conversation at les notes culturelles de la *Scène 2* et encerclez la réponse qui complète le mieux les phrases suivantes.

1. Il y a 20 ans, il n'y avait pas encore de/d' (électricité/cinémas/autoroutes/) à la Martinique.

2. La température moyenne à Fort-de-France est de (22°/26°/30°) Celcius.

3. Il y a assez souvent des cyclones en (mai/août/novembre).

4. Les vents des cyclones peuvent atteindre (*reach*) (200/250/300) kilomètres à l'heure.

5. L'éruption de la montagne Pelée en 1902 a fait presque (10 000/25 000/40 000) victimes.

6. La langue maternelle des Antillais est normalement (l'anglais/le français/le créole).

7. Pendant longtemps, on n'avait pas le droit de parler créole (à la maison/à l'école/en public).

8. En 1993, on a ouvert les portes d'un nouveau (complexe sportif/centre culturel/théâtre) à Fort-de-France.

Communication, structures et vocabulaire

I. Parler du temps et des vêtements

A. Climat variable Vous allez visiter un pays où les hivers sont très froids, les printemps ensoleillés mais frais, les étés assez chauds et les automnes pluvieux. En quelle saison allez-vous surtout porter les vêtements suivants ?

	Hiver	Printemps	Eté	Automne
un imperméable	[ ]	[ ]	[ ]	[ ]
un blouson	[ ]	[ ]	[ ]	[ ]
des gants fourrés	[ ]	[ ]	[ ]	[ ]
une chemise à manches courtes	[ ]	[ ]	[ ]	[ ]
un anorak	[ ]	[ ]	[ ]	[ ]
un pull-over	[ ]	[ ]	[ ]	[ ]
des espadrilles	[ ]	[ ]	[ ]	[ ]
des bottes de pluie	[ ]	[ ]	[ ]	[ ]

B. Quels vêtements porter ? Terminez les phrases logiquement.

1. S'il pleut demain, nous allons porter ... _____
   _____

2. S'il fait frais en été, je porte ... _____
   _____

3. S'il fait très chaud en été, j'aime porter ... _____
   _____

4. J'aime m'habiller en laine si ... _____
   _____

5. Je porte toujours des sandales si ... _____
   _____

6. Pour venir en classe en janvier, la plupart des étudiants

   préfèrent porter ... _____
   _____

7. Et pour venir en classe en avril, ils portent ... _____
   _____

8. Je préfère porter un short quand ... _____
   _____

II. Bien s'exprimer : les verbes *savoir* et *connaître*

A. Je sais, je sais ! Complétez la petite histoire par la forme appropriée du verbe *savoir* ou *connaître*.

Je _____ que tu ne va pas _____ qui était chez moi mardi soir; pour

l'instant personne ne (*nobody*) le _____. Mais je vais te le dire, parce que c'est

une personne que tu _____ assez bien. En fait, tu l'as _____ vendredi

dernier après le film qu'on a vu au Rex. Est-ce que tu _____ déjà de qui je

parle ? Réfléchis bien; on a discuté longtemps ensemble au Café des Deux Garçons, et

nous avons _____ que nous _____ tous les trois ton camarade

Nicolas ? Tiens, il sera peut-être chez Nicolas ce soir, qui _____ ?

B. Qu'est-ce que vous en savez ? Remplissez les tirets par une forme du verbe *savoir* ou *connaître*; ensuite, répondez aux questions.

1. _____ -vous conduire une auto ? _____

   _____

2. Vous _____ bien les villes principales du Canada,

   n'est-ce pas ? _____

3. D'habitude, qui _____ mieux les adolescents, leurs

   parents ou leurs amis ? _____

4. Est-ce que presque tous les étudiants _____ le nom

   du Premier Ministre de l'Ontario ? _____

   _____

5. Tout le monde _____ que l'informatique est devenue une

   matière essentielle, n'est-ce pas ? _____

   _____

6. Dans votre université, est-ce que la plupart des étudiants

   _____ personnellement le/la président-e ?

   _____

7. En général, est-ce que les enseignants _____

   quelles sont les préoccupations majeures des étudiants ?

   _____

   _____

III. Bien s'exprimer : le conditionnel

A. Mais il faut venir chez nous ! À la fin de leur repas chez les Londé, les Charbonneau ont invité leurs amis à venir bientôt dîner chez eux. Ils discutent des préparatifs. Qu'est-ce qu'ils se sont dit ?

modèle (Mme Charbonneau) Je ferai une tarte au sucre.
Mme Charbonneau a dit qu'elle ferait une tarte au sucre.

1. (Mme Londé) J'apporterai un riz créole.

   _____

2. (M. Londé) Ce sera un plaisir d'apporter un petit punch au rhum local.

   _____

3. (M. Charbonneau) J'achèterai deux ou trois de mes fromages préférés.

   _____

4. (Mme Charbonneau) J'ai envie de préparer une tourtière.

   _____

5. (Mme Londé) J'ai des amis qui feront un hors-d'oeuvre très épicé !

   _____

6. (M. Charbonneau) Et moi, j'essaierai de trouver une ou deux bouteilles de bon vin français !

   _____

B. Avec 1000 dollars, je ... Votre été serait peut-être bien plus agréable avec un peu d'argent supplémentaire. Que feriez-vous avec les sommes indiquées ?

modèle Avec 1000 dollars, j'irais rendre visite à mon ami Bob à Waterloo.

1. Avec 100 dollars, je _____

   _____

2. Avec 500 dollars, je _____

_____

3. Avec 1 000 dollars, je _____

_____

4. Avec 2 500 dollars, je _____

_____

5. Avec 5 000 dollars, je _____

_____

6. Avec 10 000 dollars, je _____

_____ (Pourquoi pas ? !)

IV. Exprimer des oppositions ou des contrastes

A. Jeu de substitution

modèle la lampe du salon → *celle* du salon

1. les livres d'Anne _____

2. la photo que tu m'as montrée _____

3. les chaises de la salle à manger _____

4. les chats de Suzanne _____

5. le roman qu'elle lit en ce moment _____

_____

6. la nouvelle voiture des Comeau _____

7. le chapeau de Ruby _____

8. les pages que Bertrand t'a déjà indiquées _____

_____

B. Je sais ce que j'aime Murielle a des goûts bien déterminés. Qu'est-ce qu'elle dit ?

modèle   Je n'aime pas le pain de la cafétéria. (le pain de ma mère)
Je n'aime pas le pain de la cafétéria; *celui* **de ma mère est bien meilleur.**

1. Je n'aime pas le café du restaurant. (le café de mon père)

_____

_____

2. Je n'aime pas les tableaux du Louvre. (les tableaux du Musée d'Orsay)

_____

_____

3. Je n'aime pas les pistes de ski du Wyoming. (les pistes qu'on trouve au Colorado)

_____

_____

4. Je n'aime pas la cuisine au beurre. (la cuisine à l'huile d'olive)

_____

_____

5. Je n'aime pas les films comiques (les films qui vous font réfléchir)

_____

_____

6. Je n'aime pas les émissions de télé pour les jeunes enfants (les émissions pour les

adolescents) _____

_____

7. Je n'aime pas les longs voyages (les voyages de deux ou trois jours)

_____

Activité de synthèse

A. Rédaction Écrivez 150 mots sur un des sujets suivants:

1. **Sujet de rédaction** Voir les sujets dans le livre.

> OU

2. **La vie moderne** Est-ce que la modernisation d'un pays représente nécessairement une menace à la vie traditionnelle ? Discutez des avantages et désavantages de la modernisation.

> OU

3. **Catastrophe météorologique** La météo annonce la possibilité d'un phénomène très rare dans votre région (ouragan violent, cyclone, tremblement de terre, etc.) Quelle serait votre réaction ? Quelles précautions prendriez-vous ? Et quelles seraient les conséquences probables de cet événement extraordinaire ?

_____

_____

_____

_____

_____

_____

_____

_____

_____

_____

_____

_____

Chapitre 12 : Jocelyne à Dakar

Scène 1 : Un malentendu

Sur le vif !

A. Cherchez le mot qui veut dire ... Trouvez dans la conversation un synonyme pour les mots ou expressions suivantes.

1. une professeure _____

2. la nostalgie _____

3. un problème _____

4. déranger _____

5. admettre _____

6. vexer _____

7. normalement _____

8. célébrer _____

B. Oui ou non ? Relisez la conversation et les notes culturelles, et dites si les commentaires suivants sont vrais ou faux. S'ils sont faux, corrigez les phrases.

1. v [ ] f [ ] Dakar est, après Paris, la deuxième ville française du monde du point de vue de la population.

_____

_____

2. v [ ] f [ ] Les institutions d'enseignement supérieur de Dakar attirent de nombreux étudiants des pays francophones du nord-ouest de l'Afrique.

_____

_____

3. v [ ] f [ ] La majorité des pays de l'Afrique noire sont chrétiens.

_____

_____

4. v [ ] f [ ] L'unité et la cohésion de la famille est un phénomène relativement peu important dans la plupart des pays africains.

_____

_____

5. v [ ] f [ ] La tradition veut que les parents approuvent le choix du futur gendre ou de la future belle-fille quand les jeunes décident de se marier.

_____

_____

6. v [ ] f [ ] Les amies des filles sénégalaises sont traditionnellement considérées comme un membre de la famille.

_____

_____

7. v [ ] f [ ] L'individualisme est une qualité très appréciée par les Sénégalais.

_____

_____

Communication, structures et vocabulaire

I. Exprimer les émotions
II. Vivre les conflits interpersonnels

A. **Pleins feux sur les émotions !** Quelles émotions ressentez-vous (*do you feel*) dans les situations suivantes ? Expliquez brièvement pourquoi.

modèle   Quelqu'un vous dit (pas très discrètement) que vous n'êtes peut-être pas assez intelligent-e pour finir votre diplôme.
Je me sens fâché-e, parce que mes notes sont meilleures cette année que l'année dernière.
     OU
Je suis très offensé-e parce que ... Ça me fait de la peine parce que ... etc.

1. On vous dit qu'à cause d'une crise budgétaire, il n'y aura pas d'équipe universitaire de basketball cette année.

_____

_____

2. Un-e ami-e avec qui vous alliez passer un week-end à la campagne décide de rester en ville.

    _____

    _____

3. Un de vos profs vous dit que votre dernier essai est si mauvais qu'il faudrait le refaire.

    _____

    _____

4. Vous venez de gagner un voyage pour deux personnes à la Jamaïque.

    _____

    _____

5. Vous apprenez qu'un de vos camarades est séropositif (*HIV positive*).

    _____

    _____

6. On annonce que l'été sera probablement froid et pluvieux cette année.

    _____

    _____

7. Une lettre vous fait savoir que vous avez reçu une bourse au montant de $2 500.

    _____

    _____

8. Vous oubliez qu'il y a un contrôle (*quiz*) aujourd'hui; vous vous en souvenez au moment où vous arrivez en classe.

    _____

    _____

B. O là là ! Lisez les contextes et imaginez le mini-dialogue.

1. (Suzanne a prêté ses notes de chimie à Max; il les a perdues.)

Suzanne : _____

Max : _____

Suzanne : _____

Max : _____

2. (Caroline souffre de mononucléose; Sara ne le savait pas.)

Caroline : _____

Sara : _____

Caroline : _____

Sara : _____

3. (Tim a un nouvel emploi; il annonce la bonne nouvelle à Steve.)

Tim : _____

Steve : _____

Tim : _____

Steve : _____

4. (Christine et sa famille vont déménager (*to move*) en Angleterre; Marc sort avec Christine depuis six mois.)

Christine : _____

Marc : _____

Christine : _____

Marc : _____

III. Exprimer la négation : synthèse

A. **Les montagnes nous attendent !** Heather et Michael vont faire du ski en Suisse pendant les vacances du printemps. Ils ne sont pas encore d'accord sur certains détails assez importants du voyage. Fournissez la réplique.

modèle   Heather : Je voudrais aller à St-Moritz ou à Zermatt.
    Michael : Moi, franchement, je *ne* voudrais aller *ni* à St-Moritz *ni* à Zermatt.

1. (Heather) Il faudrait bientôt choisir la station; j'ai plusieurs idées.

    (Michael) _____

2. (Michael) Quelqu'un à ton centre de recherches pourrait nous prêter un porte-skis
    (*ski rack*), non ?

    (Heather) _____

    _____

3. (Heather) Les bottes de ski d'Emily sont encore assez grandes.

    (Michael) _____

    _____

4. (Michael) Nous n'avons pas d'hôtel, mais nous trouverons quelque chose après notre
    arrivée en Suisse.

    (Heather) _____

    _____

5. (Michael) Emily et Andy auront probablement un tarif spécial pour les
    remonte-pentes (*lifts*).

    (Heather) _____

    _____

6. (Heather) Moi, j'ai besoin de nouveaux gants et de chaussures en laine.

    (Michael) _____

    _____

Chapitre 12 159

7. (Michael) Je sais que nous aimons nous débrouiller tous seuls, mais ne devrions-nous
    pas demander à quelqu'un de nous conseiller ?

    (Heather) _____

    Mais ils sont d'accord sur un point !

8. (Heather) Moi, je ne veux vraiment pas passer plus de quatre ou cinq jours là-bas. Et
    toi ?

    (Michael) _____

    _____

B. Tout le monde a des problèmes de temps en temps Écrivez cinq commentaires
négatifs à propos de vos expériences à l'université cette année.

modèle Personne ne me réveille pour mes cours de 8h30, et je ne me réveille presque
jamais moi-même !

1. _____

2. _____

3. _____

4. _____

5. _____

IV. Bien s'exprimer : les pronoms relatifs *qui* et *que*

A. Qui ou **que** ? Ajoutez *qui* ou *que* aux phrases suivantes.

1. La robe multicolore _____ Jocelyne veut acheter va lui faire penser à sa famille
    sénégalaise.

2. Le Sénégal est un pays _____ se trouve dans le nord-ouest de l'Afrique.

3. Les étrangers _____ vont au Sénégal se sentent souvent un peu dépaysés.

4. La fête _____ Maman et Fatou vont préparer aura lieu bientôt.

5. Elles vont essayer de préparer les plats _____ Jocelyne préfère.

6. Les amis _____ viendront à la fête offriront un petit cadeau à Jocelyne.

7. Ils vont essayer de choisir quelque chose _____ elle pourrait ajouter à sa collection de beaux tissus sénégalais.

8. Dans la lettre _____ Jocelyne écrira plus tard, elle donnera tous les détails de la soirée à Robert.

B. À vous de jouer ! Complétez :

1. Je suis une personne qui _____

2. Mais je ne suis pas quelqu'un que _____

3. Quant à (*as for*) mes amis, ce sont des gens qui _____

4. Mais un-e de mes ami-e-s est vraiment quelqu'un que _____

5. Mais à l'université, ce sont surtout les profs qui _____

6. Croyez-moi, ce sont des gens que _____

Scène 2 : En ville

Sur le vif !

A. Le sens des mots Écrivez plusieurs phrases (ou une petite histoire !) où vous employez clairement les mots suivants :

passionnant; une toile; autrefois; deviner; une racine; y compris; un tissu; le deuil; volontiers; les arachides

_____

_____

_____

_____

_____

_____

_____

_____

_____

B. Contrastes culturels Après avoir écouté les deux conversations et relu les notes culturelles du chapitre, indiquez quelques différences entre votre culture et celle du Sénégal.

_____

_____

_____

_____

_____

_____

_____

Communication, structures et vocabulaire

I. Introduire un sujet, y renvoyer

A. Pratique pratique Complétez le paragraphe en ajoutant le pronom **ce**, **il**, **elle**, **ils** ou **elles**.

vocabulaire utile : les betteraves, f. (*beets*)

Je n'aime pas du tout les épinards, _____ est vrai. _____ sont très bons

pour la santé, je le sais bien. Mais _____ est difficile de manger les choses

qu'on déteste. Mon amie Jacqueline, _____ ne les aime pas beaucoup non plus.

Mais les betteraves ? A mon avis, _____ sont excellentes. _____ y a un

proverbe qui dit : «Des goûts et des couleurs on ne dispute point». _____ est un

proverbe à ne pas oublier, non ?

B. **Avez-vous bonne mémoire ?** Vous rappelez-vous bien tous les personnages principaux de *Bonne route* ? Complétez :

modèle   Maria Chang : *C*'est une étudiante de Fort St. Jean, Colombie-Britannique.
Elle est maintenant assistante d'anglais à Charleville-Mézières.

Jane Harrison : C'est _____.

Elle est _____.

Jocelyne Tremblay : C'est _____.

Elle est _____.

Réjean Charbonneau : C'est _____.

Il est _____.

Robert Therrien : C'est _____.

Il est _____.

Gabrielle Boilly : C'est _____.

Elle est _____.

Gérard LeBlanc : C'est _____.

Il est _____.

Heather Sawchuk : C'est _____.

Elle est _____.

Michael O'Brien : C'est _____.

Il est _____.

Joseph Arceneaux : C'est _____.

Il est _____.

II. Faire des hypothèses

A. Si j'ai/avais le temps ... Transformez les phrases suivantes deux fois selon le modèle :

modèle   avoir le temps/jouer aux cartes ce soir (je)
(a) Si j'ai le temps, je jouerai aux cartes ce soir.
(b) Si j'avais le temps, je jouerais aux cartes ce soir.

1. avoir le temps/regarder *Jésus de Montréal* à la télé ce soir (je)

    (a) _____

    _____

    (b) _____

    _____

2. être libre/aller au match de hockey samedi soir (nous)

    (a) _____

    _____

    (b) _____

    _____

3. avoir assez d'argent/acheter un nouvel anorak (Viviane)

    (a) _____

    _____

    (b) _____

    _____

4. pouvoir trouver le temps/faire du ski de fond ce week-end (Jane et Robert)

    (a) _____

    _____

    (b) _____

    _____

5. avoir le temps et l'argent/passer plusieurs mois en Afrique francophone ? (tu)

    (a) _____

    _____

    (b) _____

    _____

6. ne pas prendre de médicament/être encore plus malade (Jean-Louis)

    (a) _____

    _____

    (b) _____

    _____

7. vouloir absolument prendre une semaine de vacances en mars/trouver quelqu'un pour nous remplacer au bureau (nous)

    (a) _____

    _____

    (b) _____

    _____

B. Avec un «si» ... On entend assez souvent le proverbe : «Avec un "si", on mettrait Paris en bouteille». Le proverbe veut dire qu'il suffit d'avoir un peu d'imagination; tout est théoriquement possible ! Imaginez cinq autres proverbes ou slogans du même genre.

1. Avec un «si», _____

2. Avec un «si», _____

3. Avec un «si», _____

4. Avec un «si», _____

5. Avec un «si», _____

Activité de synthèse

A. Rédaction Écrivez 150 mots sur un des sujets suivants :

1. **Sujet de rédaction** Voir les sujets dans le livre.

   OU

2. **Un faux pas incroyable** Tout le monde fait des «faux pas» de temps en temps. Décrivez un faux pas que vous avez commis ainsi que ses conséquences. Si possible, décrivez un faux pas basé sur un malentendu culturel.

   OU

3. **Très chère Jocelyne** Imaginez la lettre que Robert écrirait à Jocelyne après ses propres vacances de Noël. (N'oubliez pas qu'il est franco-ontarien mais qu'il poursuit ses études cette année à l'Université Laval.)

   OU

4. **Ça ne va pas en ce moment ...** Vous êtes à Dakar depuis un mois et vous avez le mal du pays. Dressez une liste de tous vos problèmes pour pouvoir en discuter avec votre famille d'accueil. Essayez surtout d'exprimer ce qui ne vas pas : «Personne ne m'invité à sortir», «Je n'ai ni amis ni camarades de chambre, ...», etc.

   _____

   _____

   _____

   _____

   _____

Nom _____

_____

_____

_____

_____

_____

_____

_____

_____

_____

_____

_____

_____

_____

_____

_____

_____

_____

_____

_____

_____

_____

Chapitre 13 : L'environnement en question

Scène 1 : Discussion de problèmes

Sur le vif !

A. Les mots à l'affiche Choisissez dans la colonne de droite la définition qui correspond aux mots et expressions de la colonne de gauche.

1. exagérer ( )	a) être soupçonneux (*suspicious*)
2. nocif ( )	b) un effort, un essai
3. se méfier de ( )	c) un sac dans lequel on met des provisions
4. une grosse entreprise ( )	d) innocent, simpliste
5. une tentative ( )	e) dramatiser, simplifier trop
6. une allergie ( )	f) réaction à un organisme, un médicament, etc.
7. déranger ( )	g) essayer de ne pas rencontrer
8. éviter ( )	quelqu'un ou quelque chose
9. naïf ( )	h) mauvais, dangereux
10. un filet ( )	i) une très grande compagnie
	j) troubler, importuner

B. Pleins feux sur la culture Après avoir relu la conversation et les notes culturelles, indiquez cinq problèmes actuels (*current*) abordés par les personnages ou dans les notes. À votre avis, quel est le problème le plus grave ? Dites brièvement pourquoi.

Les problèmes

1. _____
2. _____
3. _____
4. _____
5. _____

À mon avis, le problème le plus grave est _____ parce que

_____

_____

_____

_____

Communication, structures et vocabulaire

I. Discuter et débattre

A. Pratique pratique Ajoutez les mots entre parenthèses au début des phrases suivantes et réécrivez les phrases.

modèle   Il viendra après-demain (je suis content-e)
              Je suis content-e qu'il vienne après-demain.

1. Elles seront là la semaine prochaine (je suis bien heureux/heureuse)

    _____

2. Tom est arrivé avant 9h00 (il est peu probable)

    _____

3. Nous prenons toujours trois Big Macs (Sue trouve incroyable)

    _____

4. Mireille fera un jour de bons progrès en français (il se peut bien)

    _____

    _____

5. Nous avons enfin fini notre projet (nos parents sont très contents)

    _____

    _____

6. Ils peuvent passer nous voir ce soir (Robert doute)

    _____

    _____

7. Vous n'aurez pas le temps d'aller au labo, n'est-ce pas ? (il est possible)

    _____

    _____

8. Linda va leur rendre visite en mai (Betty et Ruth sont ravies)

_____

_____

9. Les Hart se sont installés dans la rue Jubilee en 1988 (je suis désolé-e)

_____

10. Mariel sait la réponse (il n'est pas certain)

_____

_____

B. **Il faut prendre des précautions !** Comme tout le monde, les personnages de *Bonne route* ont des satisfactions, des peurs, des doutes ... Complétez logiquement les débuts de phrase suivants.

modèle   Marie-Josée ne s'étonne pas que ...
Marie-Josée ne s'étonne pas que les gens aient de plus en plus d'allergies.

1. Michael a acheté de la crème solaire à Emily et à Andy afin que _____

_____

2. Hassan et Marie-Josée ont bien peur que _____

_____

3. Heather pense qu'il est possible que _____

_____

4. Marie-Josée pense qu'on ne fera pas beaucoup de progrès dans la lutte contre la

pollution à moins que_____

_____

5. Les Sawchuk-O'Brien ne se baigneront pas dans la Méditerranée jusqu'à ce que

_____

6. Hassan aimerait être plus optimiste mais il doute que _____
_____

II. Bien s'exprimer : les pronoms relatifs (suite)

A. La théorie de la relativité Complétez la petite histoire à propos de la Coupe Stanley en ajoutant des pronoms relatifs (*qui, que, dont, ce qui, ce que, lequel*, etc.).

Eric : Alors, à ton avis, quelle sera l'équipe _____ remportera la Coupe Stanley cette année, Vito ?

Vito : Ah, j'ai oublié que le hockey est un sport _____ tu t'intéresses bien. Alors, _____ tu me demandes est bien intéressant, car il y a au moins quatre équipes _____ on parle beaucoup cette année. _____ me fascine, c'est que les Nordiques devraient logiquement gagner, mais _____ ils ont besoin en ce moment, c'est un nouveau gardien de but (*goalie*).

Eric : Tu penses ? Moi, je dirais que l'équipe _____ a fait des progrès incroyables depuis l'année dernière, c'est les Canucks. N'oublie pas que l'entraîneur _____ qu'ils ont embauché (*hired*) est un des meilleurs de la Ligue Nationale de Hockey.

Vito : Je sais, je sais, mais Lindsay, le joueur sans _____ ils ne peuvent vraiment pas bien réussir, a été blessé récemment. Enfin, _____ est sûr, c'est que nous saurons le nom de l'équipe gagnante à la fin des éliminatoires (*playoffs*) !

B. Le devoir d'Emmanuel Le petit Emmanuel a du mal à écrire la première partie de sa composition sur l'environnement; toutes ses phrases sont trop courtes. À l'aide de pronoms relatifs, aidez-le à la réécrire de façon un peu plus satisfaisante.

La pollution est un problème grave. Il faut essayer de mieux combattre la pollution. Les rivières nord-américaines sont si belles. On jette maintenant trop de déchets dans ces rivières. Les poissons sont dans les rivières. Ils pourraient mourir à cause des eaux polluées.

On parle beaucoup d'un autre problème. C'est le problème de la couche d'ozone. Il y a trop de produits dangereux dans l'atmosphère. Ceci est très grave. Une grande campagne nationale est absolument nécessaire. Tout le monde doit participer à cette campagne.

_____

_____

_____

_____

_____

C. Un peu d'imagination Complétez, en créant une petite histoire cohérente si possible !

1. Ce qui _____, c'est que _____

2. Oui ! Ce que _____, c'est exactement ce dont _____

3. Et la personne que _____ est celle _____.

4. Peut-être, mais c'est son ami Terry qui _____, et ce même

   ami dont _____ est précisément l'homme que _____

   _____ !

Scène 2 : Actions à prendre

Sur le vif !

A. Améliorons notre vocabulaire Trouvez des équivalents dans la conversation pour les mots ou expressions suivants :

1. to gesture _____

2. it wouldn't surprise me _____

3. native (adj.) _____

4. fair _____

5. to be a part of _____

6. a goal _____

7. to be aware of _____

8. a party (political) _____

9. to surprise _____

10. to solve _____

B. Aperçus culturels Indiquez :

1. pourquoi, après s'être baignés dans la Méditerranée, les gens ont assez souvent des infections

   _____

   _____

2. ce qui arrivera dans la région si on n'arrive pas à diminuer bientôt le taux de pollution

   _____

   _____

3. pourquoi les grands lacs canadiens et américains sont moins contaminés que dans le passé

   _____

   _____

4. le but de S.O.S.-Racisme

   _____

   _____

5. quand et par qui la Faculté de médecine de l'Université de Montpellier a été fondée

   _____

   _____

6. qui est souvent victime de stéréotypes négatifs en France

   _____

   _____

7. qui est Jean-Marie LePen

_____

_____

8. de quelle manière les Français aiment discuter

_____

_____

Communication, structures et vocabulaire

I. Mener des discussions

A. Tout le monde veut la parole Ajoutez les expressions suivantes au mini-dialogue; utilisez chaque expression une fois seulement. La discussion est plutôt animée.

Vocabulaire : mais attends un peu; si j'ose le dire; à mon avis; je n'en suis pas du tout convaincu; ça me fait penser à; dites; vous exagérez; permets-moi; tu as tort

Paul : _____, les copains, avez-vous vu l'émission sur la drogue à la télé

hier soir ? C'est un problème encore plus grave que le SIDA, _____, et ...

Victor : _____ de dire ce que je pense tout de suite. Je crois que _____

_____, tout simplement, et que ...

Paul : Non, _____, parce que ...

Jérôme : _____, les amis, _____ tous les deux.

Et _____ quelque chose, Paul. Il y a un autre problème encore plus

préoccupant, c'est ...

Victor : _____, Jérôme, laisse-moi finir ce que j'allais dire. Tu sais

bien que ...

B. Interventions Continuez les conversations suivantes en suivant les indications entre parenthèses.

modèle   **Heather :** Je pense qu'il y a de plus en plus de cas de cancer aujourd'hui.

Hassan : (exprime son accord) Je suis tout à fait d'accord avec toi. Enormément de gens en souffrent aujourd'hui.

Michael : (introduit un nouveau point de vue) Mais n'oublions pas qu'on a fait des progrès médicaux extraordinaires. Avant, on mourait plus jeune d'autre chose !

1. **Beth :** À mon avis, le problème environnemental le plus grave est toujours la pluie acide.

   Erica : (introduit un nouveau point de vue) _____

   _____

   Leta : (exprime son désaccord) _____

   _____

2. **Matthew :** Les gens paniquent trop quand ils parlent du trou dans la couche d'ozone, parce que ...

   Stephanie : (prend la parole) _____

   _____

   Chris : (exprime son accord) _____

   _____

3. **Mme Tremblay :** Les jeunes ne s'intéressent pas assez à la politique aujourd'hui.

   M. Tremblay : (exprime son désaccord) _____

   _____

   Robert : (prend la parole) _____

   _____

4. **Colin :** Franchement, U2 est certainement le meilleur groupe des années '90.

   Leah : (exprime son accord) _____

   _____

   Cynthia : (introduit un nouveau point de vue) _____

   _____

II. Bien s'exprimer : les pronoms toniques (synthèse)

A. **Rencontre au PEPS de Laval** Ajoutez des pronoms toniques (*stress*) à la conversation suivante qui a lieu à Laval avant le retour au Canada des autres personnages de *Bonne route*.

(Gabrielle et Robert rencontrent Jane au Pavillon des Sports.)

Gabrielle : Tiens, Jane, c'est vraiment _____ ? Imagine que je parlais de _____

hier. N'est-ce pas, Robert, que nous nous disions, _____ et _____,

que nous n'avions pas vu Jane depuis la publication du dernier numéro du «journal» ?

Robert : Mais oui, qu'est-ce que tu deviens, Jane ?

Jane : _____ ? Eh bien, rien de spécial. Mes cours m'occupent pas mal,

et comme _____ deux, sans doute, je viens ici faire un peu de sport quand

je peux. Et Jocelyne, _____ , as-tu de ses nouvelles pour le journal ?

Robert : Ma foi, elle pourra bientôt te les donner _____ ! Elle arrive la

semaine prochaine de Dakar. Quelles retrouvailles !

B. **Bientôt les grandes vacances !** Répondez aux questions personnalisées suivantes en utilisant un pronom tonique.

> **modèle** Tu passeras la première journée des vacances avec ta/ton meilleur-e ami-e, n'est-ce pas ?
> **Oui/non, je (ne) la passerai (pas) avec *elle/lui*.**

1. Tes amis et toi, avez-vous déjà des projets pour les grandes vacances ?

   _____

2. Est-ce que tu organises la plupart des activités toi-même ?

   _____

3. Est-ce que tu passeras une bonne partie des vacances chez tes parents ?

   _____

4. C'est ton frère/ta soeur qui te prêtera sa voiture de temps en temps, non ?

   _____

5. Et tes profs, comment imagines-tu qu'ils passeront leurs vacances cette année ?

   _____

III. Demander des renseignements (suite)

A. Mini-enquête Ajoutez un pronom ou adjectif interrogatif pour compléter les questions;
ensuite, répondez brièvement à chaque question.

1. _____ vous conseille le mieux quand vous avez besoin d'aide ?

   _____

   _____

2. _____ vous avez demandé récemment à cette personne ?

   _____

   _____

3. On pense à différentes choses à différents moments — à

   _____ vous pensez le plus ces jours-ci ?

   _____

   _____

4. En général, _____ rend les gens heureux dans les années '90 ?

   _____

   _____

5. Des passe-temps que vous aimez, _____ vous donne le plus de plaisir
   cette année?

   _____

   _____

6. _____ faites-vous quand vous êtes un peu découragé-e ?

   _____

   _____

7. En _____ année comptez-vous finir votre diplôme ?

   _____

   _____

8. Avec _____ aimeriez-vous faire un petit voyage pour fêter la fin de vos études ?

_____

_____

B. **L'enquête de Gérard** Pouvez-vous penser à quelques questions que Gérard voudrait probablement poser à ses informateurs (*informants*) pendant ses enquêtes sur le terrain (*field research*) ? Essayez d'imaginer des questions "oui/non", d'autres avec un adjectif ou adverbe interrogatif, encore d'autres avec un pronom interrogatif, etc. Par exemple :

> **Où** et **quand** êtes-vous né-e ?
> **Est-ce que** vous avez toujours habité le même village ?
> **Quel** a été le métier de vos parents ?
> **Lequel** des parents parlait le plus patois ?
> **Qu'est-ce qui** s'est passé dans le village pendant la deuxième guerre mondiale ? etc.

1. _____

2. _____

3. _____

4. _____

5. _____

6. _____

Activité de synthèse

A. **Rédaction** Écrivez 200 mots sur un des sujets suivants :

1. **Sujet de rédaction** Voir les sujets dans le livre.

   OU

2. **Jouons au prophète** Quel sera le problème planétaire le plus grave du XXIe siècle? Justifiez votre choix. Y voyez-vous déjà des solutions possibles ?

Nom _____   Date _____

_____

_____

_____

_____

_____

_____

_____

_____

_____

_____

_____

_____

_____

_____

_____

_____

_____

_____

_____

_____

_____

_____

Chapitre 14 : De retour à Québec

Scène 1 : Retrouvailles

Sur le vif !

A. **Que veut dire ?** Relisez la conversation *Retrouvailles* et les notes culturelles. Quel est, dans ces deux contextes, le sens des mots et expressions suivants ?

1. épicé
   a) bitter
   b) salty
   c) spicy

2. pas mal (de)
   a) increasing
   b) a fair amount
   c) quite good

3. avoir hâte
   a) to be hateful
   b) to be handy
   c) to be in a hurry

4. un exemplaire
   a) a copy
   b) an example
   c) an indication

5. un voyage de noces
   a) a dangerous trip
   b) a pleasant trip
   c) a honeymoon

6. comprendre
   a) to undertake
   b) to include
   c) to cancel

7. un endroit
   a) an entity
   b) a place
   c) an ending

8. cependant
   a) nonetheless
   b) meanwhile
   c) pending

9. un congé
   a) a credit union
   b) a cargo
   c) a holiday

10. une décennie   a) decadence
b) a decade
c) decency

B. Un brin de culture Complétez :

1. Le Mahgreb est situé _____.

2. Trois anciennes colonies françaises se trouvent dans le Maghreb : _____,

_____ et _____.

3. «Maghreb» veut dire _____.

4. L'Afrique noire se trouve essentiellement _____.

5. Le 24 juin est, au Québec, _____.

6. Sur le plan politique, c'est _____ qui incarne les espoirs du mouvement nationaliste au Québec.

Communication, structures et vocabulaire

I. Exprimer des voeux; féliciter

A. Meilleurs voeux Offrez des félicitations ou voeux appropriés dans chacune des situations suivantes.

modèle   Les grands-parents de Jean-Claude et Yvette fêtent leurs 50 ans de mariage. →
Tous nos voeux de bonheur, mémé et pépé !

1. Violette part chez elle; c'est le 22 décembre.

_____

2. Guillaume a reçu son diplôme de psychologie avec une note moyenne de A-.

_____

3. C'est l'anniversaire de votre tante Myriam.

_____

4. L'équipe de foot de votre université vient de remporter le championnat régional.

_____

5. Jocelyne et Robert vont se marier la semaine prochaine.

_____

II, III. Faire des hypothèses (suite et synthèse)

A. **Et encore des hypothèses** Suivez le modèle :

modèle avoir le temps/jouer au badminton ce soir (je)
(a) **Si j'avais le temps, je jouerais au badminton ce soir.**
(b) **Si j'avais eu le temps, j'aurais joué au badminton hier soir.**

1. avoir le courage/attaquer une piste noire au Mont Ste Anne cet après-midi (je)

   a) _____

   _____

   b) _____

   _____

2. arriver plus tôt/rencontrer nos cousins du Michigan (nous)

   a) _____

   _____

   b) _____

   _____

3. essayer d'être plus souvent à l'heure/prendre de meilleures notes (Daniel et Ronald)

   a) _____

   _____

   b) _____

   _____

4. se raser de temps en temps/être bien plus beau (Edouard)

   a) _____

   _____

   b) _____

   _____

5. faire du bon travail/avoir une augmentation de salaire cette semaine (Sophie)

   a) _____

   _____

   b) _____

   _____

6. aller un peu plus souvent au cours de sociologie/se voir plus fréquemment (Mélanie et Marie-Lise)

   a) _____

   _____

   b) _____

   _____

B. Qu'est-ce qu'ils auraient dit ? Qu'est-ce que les personnages auraient peut-être dit dans les situations suivantes ? Complétez en utilisant le passé du conditionnel.

   modèle   (Jocelyne) Si je n'avais pas fait la connaissance de Robert ...
   Si je n'avais pas fait la connaissance de Robert, je serais peut-être restée une deuxième année au Sénégal.

1. (Jocelyne) Si je n'avais pas été monitrice à Laval l'été dernier ...

   _____

   _____

2. (Robert) Si je n'étais pas resté à Laval cette année ...

   _____

   _____

3. (M. Charbonneau) Si ma femme et moi, nous n'avions pas eu un congé sabbatique,...

   _____

   _____

4. (Gabrielle) Si j'avais pu trouver un peu plus d'argent ...

   _____

   _____

5. (Heather et Michael) Si nous n'avions pas choisi d'habiter à Roquevaire ...

_____

_____

6. (Jane) Si j'étais allée faire du ski un peu plus souvent ...

_____

_____

7. (Maria et Gérard) Si nous ne nous étions pas organisés pour visiter la Belgique ...

_____

_____

8. (Joseph) Si j'étais resté en Louisiane ...

_____

_____

IV. Relier une série d'événements futurs

A. La vie en rose Richard, l'éternel optimiste, imagine son avenir ... Ajoutez les formes du futur antérieur des verbes entre parenthèses.

Dans dix ans, je/j' _____ (accomplir) beaucoup de choses ! Bien sûr,

je/j' _____ (recevoir) deux ou trois diplômes universitaires et je/j'_____

___ (avoir) plusieurs jobs différents. Je/j' _____ (aller) en Asie, en Afrique

et en Australie et je/j' _____ (faire) la connaissance d'un tas de gens

fascinants. Je/j' _____ (se rendre) plusieurs fois en Europe et je/j' _____

_____ (passer) au moins un an en Angleterre. Evidemment, je/j' _____

_____ (gagner) au moins une fois le gros lot (*the jackpot*) à la loto. On peut

rêver, non ?

B. Qu'auront-ils fait, que feront-ils ? Comment imaginez-vous l'avenir des personnages de ce livre ?

modèle Gabrielle : terminer son contrat d'enseignement dans le Nord
     Quand elle aura terminé son contrat d'enseignement dans le Nord, elle rentrera à St. Boniface.

1. Jane : finir ses études à Middlebury

_____

_____

2. Maria : passer un an de plus en France

_____

_____

3. Gérard : terminer son doctorat à Poitiers

_____

_____

4. Mme Charbonneau : finir son livre de cuisine

_____

_____

5. Heather et Michael : rentrer à Halifax

_____

_____

6. Emily et Andy : grandir

_____

_____

7. M. Charbonneau : prendre sa retraite

_____

_____

8. Jocelyne et Robert : se marier

_____

_____

V. Parler de personnes ou de choses non-spécifiques

A. Une soirée ratée ?   Ajoutez des pronoms indéfinis au «monologue intérieur» de Jean-Marc.

Jean-Marc réfléchit : «Je ne comprends pas. J'ai invité _____ des étudiants du cours de français à ma party, mais _____ n'a accepté. _____ ont dit qu'ils avaient trop à faire. C'est vendredi soir, c'est incompréhensible ! Enfin ... voyons ... je dois connaître _____ d'autre que je pourrais inviter. Claire ? Non, c'est vrai, elle m'avait dit qu'elle a _____ d'important à faire ce soir. Paule ? Non, elle est snob; elle m'avait dit qu'il n'y aurait ____ _____ d'intéressant. Eh bien, tant pis. Je vais allumer la télé. Il y a sûrement un bon programme. (Il allume, regarde à toutes les chaînes.) Impossible ! Il n'y a _____ d'intéressant. Je vais me coucher. Peut-être que je ferai un beau rêve! (Il se couche. Peu de temps après, on sonne à la porte. Il ouvre et est étonné de voir tous ses amis, qui crient tous : «Surprise ! Bonne fête !» Et _____ tient un cadeau à la main.)

B. Certains, mais pas tous ! Complétez logiquement :

1. Certains de mes amis auront bientôt fini _____
   _____

2. Un-e autre de mes camarades sera probablement _____
   _____

3. Plusieurs des émissions qui passent à la télé en ce moment me semblent _____
   _____

4. Quelques-unes des monitrices des cours de langue _____
   _____

5. Rien d'intéressant ne se passe jamais à _____
   _____

VI. Les pronoms possessifs

A. C'est à qui ? Suivez le modèle :

modèle   Ce sont les livres de Marc, non ? (non — moi)
        Non, ce sont *les miens*.

1. Ce sont les photos de Lorne, non ? (non — moi)
   _____

2. Est-ce que c'est la bicyclette de Deirdre ? (oui — elle)

   _____

3. Est-ce que ce sont les cartes des Pelham ? (non — nous)

   _____

4. Est-ce que ce sont les frères de Ken ? (oui — lui)

   _____

5. C'est mon passeport, n'est-ce pas ? (oui — vous)

   _____

6. C'est le neveu de Charlotte, non ? (non — moi)

   _____

7. Est-ce que c'est le chien de Dorothée et François ? (oui — ils)

   _____

8. Est-ce que ce sont mes jeans ? (oui — toi)

   _____

B. **Les miens ou les tiens ?** Répondez en utilisant un pronom possessif.

modèle   Est-ce que tu aimes mieux ma collection de vidéos ou celle de Karin ?
J'aime mieux la tienne.

1. En général, préfères-tu les cassettes de tes amis ou les tiennes ?

   _____

2. Est-ce que tu utilises toujours ta propre carte de crédit ou est-ce que tu empruntes de temps en temps la carte de tes parents ?

   _____

3. Est-ce que tu te sers presque toujours de ton propre vélo ou est-ce que tu prends assez souvent celui de ta soeur/ton frère ?

   _____

4. À tout prendre (*all things considered*), est-ce que tu aimes mieux notre culture nord-américaine ou celle des Européens ?

   _____

5. Est-ce que tu as surtout tendance à porter tes propres vêtements, ou est-ce que tes ami-e-s te prêtent souvent leurs vêtements ?

   _____

Scène 2 : Perspectives

Sur le vif !

A. **Quelques synonymes** Trouvez des synonymes dans la conversation et les notes culturelles pour les mots et expressions suivants.

1. faire un échange de _____

2. plutôt que _____

3. un petit village _____

4. être jaloux de _____

5. une rencontre _____

6. la circonstance _____

7. créer _____

8. rendre plus grand _____

B. **Approfondissement culturel** Après avoir relu les lettres envoyées par les personnages, notez cinq contrastes culturels entre votre culture et celle décrite dans la correspondance. Commentez brièvement **un** de ces contrastes.

_____

_____

_____

_____

_____

_____

_____

Activité de synthèse

A. **Rédaction** Écrivez 200 mots sur un des sujets suivants :

1. **Sujet de rédaction** Voir les sujets dans le livre.

     OU

2. **Qu'est-ce qu'ils seront devenus ?** Imaginez les aventures qu'**un** des personnages aura eues un an après avoir écrit la lettre que vous avez lue dans la *Scène 2*. Écrivez la lettre que ce personnage aura écrit à Jane.

     OU

3. **Départ** Vous connaissez assez bien maintenant l'Amérique du Nord et l'Europe francophones, la Martinique, le Sénégal ... Quel pays francophone voulez-vous peut-être visiter maintenant ? Pourquoi ? Décrivez votre séjour idéal dans ce pays.

_____

_____

_____

_____

_____

_____

_____

_____

_____

_____

_____

_____

_____

Corrigé

Chapitre préliminaire

Scène 1 : Sur le vif !

A. 1.F Mme Gagnon est coordinatrice du programme. 2.F L'Université Laval est située dans la ville de Québec. 3.T 4.F La chambre de Maria est dans la résidence Lemieux. 5.T

B. Here are some likely cognate answers : programme; immersion; coordinatrice; instant; complet; résidence. The original sentences will vary.

Communication, structures et vocabulaire

I.A. 1.more formal 2.less formal 3.more formal 4.less formal 5.less formal

II.A. 1.est 2.Elle 3.Es 4.je 5.sommes 6.sont

III.A. 1.Vous êtes dans la résidence, n'est-ce pas ?/Vous êtes dans la résidence ? Oui, je suis dans la résidence. 2.Les inscriptions sont ici, n'est-ce pas ?/Les inscriptions sont ici ? Oui, elles sont ici. 3.L'Université Laval est à Québec, n'est-ce pas ?/L'Université Laval est à Québec ? Oui, elle est à Québec. 4.Marc et Laure, vous êtes de Calgary, n'est-ce pas ?/Marc et Laure, vous êtes de Calgary ? Oui, nous sommes de Calgary. 5.Je suis dans le pavillon de Koninck, n'est-ce pas ?/Je suis dans le pavillon de Koninck ? Oui, vous êtes (tu es) dans le pavillon de Koninck.

IV.A. 1.Non, il n'est pas le premier ministre du Canada. 2.Non, je ne suis pas artiste. 3.Non, la résidence Lemieux n'est pas sur le campus de l'Université de Montréal. 4.Non, Mme Gagnon ne vient pas de Colombie-Britannique. 5.Non, nous ne sommes pas dans la chambre à coucher.

Scène 2 : Sur le vif !

A. 1.Incorrect. Jane est dans la chambre quand Maria arrive. 2.Incorrect. Jocelyne n'est pas la camarade de chambre de Jane et de Maria. 3.Correct. 4.Incorrect. Fort Saint-Jean n'est pas en Alberta; elle est en Colombie-Britannique. 5.Correct. 6.Incorrect. Elle n'a pas d'imprimante.

B. camarade-friend; chambre-room; ça-that; baladeur-cassette player; imprimante-printer; loin-far; bon-ne--good; toi-you

Communication, structures et vocabulaire

I.A. 1.Robert est de Sudbury. 2.Michael et Heather sont de Halifax. 3.Gabrielle est de Saint Boniface. 4.Maria est de Fort Saint-Jean. 5.Réjean est de Chambly.

II.A. Answers may vary somewhat, but likely answers are : 1.Oui, j'ai un piano/Non, je n'ai pas de piano. 2.Oui, elle/il a une raquette de tennis/Non, elle/il n'a pas de raquette de tennis. 3.Oui, ils ont des cassettes de Céline Dion/Non, ils n'ont pas de cassettes de Céline Dion. 4.Oui, elle a les dossiers des étudiants/Non, elle n'a pas les dossiers des étudiants. 5.Oui, elles ont un magnétophone dans la chambre/Non, elles n'ont pas de magnétophone dans la chambre. 6.Oui, j'ai une machine à popcorn/Non, je n'ai pas de machine à popcorn.

B. 1.Il y a un vélo dans la chambre. 2.Il n'y a pas de cassettes dans la chambre. 3.Il y a une imprimante dans la chambre. 4.Il y a un disque laser dans la chambre. 5.Il y a des livres dans la chambre. 6.Il n'y a pas de chat dans la chambre. 7.Il y a des affiches dans la chambre. 8.Il n'y a pas de flûte dans la chambre.

III.A. Answers will vary. Possible answers to question 1 include : On en a une/On n'en a pas; Nous en avons une/Nous n'en avons pas; Il y en a une/Il n'y en a pas. Answers to the other questions will follow a similar pattern.

Activité de synthèse

A. Answers will vary.

Chapitre 1

Scène 1 : Sur le vif !

A. 1.Gérard, Maria et Jocelyne aiment le tennis. 2.Au contraire, Jocelyne joue très bien. 3.Non, Chicoutimi est près du lac Saint-Jean. 4.Non, Jane aime faire de l'aérobic le matin. 5.Non, le concert de Madonna est au stade Olympique.

B. 1.Gérard-étudiant en linguistique 2.Maria-en forme 3.Chicoutimi-la métropole du Saguenay 4.Daniel Bélanger-la musique rock 5.Jean-Pierre Ferland-la chanson traditionnelle

Communication, structures et vocabulaire

I.A. 1.C'est Mme Gagnon. Elle est coordinatrice du programme. 2.C'est (Ce sont) Jane et Maria. Elles sont camarades de chambre. 3.C'est Gérard. Il est joueur de tennis. 4.C'est Jocelyne. Elle est monitrice. 5.C'est (Ce sont) Roch Voisine, Daniel Bélanger et J-P Ferland. Ils sont chanteurs.

II.A. Answers will vary. Typical answers might be : 1.Au revoir, Mademoiselle/Madame/Monsieur; à demain. 2.Bonne fin de semaine, tout le monde ! 3.Ciao/salut; à samedi ! 4.Bonne journée. 5.Bon week-end, et ...à lundi !

B. 1.Comment ça va/Ça va ? 2.Ciao/Salut/À demain, etc. 3.À demain. 4.Comment allez-vous/Comment vas-tu ? 5.Comment ça va/Ça va ? 6.Au revoir/Madame/Monsieur/Mademoiselle.

III.A. Answers will vary.

B.   1.préfère 2.jouent 3.adorons 4.n'aimez pas 5.Tu préfères 6.J'aime

IV.A.   1.Est-ce que Maria marche assez souvent ? 2.Est-ce que Jocelyne et Robert n'écoutent pas beaucoup la radio ? 3.Est-ce que Maria et Jane parlent français dans la chambre ? 4.Est-ce que Robert n'aime pas la musique rock ? 5.Est-ce que Heather et Michael regardent quelquefois la télévision ?

B.   1.Est-ce que Maria préfère écouter la radio ? 2.Est-ce que Heather et Michael voyagent/aiment voyager quelquefois ? 3. Est-ce que Robert regarde rarement la télévision ? 4.Est-ce que Jane et Maria habitent/aiment habiter en résidence ? 5.Est-ce que Jocelyne aime la musique de Jean-Pierre Ferland ? 6.Answer will vary.

V.A.   1.les 2.l', la 3.l' 4.Les 5.la 6.les

B.   1.la 2.l' (m) 3.le 4.le 5.les (f) 6.le 7.les (m) 8.les (m) 9.la 10.le 11.la 12.l' (f)

Scéne 2 : Sur le vif !

A.   1.Robert 2.Jocelyne 3.Gaston 4.Robert 5.Gabrielle 6.Réjean

B.   Answers will vary.

Communication, structures et vocabulaire

I.A.   Answers will vary.

II.A.   1.Oui, je l'aime/Non, je ne l'aime pas. 2.Non, il ne le présente pas à Jocelyne. 3.Oui, il/elle l'adore/Non, il/elle ne l'adore pas. 4.Non, il ne la déteste pas. 5.Oui, je les aime assez bien/Non, je ne les aime pas tellement. 6.Oui, elle les aime beaucoup. 7.Oui, il la préfère. 8.Non, il ne la présente pas aux étudiants.

III.A.   Answers will vary.

IV.A.   1.Non, il était artiste. 2.Non, elle est actrice. 3.Non, il est avocat. 4.Non, elle est chanteuse. 5.Non, elle est musicienne. 6.Non, il était scientifique.

V.A.   Answers will vary.

B.   1.regarder 2.aller 3.lire; écouter 4.lire; aller/lire 5.parler; étudier

VI.A.   Answers will vary.

VII.A   The second part of the responses may vary. 1.Est-ce que Robert est à Québec depuis longtemps ? Oui/non, il (n')est (pas) à Québec depuis longtemps. 2.Est-ce que tu étudies le français depuis un an ? Oui/non, je (ne) l'étudie (pas) depuis un an. (Je l'étudie depuis X.) 3.Est-ce que Maria et Jane sont camarades de chambre depuis trois ans ? Non, ils ne sont pas camarades de chambre depuis trois ans. 4.Est-ce que Gérard est étudiant en linguistique depuis cinq ans ? Oui/non, il (n')est pas étudiant de linguistique depuis cinq ans. 5.Est-ce que tu es à l'université depuis hier ? Oui/non, je (ne) suis (pas) à l'université depuis hier.

Activité de synthèse

A.   Answers will vary.

Chapitre 2

Scène 1 : Sur le vif !

A.   Answers will vary. Typical answers might be : 1.Non, ils n'arrivent pas ensemble à la cafétéria. Michael est encore dans la chambre. 2.Oui, son muffin est délicieux. 3.C'est Gabrielle. Elle aime le muffin et le café. 4.Il y a un grand choix, mais ce n'est pas très bon. 5.Non, c'est le café de Gérard.

B.   Answers will vary.

Communication, structures et vocabulaire

I.A.   Answers will vary, but will include the following : 1.classe compliquée 2.petits déjeuners français 3.jolie bibliothèque 4.royauté anglaise 5.émissions américaines 6.conducteurs incompétents 7.chanteuse québécoise 8.soirées élégantes 9.sports violents

B.   Answers will vary, but will include the following : 1.collation ... importante 2.chansons ... passionnantes 3. ordinateur ... embêtant 4.Louise ... parfaite 5. athlètes ... célèbres

II.A.   Answers may vary. Typical answers might be : 1.Joanne est la fille de Lise/Marcel et la cousine de Christine/etc. 2.Paul est le mari de Jeanne et l'oncle de Jocelyne. 3.Francis est le fils de Nadia/Carol et le frère de Marie Claude. 4.Nathalie est la mère de Gabriel et la soeur d'Erik. 5.Henri est le grand-père de Jocelyne et le mari de Marie-Jeanne. 6.Blandine est la fille d'Henri et la tante de Jean. 7.Christine et Claire sont les soeurs de François et les filles de Denise/Roger. 8.Émile et Blandine sont les parents d'Erik et les grands-parents de Raphaël. 9.Olivier et Raphaël sont les frères de Julia et les fils de Danièle/Eric. 10.Rosaire est l'oncle de Nadia et le fils de Roméo.

B.   Answers will vary.

III.A.   grand; grand; noirs; bouclés; bonne; notre; excellentes; différent; dangereux; passionnante; impoli

B.   Answers will vary.

Scène 2 : Sur le vif !

A.   Answers will vary.

B.   1.e 2.a 3.d 4.f 5.c 6.b

Communication, structures et vocabulaire

I.A.   1.Shelly va à Winnipeg.; Très bien, je viens chez Shelly avec toi. 2.Nous allons à la piscine après la classe.; D'accord, nous venons aussi pour faire de la natation. 3.Oui, ils vont en ville.; Entendu, je viens avec toi. 4.Nous allons au cinéma ce soir.; Naturellement, elles viennent avec nous.

II.A.   1.vient de; joue du; va au 2.jouent au; viennent de la; vont au 3.jouons du; venons des; allons à la 4.joues au; viens du 5.pense de la

B.   1.Non, il n'en vient pas; il vient d'Ottawa. 2.Oui, ils y vont. 3.Non je n'en viens pas; je viens du match de ballon-volant. 4.Annette et Chris y jouent. 5.Non, Dan y va; moi, je ne sais pas.

III.A.   Answers may vary. Typical answers might be : 1.À son avis, les parents sont frustrants. 2.À son avis, les sports organisés par les adultes sont malsains. 3.À son avis, la musique classique est superbe. 4.Selon lui, l'exercise est sain. 5.Selon elle, le déficit national est atroce. 6.Selon lui, les dettes personnelles sont mauvaises. 7.Elle pense que la politique est fascinante. 8.Il pense que la langue française est simple. 9.Elle pense que les cafétérias sont banales.

B.   Answers will vary.

C.   Answers will vary.

Activité de synthèse

A.   Answers will vary.

Chapitre 3

Scène 1 : Sur le vif !

A.   Answers will vary. Typical answers might be : 1.C'est parce qu'il aime tout contrôler. 2.Non, parce qu'elle n'aime pas les chiens qui sautent partout, et le chien de Michael n'est pas bien dressé. 3.À mon avis, le chien de Michel s'appelle ... parce qu'il ... 4.La poupée vient d'Haïti. 5.Jane ne peut pas voir le bijou parce que Mme Charbonneau le porte ce soir et elle n'est pas dans le groupe.

B.   1.ressembler 2.montrer 3.un cadeau 4.une peinture 5. Vous trouvez ?

Communication, structures et vocabulaire

I.A. Answers may vary. Typical answers might be : 1.Le grand éléphant gris ne mange pas les nouvelles feuilles. Le nouvel éléphant ne mange pas les grandes feuilles grises. 2.Le petit chien élégant ne joue pas avec sa mauvaise famille. Le mauvais chien ne joue pas avec sa petite famille élégante. 3.Son joli appartement est près du vieux lac calme. Son vieil appartement calme est près du joli lac. 4. La belle île exporte de petits ordinateurs formidables. La petite île formidable exporte de beaux ordinateurs. 5.Le bel artiste n'admire pas cette bonne technique célèbre. Le bon artiste célèbre n'admire pas cette belle technique.

B. Answers will vary.

C. 1.L'exposition de peintures canadiennes est exceptionnelle. 2.La cuisine chinoise ne ressemble pas à la cuisine américaine. 3.Les chiens paresseux n'aiment pas les longs voyages. 4.Nous allons à une soirée ennuyeuse mais essentielle. 5.La culture amérindienne est très active maintenant. 6. Est-ce que les hommes sportifs ont des instincts maternels ?

D. Answers will vary.

E. Answers will vary.

F. 1.une bicyclette propre 2.pauvre homme ! 3.le même ordinateur. 4.des chocolats anciens ! 5.propre idée. 6.un billet cher 7.une famille pauvre. 8.la ville de New York même !

G. Answers will vary.

II.A. Answers will vary. Typical answers might be : 1.Elle est belle ! 2. Elles sont très intelligentes ! 3.Qu'elle est active ! 4.Elle est sympa ! 5.Elle est sensationnelle ! 6.Qu'elle est attentive ! 7.Elle est très ambitieuse ! 8.Elle est chanceuse ! 9.Qu'elle est embêtante ! 10.Qu'elle est élégante !

Scène 2 : Sur le vif !

A. 1.faire du cyclisme 2.un livre de cuisine 3.planifier 4.seul-e 5.le cipaille

B. 1.f La ville natale de Maria est Seattle. 2.f Les conducteurs ne sont pas agressifs à Fort Saint-Jean. 3.p C'est probable parce qu'elle adore le squash. 4.v 5.p C'est probable parce qu'elle vient de la Colombie-Britannique. 6.f Il y a d'autres villes, par exemple Montréal et la Nouvelle-Orléans, qui ont une vieille ville et une ville moderne.7.f Le cipaille contient aussi six sortes de viande. 8.v

Communication, structures et vocabulaire

I.A. Answers may vary. Typical answers might be: 1.Excusez-moi, mais je vais penser à

Corrigé 195

vos suggestions. 2.Je vous demande pardon, mais je devrais aller en classe maintenant ... 3.Eh bien, écoute, c'est fascinant mais ... 4.Excusez-moi. Je suis pressé-e (*in a hurry*). Le cipaille, c'est bon. 5.Bon, écoute, mon match de tennis va commencer ...

II.A. 1. Brandon fait aussi de la natation, et après il fait ses devoirs. 2.Jennifer et Chantal font aussi du jogging, et après elles font de la musculation. 3.Fabio et moi, nous faisons aussi le ménage, et après nous faisons la cuisine. 4.Andrew et Kayla font aussi les courses, et après ils font du canotage. 5.Je fais aussi de la marche, et après je fais la lessive. 6.Les enfants et toi, vous faites aussi un pique-nique, et après vous faites une promenade.

III.A. 1.Moi, j'ai visité le Mexique l'an dernier ! 2.Moi, j'ai commencé à chanter dans la chorale le mois dernier ! 3.Nous, nous avons chanté un morceau de Bach la semaine passée ! 4.Moi, j'ai déjà été le soliste ! 5.Moi, j'ai fait de la pêche avant-hier ! 6.Moi, j'ai étudié le japonais à Tokyo ! 7.Moi, j'ai eu une bicyclette à 21 vitesses l'année dernière ! 8.Moi, j'ai participé à un biathlon et j'ai gagné !

B. Answers will vary

IV.A. 1.Je lui ai donné mon sac-à-dos. 2.Je lui ai montré mon sac-à-dos vide. 3.Je leur ai dit que j'aime beaucoup mon portefeuille. 4.Je leur ai expliqué que mes cartes de crédit et mon argent sont dans le portefeuille. 5.Oui, je leur ai demandé de m'aider. 6.Oui, ils leur ont parlé tout de suite. 7.On lui a montré le portefeuille entre deux bicyclettes. 8.Je lui ai dit un grand merci !

Activité de synthèse

A. Answers will vary.

Chapitre 4

Scène 1 : Sur le vif !

A.

personnage	boisson : alcool	boisson : caféine	boisson : fruits
1. Jane	verre de vin blanc		
2. Heather	verre de beaujolais		
3. Maria			jus d'orange
4. Michael	verre de beaujolais		
5. Robert		double expresso	

B.

personnage	très positif	positif	neutre	négatif	très négatif
1. Jane				x	
2. Heather					x
3. Maria					x
4. Michael	x			x	
5. Robert				x	

C.   Answers will vary.

Communication, structures et vocabulaire

I.A.   Answers will vary.

B.   Answers will vary.

C.   achetons; n'achète; mangeons/achetons; boit/achète; boit; buvons; boit; n'achète/ne boit; boivent; mangeons; mangeons/achetons

II./III.A. Answers will vary.

IV.A. 1.veux/peux 2.pouvons; veux; peux 3.veulent/peuvent 4.veulent 5.veut 6.pouvons 7.voulons; pouvons/voulons 8.veux/peux

V. Answers will vary.

Scène 2 : Sur le vif !

A. 1.faire des promenades dans la nature 2.faire des pèlerinages 3.des sites touristiques 4.Chut !/Mais tais-toi donc ! 5. une église

B. 1.f L'île d'Orléans est près de la ville de Québec, pas en Louisiane. 2.v 3.f Elle organise tout pour le groupe. 4.p C'est probable parce qu'il refuse de voir les sites que tout le monde veut voir. 5.f C'est Lourdes, en France. 6.v/p/f Ce n'est pas sûr. Heather dit qu'il n'a pas beaucoup de cheveux, mais elle dit aussi «Je taquinais Michael, c'est tout.»

Communication, structures et vocabulaire

I.A. Answers may vary. Typical answers might be: 1.Nous allons préparer le menu en avance. 2.Ils vont visiter leur père à l'hôpital cet après-midi. 3.Vous allez nager beaucoup cette semaine ? 4.Le serveur va recommander la tarte aux pommes ce soir. 5.Maintenant, je ne vais plus parler à ton ami ! 6.Tu ne vas pas manger chez nous demain soir ? 7.À mon avis, elle va écouter l'explication avec patience.

II.A. Answers will vary.

B. Answers will vary.

C. Answers will vary somewhat. Likely answers include: 1.Mardi à trois heures, Sophie va jouer de la flûte avec Lorraine. 2.Jeudi à neuf heures, elle va chez le dentiste. 3.Vendredi soir, elle va inviter des amis chez elle. 4.Le mercredi à deux heures, elle a une leçon de squash. 5.Le jeudi à une heure, elle a un cours de chimie. 6.Jeudi soir, elle va aller au cinéma avec Francine. 7.Le lundi à trois heures, elle va à la bibliothèque. 8.Mercredi à 11h, elle va aller à la piscine.

III.A. Answers will vary

IV.A. 1.choisissons 2.choisissent 3.choisis 4.choisit 5.choisis 6.choisis 7.choisissez

B. 1.va 2.cherche/veut 3.grandit 4.veux/cherche 5.joue 6.vient 7.déteste 8.regarde/cherche 9.réussit 10.choisit 11.veut 12.rentre 13.montre 14.rougit 15.peux 16.ont/portent 17.rentre 18.prépare

Activité de synthèse

A.   Answers will vary.

Chapitre 5

Scène 1 : Sur le vif !

A.   1.F Elles s'appellent la chute Montmorency. 2.F On prend un autobus. 3.V 4.F Les régions non-touristiques représentent le «vrai Québec» pour lui. 5.F Le roman se situe dans la région du Saguenay-Lac Saint-Jean.

B.   1. la chute Montmorency—près de Québec 2. Le lac Saint-Jean—se situe dans le Saguenay 3. Jocelyne—Chicoutimi 4. Péribonka—*Maria Chapdelaine* 5. Louis Hémon—un écrivain

Communication, structures et vocabulaire

I.A.   1.A Ottawa il neige et le ciel est couvert. 2.A la Nouvelle Orléans il fait du soleil. 3.A Madrid il pleut. 4.A Los Angeles il fait du vent et il y a un orage. 5.A Paris il neige. 6.A Chicoutimi il fait du vent et du soleil. 7.A Bruxelles il fait du vent et le ciel est couvert. 8.A Lausanne il pleut et il y a un orage.

II.A.   1.c'est probablement le printemps (mars, avril, mai, juin) 2.c'est probablement l'hiver (décembre, janvier, février, mars) 3.c'est l'été (juin, juillet, août, septembre) 4.c'est l'automne (septembre, octobre, novembre, décembre)

B.   Answers will vary.

III.A.   Answers will vary.

B.   Answers will vary.

IV.A.   1.faite 2.écrites 3.pris 4.regardée 5.aidés

V.A.   1.Est-elle bien contente de faire une promenade ? 2.Quand fait-il toujours beau et chaud au Québec ? 3.Robert vient-il de Sudbury ? 4.Allez-vous visiter la basilique cet après-midi ? 5.Les étudiants remontent-ils dans l'autobus ? 6.Comment Mme Gagnon arrive-t-elle dans l'île d'Orléans ? 7.A-t-elle fini de manger un chien chaud ? 8.Pourquoi ne viens-tu pas avec les étudiants ?

Scène 2 : Sur le vif !

A.   1.V 2.F Roger Pouliot est le nom (*name*) d'un kiosque. 3.V 4.F Robert apprécie l'architecture des granges et la beauté des paysages. 5.V

B. souvenirs; artisans; cruche; sirop; érable; dispendieux; pinceaux; boutique; vient de; tableau; j'ai hâte

Communication, structures et vocabulaire

I.A. 1.Maria vient de laisser les biscuits dans la chambre. 2.Robert et Jocelyne viennent de visiter une vieille ferme. 3.Les étudiants dans le cours d'immersion viennent de faire le tour de l'Ile d'Orléans. 4.Gabrielle vient d'acheter des souvenirs. 5.Robert vient d'avoir une discussion avec un artisan.

II.A. 1.ces 2.cet 3.cette 4.ce 5.cette 6.ces

B. Answers may vary somewhat in the second part, but here are some likely responses for the first part. 1. Je n'aime pas/je déteste ce baladeur, il est trop ... 2.Je n'aime pas/je déteste cette machine à popcorn, elle... 3.Je n'aime pas/je déteste ces disques, ils ... 4.Je n'aime pas (du tout)/je déteste ces disques, ils ... 5.Je n'aime pas (tellement)/je déteste cet ordinateur, il ...

III.A. 1.attendent 2.perd 3.rendons 4.Entendez 5.vends 6.répond

IV.A. Answers may vary somewhat. Likely answers are : 1.Oui, j'ai toujours faim en classe/Non, je n'ai pas toujours (je n'ai jamais) faim en classe. 2.Oui, j'ai envie de visiter la ville de Québec/Non, je n'ai pas envie de visiter la ville de Québec. 3.Oui, ils/elles ont besoin d'étudier davantage/Non, ils/elles n'ont pas besoin d'étudier davantage. 4.Oui, j'ai quelquefois chaud dans ma chambre/Non, je n'ai pas souvent (je n'ai jamais) chaud dans ma chambre. 5.Oui, ils ont soif quand ils jouent au tennis/Non, ils n'ont pas soif quand ils jouent au tennis. 6.Oui, j'ai sommeil après les cours/Non, je n'ai pas sommeil après les cours.

V.A. Answers will vary.

B. Answers will vary.

Activité de synthèse

A. Answers will vary.

Chapitre 6

Scène 1 : Sur le vif !

A. Answers will vary.

B. 1.c 2.b 3.b 4.b 5.c

Communication, structures et vocabulaire

I.A. 1.Il part au Mexique la semaine prochaine. 2.Nous dormons tard tous les matins. 3.Est-ce que tu sens le parfum des fleurs ? (Sens-tu ... ?) 4.Est-ce que je sers le dîner à 7h30 ? 5. Elles sortent de la classe avant leurs camarades. 6.Vous ne partez pas à la Martinique à la fin du cours.

B. Answers will vary but the most likely verbs are : 1.dormir 2.sortir 3.servir 4.partir (en vacances) 5.sentir

II.A. 1.à la 2.au 3.en 4.en; à 5.à 6.dans le 7.en 8.au

B. Answers will vary but the correct prepositions are : 1.au 2.en 3.aux 4.à 5.en

C. 1.y 2.en 3.y 4.y 5.en

D. Answers will vary.

Scène 2 : Sur le vif !

A. 1.manquer 2.l'avenir 3.confiants; peur 4.réussir 5.avant d' 6.le ménage

B. 1.L'université Laurentienne se trouve à Sudbury. 2.Poitiers se trouve dans le centre-ouest de la France. 3.La région du Saguenay-Lac-Saint-Jean se trouve au nord de Québec. 4.Jonquière se trouve dans le Saguenay, près de Chicoutimi. 5.Le lac Saint-Jean se trouve à l'ouest de Chicoutimi.

Communication, structures et vocabulaire

I.A. Answers will vary somewhat, but likely answers are : 1.Oui, j'ai envie d'aller en Afrique du Nord/Non, je n'ai pas envie d'aller en Afrique du Nord. 2.Oui, j'ai honte de ne pas finir mes devoirs/Non, je n'ai pas honte de ne pas finir mes devoirs. 3.Oui, j'ai besoin d'un visa pour visiter le Mexique/Non, je n'ai pas besoin d'un visa pour visiter le Mexique. 4.Oui, j'ai peur de partir en voyage tout-e seul-e/Non, je n'ai pas peur de partir en voyage tout-e seul-e. 5.Oui, j'ai hâte de finir mes cours à l'université/Non, je n'ai pas hâte de finir mes cours à l'université.

II.A. 1.Choisis/choisissez un bon professeur. 2.Achète/achetez tes/vos livres avant d'aller en classe. 3.Sois/soyez toujours à l'heure. 4.Trouve/trouvez une place près du professeur. 5.Ne dors pas/ne dormez pas pendant le cours. 6.Ecoute/écoutez attentivement et prends/prenez de bonnes notes. 7.N'aie pas/n'ayez pas peur de poser des questions. 8.Attends/attendez jusqu'à la fin du cours avant de sortir.

B. Answers will vary but some possible choices are : 1.Pourquoi pas ? J'ai envie d'exagérer ! 2.Tu as tort. Je n'ai pas peur des chiens. 3.Mais j'en ai besoin pour mes cours. 4.Tu as raison. J'ai honte d'être si avaricieux. 5.Pourquoi pas ? J'ai envie de les manger !

III.A. 1.Oui, ils vous ont téléphoné/Non, ils ne vous ont pas téléphoné. 2.Oui, ils comptent passer nous voir/Non, ils ne comptent pas passer nous voir. 3.Oui, il m'a donné tes dossiers/Non, il ne m'a pas donné tes dossiers. 4.Oui, ils t'ont rendu visite/Non, ils ne t'ont pas rendu visite. 5.Oui, vous nous avez envoyé assez d'argent/Non, vous ne nous avez pas envoyé assez d'argent. 6.Oui, elle me gâte pendant que vous n'êtes pas là/Non, elle ne me gâte pas pendant que vous n'êtes pas là.

IV.A. 1.faisais 2.était 3.mangeais 4.m'invitaient 5.faisions; écoutions 6.allions

B. Answers will vary.

Activité de synthèse

A. Answers will vary.

Chapitre 7

Scène 1 : Sur le vif !

A. 1.(3) 2.(6) 3.(1) 4.(8) 5.(2) 6.(4) 7.(5) 8.(7)

B. **noms de lieu :** Louisiane; Paquetville; Nouveau Brunswick; la côte atlantique de l'Amérique du Nord; Lafayette. **Mots signalant l'expulsion et l'isolement :** forcer X,Y,Z à quitter; exiler; séparer; déportation; l'isolement; la résistance; le regret du pays; préserver la langue et l'héritage français. Some answers may vary.

Communication, structures et vocabulaire

I.A. Answers will vary.

B. Answers will vary.

II.A. 1.ayons 2.fournissiez 3.soyez 4.-8. Answers will vary.

B. Answers will vary.

III.A. 1.Napoléon est né au dix-huitième siècle. 2.Pierre Trudeau est né au vingtième siècle. 3.Marie Curie est née au dix-neuvième siècle. 4.Jacques Cartier est né au quinzième siècle. 5.Montaigne est né au seizième siècle. 6.Charlemagne est né au huitième siècle.

B. 1. J'ai appris à lire en première et en deuxième année. 2.J'ai appris à faire la soustraction en troisième année. 3.J'ai appris à faire la multiplication en quatrième année. 4.J'ai appris à réciter tou-te-s les provinces/états de mon pays en cinquième année. 5.J'ai appris à situer les pays d'Europe en sixième année. 6.J'ai appris à faire des calculs algébriques en huitième et en neuvième année.

C. 1.une dizaine de carnets 2.une centaine de crayons 3.une cinquantaine de règles 4.une vingtaine de stylos 5.une quinzaine de fiches 6.une douzaine de gommes

IV.A. **Programmes** 1.**Huit, ça suffit** passe à dix-huit heures. 2.Le **Mini journal** passe à dix-huit heures vingt-cinq. 3.**La Roue de la Fortune** passe à dix-huit heures quarante-cinq. 4.**Santa Barbara** passe à dix-neuf heures dix. 5.**Le Journal de la Une** passe à vingt heures. 6.**Colombo** passe à vingt heures trente.

B.   Answers will vary.

Scène 2 : Sur le vif !

A.   1.Non. Il a visité les régions de l'est avant d'aller dans l'ouest. 2.Non. Les Acadiens se passionnent aussi pour leur histoire. 3.Il y a un seul personnage. 4.Plus de 25% de la population au Canada est francophone. 5.Moncton est une ville à majorité anglophone mais son université est francophone et la ville a élu récemment son premier maire francophone.

B.   1.Par contre 2.risque 3.En route 4.se passionnent pour 5.un enseignement

Communication, structures et vocabulaire

I.A.   Answers will vary.

B.   1.s'entendre 2.se promènent 3.se souvient 4.se demandent 5.s'amusent

II.A.   Answers will vary.

B.   Answers may vary but some possible answers are : 1.Mais non, je ne vais pas me dépêcher ! Je préfère me détendre. 2.Occupe-toi de tes propres affaires, Maria. Boire un coup de vin me fait plaisir. 3.Mais, je me promène toujours en plein air quand je décide de peindre. 4.Je ne me moque pas du mouvement écologique, mais seulement des écolos fanatiques. 5.Je ne m'ennuie pas du tout ! Au contraire, je m'intéresse à tout.

III.A. 1.lit 2.écrivent 3.décrit 4.s'écrivent 5.décrivent

B.   Answers will vary.

IV. Parler d'activités et d'événements passés

A.   Answers may vary somewhat but possible answers are : 1.Les Acadiens sont arrivés sur la côte est du Canada. 2.Ils sont partis de Grand Pré pendant le grand dérangement. 3.Ensuite, ils sont allés en Nouvelle-Angleterre. 4.Après quelques années, certains Acadiens sont repartis en France ou en Louisiane. 5.Plusieurs d'entre eux sont retournés au Canada. 6. Rapatriés au Canada, les Acadiens sont allés dans des régions différentes des Maritimes. 7.Un certain nombre d'Acadiens est/sont rentré-s sur leurs terres. 8.La plupart des Acadiens sont restés fidèles à leur culture.

B.   Answers will vary.

Activité de synthèse

    Answers will vary.

Chapitre 8

Scène 1 : Sur le vif !

A.   nuits; loin; à pied; une partie; frapper; balle; le filet; un jeu; vérifie; étage; douche; économiser; la clé

B.   Answers may vary somewhat. 1.V 2.F Non, on y trouve plusieurs hôtels qui offrent des chambres à des prix modiques. 3.F C'est le contraire. 4.F Non, le 4e étage est l'équivalent du 5e étage en Amérique du Nord. 5.V 6.F Picasso est un grand peintre du XXe siècle. 7.V 8.F Non, elle a été construite aux XIIe et XIIIe siècles.

Communication, structures et vocabulaire

I.A.   1.Avant-hier, mes amis et moi, nous avons dû préparer des demandes de job d'été. 2.Hier, mes frères ont dû finir un projet de géographie et j'ai dû les aider un peu. 3.Ce matin j'ai dû/je dois passer mon permis de conduire. 4.Cet après-midi ma soeur et moi, nous avons dû/nous devons rendre visite à notre grand-mère malade. 5.En ce moment, je dois finir une dissertation d'histoire. 6.Demain, je devrai réviser mes notes de biochimie. 7.Après-demain, mes parents devront me laisser faire la grasse matinée.

B.   Answers will vary.

II.A.   Answers may vary slightly. 1.Gérard s'installera à Poitiers en septembre et il choisira ses cours de linguistique. 2.M. Charbonneau se rendra à la Martinique et/où il commencera ses recherches. 3.Heather et Michael prendront l'avion jusqu'à Amsterdam et ils voyageront à Roquevaire. Ils passeront un an en Provence. 4.Jocelyne sera au Sénégal. Elle enseignera le français et elle vivra dans une famille sénégalaise. 5.Joseph fera le tour du Canada francophone. Il devra retourner en Louisiane en novembre. 6,7. Answers will vary.

B.   Answers will vary, but will normally begin : 1.Demain, je ferai ... 2.Pendant le week-end, mes amis et moi, nous voudrons ... 3.La semaine prochaine, j'appellerai ... 4.Dans deux mois, j'aurai ... 5.L'été prochain, ma famille pourra ... 6.Dans un an, j'achèterai ... 7.D'ici cinq ans, mes amis et moi, nous serons ... 8.Et dans 50 ans, je saurai ...

III.A.   ont pris; ont appris; prenons; comprennent; a appris/apprend; a pris/prend; ont appris/apprennent; comprends; prendrai; prenne; comprends

B.   Answers will vary. The following are likely choices : 1.Vous prenez/prendrez un thé au citron. 2.Maria et Chantal prennent/prendront un jus de raisin/pamplemousse; une bière Heineken etc. 3.Elle prend/prendra un lait/chocolat chaud. 4.Brom prend/prendra un café express/crème. 5.Il prend/prendra un Dubonnet/Martini rouge etc. 6.Nous prenons/prendrons une demi-bouteille de Vouvray blanc. 7.Elle prend/prendra de l'eau minérale de Vichy. 8.Ils prennent/prendront un Cointreau, un Grand Marnier, etc.

IV.A. Answers will vary.

Scène 2 : Sur le vif !

A. 1.par contre 2.faire la queue 3.remercier 4.le tarif 5. renseigner 6.marchander 7.en espèces 8.le guichet 9.une partie 10.un quai 11.il n'y a pas de mal 12.une antiquité

B. Certain answers may vary somewhat. 1. ... prendre un numéro au distributeur de tickets 2. ... payer un supplément 3. ... bleue 4.composter 5.étudiants; couples; familles 6.le Marché aux Puces 7. ... n'aiment pas recevoir les étrangers chez eux 8. ... la carte bleue

Communication, structures et vocabulaire

I.A. 1.Une chambre au 7e étage coûte moins cher qu'une chambre au 2e. 2.Maria descend à l'hôtel plus souvent que ses parents. 3.En ville, le métro roule aussi vite que le train. 4.La chambre de Maria est plus petite que notre chambre. 5.Maria comprend mieux le français que ses frères et sa soeur. 6. Les TGV sont aussi fréquents maintenant que les trains normaux.

B. 1.Oui, elle oublie plus souvent son livre de français que Katie. Mais c'est Ginette qui oublie le plus souvent son livre de français. 2.Oui, il a de meilleures notes que Ted ce semestre. Mais c'est Rick qui a les meilleures notes ce semestre. 3.Oui, elle donne des réponses plus intéressantes que moi en classe. Mais c'est Thérèse qui donne les réponses les plus intéressantes en classe. 4.Oui, il conduit plus vite que Don. Mais c'est Gerry qui conduit le plus vite. 5.Oui, elle achète plus de cds que nous en ce moment. Mais c'est Odile qui achète le plus de cds en ce moment. 6.Oui, je dors plus que toi ces jours-ci. Mais c'est Jeanne qui dort le plus ces jours-ci.

C. Answers will vary.

II.A. est sortie; est descendue; est montée; a descendus; a monté; est sortie; a rentré; a sorti

B. Answers will vary.

III.A. 1.dis 2.ont dit 3.dit 4.dites 5.disons 6.diras

B. 1.(c) 2.(g) 3.(d) 4.(f) 5.(a) 6.(e) 7.(b)

IV.A. Answers will vary somewhat. A possible answer is : Le réveille-matin de Maria a sonné a 7h20 et elle s'est levée à 7h30. D'abord elle a pris une bonne douche en attendant qu'on lui prépare son petit déjeuner. Après, elle a pris le petit déjeuner dans sa chambre. Ensuite, elle a sorti son matériel de squash de sa valise et, juste avant de descendre, elle a téléphoné à Chantal pour reconfirmer leur partie de squash. Alors elle est descendue et elle a dit au réceptionniste qu'elle voulait garder la chambre 32 deux jours de plus. Elle a tout de suite quitté l'hôtel et elle a pris le métro. Enfin, un peu plus tard, elle a retrouvé Chantal au «Jeu de Paume».

B.   Answers will vary.

Activité de synthèse

A.   Answers will vary.

Chapitre 9

Scène 1 : Sur le vif !

A.   Answers will vary. The meaning of items is : 1.retirement 2.a century 3.insurance 4.ankle 5.to rent 6.light 7.handy (-man) 8.to care for, look after

B.   1.Roquevaire se trouve en Provence, à 30 kilomètres au nord-est de Marseille. 2.On les achète pour les rénover. 3.On dit que les Français sont obsédés par leurs vacances; on les considère «sacrées». 4.Ils partent surtout en été. 5.Ils ont un minimun de cinq semaines de congés payés par an depuis 1981. 6.Les Français bénéficient d'assurances en cas de maladie, de maternité, de vieillesse, d'accidents du travail, etc.

Communication, structures et vocabulaire

I.A.   qui; quand; Qu'est-ce que; Pourquoi; qu'est-ce qui; Quels; Où; qui; quel;

B.   Answers will vary.

II.A.   se sont réveillés; s'est levée; a fait; est allé; s'est rasé; s'est coupé; s'est peignée; s'est habillée; ont déjeuné; sont allés; se sont regardés; ont commencé à rire; sont rentrés

B.   Answers will vary.

III.A.   à la campagne; rester en forme; Hélas; une ambulance; à l'hôpital; avoir une opération; c'est épouvantable; un examen médical; je me suis cassé le bras; grave; quel soulagement; rester au lit

B.   Answers will vary.

IV.A.   1.J'essaie **de** finir mes devoirs avant 9h00. 2.Ils aiment jouer au football 3.Vous regrettez **de** travailler tous les soirs, n'est-ce pas ? 4.Elle choisit **de** voyager en Norvège cet été. 5.Je m'amuse **à** raconter des histoires un peu idiotes. 6.Nous détestons aller en classe le lundi matin. 7.Tu invites tes amis **à** venir chez toi. 8.Je préfère rester chez moi cet après-midi. 9.Elles renoncent **à** fumer. 10.Il se dépêche **d'**envoyer une lettre à son oncle.

B.   rêver; pensant; avoir gagné; coûter; de partir; prendre; se préparer; à choisir; s'amuser; décider; partir; de gagner

Scène 2 : Sur le vif !

A.   1.français 2.canadiens 3.françaises 4.français 5.les deux 6.canadien 7.français 8.canadiens 9.les deux 10.canadiens

B.   1.c 2.c 3.b 4.a 5.b 6.c 7.a

Communication, structures et vocabulaire

I.A.   1.Non, ne lui montrez pas les photos. 2.Non, n'en offrez pas aux enfants. 3.Si, donnez-la à Georges. 4.Si, achetez-en aujourd'hui. 5.Non, n'y jouez pas trois fois cette semaine. 6.Si, posez-leur beaucoup de questions. 7.Non, ne le vendez pas. 8.Si, allez-y avant trois heures.

II.A.   Answers will vary.

B.   Answers will vary.

III.A.   1.une librairie 2.une fromagerie 3.une droguerie 4.une pharmacie 5.une épicerie 6.un magasin de fleurs 7.un kiosque à journaux ou dans un tabac 8.un magasin de primeurs

B.   Answers will vary.

IV.A.   1.Megan voit la vie en rose en ce moment. 2.Vous ne voyez pas qu'on se moque de vous ? 3.Sean et Liam voient très bien avec leurs verres de contact. 4.Et toi, est-ce que tu vois bien en ce moment ? 5.Nous croyons que les vidéos sont superbes. 6.Je crois que c'est mon meilleur essai. 7.Jean-Pierre ne croit pas très souvent ce qu'Edouard lui raconte. 8.Yvonne et Marguerite croient que leurs modems sont très utiles.

B.   Answers will vary. Likely answers include : 1.J'ai cru au Père Noël jusqu'à (six/sept, etc.) ans. 2.Oui/non, ils (ne) croient (pas) tout ce que je leur dis. 3.Oui, j'ai vu des choses/non, je n'ai jamais vu de choses que j'ai eu du mal à croire. 4.D'habitude, je vois (un/deux, etc.) films par mois. 5.Oui/non, je (ne) verrai (pas) de bon-s film-s cette semaine.

Activité de synthèse

A.   Answers will vary.

Chapitre 10

Scène 1 : Sur le vif !

A.   1.d 2.f 3.i 4.h 5.a 6.g 7.c 8.b 9.e

B.   1.c 2.a 3.c 4.c 5.a 6.b 7.b

Communication, structures et vocabulaire

I,II.A. 1.Elle leur téléphone souvent. 2.Il ne l'a pas oubliée. 3.Il va y répondre tout de suite. 4.Ils en parlent tout le temps. 5.Elle la lui donnera demain. 6.Elle y en a acheté. 7.Montre-les-lui. 8.Ne lui en sers plus.

B.   1.Oui, je l'étudie (aussi) cette année/Non, je ne l'étudie pas cette année. 2.Oui, ils m'invitent de temps en temps à les rencontrer/Non, ils ne m'invitent pas (jamais) à les rencontrer. 3.Oui, il en a assez pour me voir régulièrement/Non, il n'en a pas assez pour me voir régulièrement. 4.Oui, il me les explique clairement/Non, il ne me les explique pas clairement. 5.Oui, j'en ai toujours le samedi matin./Non, je n'en ai pas toujours (je n'en ai jamais) le samedi matin. 6.Oui, je pense qu'ils les trouve ennuyeux/Non, je ne pense pas qu'ils les trouve ennuyeux. 7.Oui, ils m'en donnent quelquefois/Non, ils ne m'en donnent pas (jamais). 8. Oui, je compte toujours les y passer/Non, je ne compte pas (plus) les y passer.

C.   1.Mais non, ne la leur montre pas. 2.Mais si, envoie-leur-en. 3.Mais si, laisse-les-y. 4.Mais non, ne lui en parle pas. 5.Mais non, ne leur en emprunte pas. 6.Mais si, pose-leur-en (beaucoup).

III.A. a.5 b.4 c.6 d.2 e.1 f.3

B.   Answers will vary.

Scène 2 : Sur le vif !

A.   1.se promener en/à vélo 2.tout à l'heure 3.procurer 4.s'entendre bien 5.l'occasion 6.je suis partant ! 7.diverse 8.un débouché 9.une randonnée 10.partisan de 11.impressionnant

B.   1.la Vallée de la Meuse 2.Arthur Rimbaud; Verlaine 3.le flamand; le français; l'allemand 4.Bruxelles; le Palais Berlaymont 5.le Conseil de l'Europe; le Conseil des Ministres de la Communauté européenne; l'OTAN (l'Organisation du traité de l'Atlantique nord) 6.gothique; renaissance; baroque

Communication, structures et vocabulaire

I.A.   1.travaillait 2.regardaient 3.prenais 4.faisaient 5.étaient 6.jouaient 7.finissait 8.répondait

B.   faisait; descendais; n'y avait pas; faisais; roulait; est arrivée; avais; n'a pas vu; commençait/a commencé; ai freiné; est rentré; n'y avait pas; a été

C.   Answers will vary.

II.A. 1.intensivement 2.couramment 3.miraculeusement 4.légalement 5.implicitement 6.discrètement 7.décemment 8.résolument

B. constamment; hier; tranquillement; tout à fait; D'habitude; vraiment; assez vite; tout d'un coup; absolument; immédiatement; longtemps; seulement; même; peu

C. Answers will vary.

III.A. depuis; depuis; en; dans; pour/dans; pendant; pendant

IV.A. (*passé composé*) 1.as promis 2.ont mis 3.avez permis (*imparfait*) 1.mettions 2.remettais 3.admettaient (*présent*) 1.permet 2.remets 3.mettons (*futur*) 1.promettrez 2.mettront 3.admettra

B. Answers will vary. Typical answers for the first three questions might be : 1.Je mets une demi-heure pour venir à l'université le matin. 2.Non, quand je me mets en colère, d'habitude, ça ne dure pas longtemps. 3.Non, je ne me mets pas à préparer mes examens à la dernière minute ! etc.

Activité de synthèse

A. Answers will vary.

Chapitre 11

Scène 1 : Sur le vif !

A. 1.un échange; recettes; a eu lieu; cassonade; la tarte; cuillerées à table; mélanger; oeufs; gourmand; plat; un petit bout; tranches

B. Answers will vary.

C. 1.depuis 1946 2.Fort-de-France 3.la noix de coco 4.un gâteau martiniquais riche en oeufs 5.les éclairs au chocolat, les choux et les mille-feuilles 5.la tarte au sucre et la tarte au sucre d'érable

Communication, structures et vocabulaire

I.A. 1.J'en mange trois ou quatre fois par semaine. 2.André en boit un litre tous les jours. 3.Mélanie en a besoin en ce moment. 4.Nous en avons vu beaucoup récemment. 5.Je veux en manger une maintenant. 6.Cécile et Denise en prennent assez régulièrement 7.Tu en es revenu-e la semaine dernière, n'est-ce pas ? 8.Christophe en a moins que Jacques cette semaine.

B. Answers will vary. Examples : 1.J'achète deux litres de lait tous les jours. 2.J'achète un kilo de bananes deux fois par semaine. 3.J'achète un pot de moutarde une fois par mois. etc.

II.A. 1.La semaine précédente, j'avais beaucoup étudié dans mon appartement. 2.Avant-hier, il avait assisté à un cours seulement. 3.En 1993, j'étais allé à Ottawa trois fois. 4.Hier soir, nous avions regardé seulement une émission. 5.Le mois précédent, elle était sortie jouer au badminton trois fois par semaine. 6.Mercredi soir, j'avais étudié trois heures. 7.La semaine dernière, nous nous étions détendus seulement samedi après-midi. 8.Avant-hier, elle avait écouté seulement une cassette.

B. Answers will vary.

Scène 2 : Sur le vif !

A. 1.plages 2.tempête 3.pelleter 4.doux 5.pluies/cyclones 6.éruption 7.effrayants 8.fiers 9.punition 10.revaloriser

B. 1.autoroutes 2.26° 3.août 4.200 5.40 000 6.le créole 7.à l'école 8.complexe sportif

Communication, structures et vocabulaire

I.A. Hiver - des gants fourrés, un anorak; printemps - un blouson, un pull-over; été - une chemise à manches courtes, des espadrilles; automne - un imperméable, des bottes de pluie

B. Answers will vary.

II.A. sais; savoir; sait; connais; connu; sais; su; connaissons; sait

B. Answers to questions will vary; correct verb forms are : 1.savez 2.connaissez 3.connaît 4.savent 5.sait 6.connaissent 7.savent

III.A. Mme Londé a dit qu'elle apporterait un riz créole. 2.M. Londé a dit que ce serait un plaisir d'apporter un petit punch au rhum local (... qu'il apporterait ...) 3.M. Charbonneau a dit qu'il achèterait deux ou trois de ses fromages préférés. 4.Mme Charbonneau a dit qu'elle aurait envie de préparer une tourtière (... qu'elle préparerait ...) 5.Mme Londé a dit qu'elle a/avait des amis qui feraient un hors-d'oeuvre très épicé. 6.M. Charbonneau a dit que lui, il essaierait de trouver une ou deux bouteilles de bon vin français.

B. Answers will vary.

IV.A. 1.ceux d'Anne 2.celle que tu m'as montrée 3.celles de la salle à manger 4.ceux de Suzanne 5.celui qu'elle lit en ce moment 6.celle des Comeau 7.celui de Ruth 8.celles que Bertrand t'a déjà indiquées

B. 1. ... celui de mon père est bien meilleur 2. ... ceux du Musée d'Orsay sont bien meilleurs 3. ... celles qu'on trouve au Colorado sont bien meilleures 4. ... celle à l'huile d'olive est bien meilleure 5. ... ceux qui vous font réfléchir sont bien meilleurs 6. ... celles pour les adolescents sont bien meilleurs 7. ... ceux de deux ou trois jours sont bien meilleurs

Activité de synthèse

A.   Answers will vary.

Chapitre 12

Scène 1 : Sur le vif !

A.   1.une enseignante 2.le mal du pays 3.un ennui 4.importuner 5.avouer 6.fâcher
7.d'habitude 8.fêter

B.   1.F Montréal est la deuxième ville française du monde. 2.V 3.F La majorité des pays
de l'Afrique noire sont musulmans. 4.F Non, la famille joue un rôle très important
dans la société africaine. 5.V 6.V 7.F L'individualisme n'est pas une qualité valorisée.

Communication, structures et vocabulaire

I,II.A. Answers will vary but might include ... 1.Je suis (me sens) vexé-e/ça m'enrage/ça me
fait de la peine parce que ... 2.Je suis déçu-e/triste parce que ... 3.Je suis
choqué-e/frustré-e/je n'ai pas le moral parce que ... 4.Je suis surpris-e/très
content/e/c'est formidable parce que ... 5.Je suis choqué-e/triste parce que ... 6.Je suis
dégoûté-e/frustré-e/c'est insupportable parce que ... 7.Je suis très heureux-se/c'est
fantastique parce que ... 8.Je suis gêné-e/confus-e/ce n'est pas possible parce que ...

B.   Answers will vary.

III.A. Answers may vary somewhat. 1.Moi, je n'ai aucune idée/pas du tout d'idée. 2.Non,
personne (à mon centre de recherche) ne pourrait nous prêter un/de porte-skis. 3.Non,
ses bottes de ski ne sont plus assez grandes. 4.Non, nous ne trouverons rien après
notre arrivée en Suisse. 5.Non, ils n'auront aucun (pas de) tarif spécial pour les
remonte-pentes. 6.Moi, je n'ai besoin ni de nouveaux gants ni de chaussettes en laine.
7.Non, nous ne devrions demander à personne de nous conseiller. 8. Moi non plus, je
ne veux pas passer plus de quatre ou cinq jours là-bas.

B.   1.Answers will vary.

IV.A. 1.que 2.qui 3.qui 4.que 5.que 6.qui 7.qu' 8.que

B.   Answers will vary.

Scène 2 : Sur le vif !

A.   Answers will vary. Meanings of the vocabulary items in the context of the
conversation are : **passionnant** - exciting, marvellous; **une toile** - painting, canvas;
autrefois - earlier times, the olden days; **deviner** - to guess; **une racine** - a root; **y
compris** - including; **un tissu** - fabric, cloth; **le deuil** - mourning; **volontiers** -
willingly, happily; **les arachides** - peanuts

B.   Answers will vary.

Communication, structures et vocabulaire

I.A.   c'; ils; il; elle; elles; il; c'

B.   Answers will vary.

II.A.   1.(a)Si j'ai le temps, je regarderai *Jésus de Montréal* à la télé ce soir. (b)Si j'avais le temps, je regarderais *Jésus* ... 2.(a)Si nous sommes libres, nous irons au match de hockey samedi soir. (b)Si nous étions libres, nous irions au match ... 3.(a)Si Viviane a assez d'argent, elle achètera un nouvel anorak. (b)Si Viviane avait assez d'argent, elle achèterait ... 4.(a)Si Jane et Robert peuvent trouver le temps, ils feront du ski de fond ce week-end. (b)Si Jane et Robert pouvaient trouver le temps, ils feraient ... 5.(a)Si tu as le temps et l'argent, est-ce que tu passeras plusieurs mois en Afrique francophone ? (b)Si tu avais le temps et l'argent, est-ce que tu passerais ... 6.(a)Si Jean-Louis ne prend pas de médicament, il sera encore plus malade. (b)Si Jean-Louis ne prenait pas de médicament, il serait ... 7.(a)Si nous voulons absolument prendre une semaine de vacances en mars, nous trouverons quelqu'un pour nous remplacer au bureau. (b)Si nous voulions absolument prendre une semaine de vacances en mars, nous trouverions quelqu'un ...

B.   Answers will vary.

Activité de synthèse

A.   Answers will vary.

Chapitre 13

Scène 1 : Sur le vif !

A.   1.e 2.h 3.a 4.i 5.b 6.f 7.j 8.g 9.d 10.c

B.   Answers will vary somewhat. The problems include: 1.les allergies 2.la pollution de l'air 3.le soleil/la destruction de la couche d'ozone 4.les produits toxiques dangereux 5.les profits des grosses entreprises 6.le développement de produits plus sains 7.les déchets, le recyclage

Communication, structures et vocabulaire

I.A.   1.Je suis bien heureux/heureuse qu'elles soient là la semaine prochaine. 2.Il est peu probable que Tom soit arrivé avant 9h00. 3.Sue trouve incroyable que nous prenions toujours trois Big Macs. 4.Il se peut bien que Mireille fasse un jour de bons progrès en français. 5.Nos parents sont très contents que nous ayons enfin fini notre projet. 6.Robert doute qu'ils puissent passer nous voir ce soir. 7.Il est possible que vous n'ayez pas le temps d'aller au labo, n'est-ce pas ? 8.Betty et Ruth sont ravies que

Linda aille leur rendre visite/que Linda leur rende visite en mai. 9.Je suis désolé-e que les Hart se soient installés dans la rue Jubilee en 1988. 10.Il n'est pas certain que Mariel sache la réponse.

B.   Answers will vary, but all verbs in the completions should be in the present or past subjunctive as appropriate.

II.A.   qui; auquel; ce que; dont; Ce qui; ce dont; qui; qu'; lequel/qui; ce qui

B.   Answers may vary somewhat. The following answer is one possibility : La pollution est un problème grave qu'il faut essayer de mieux combattre. Les rivières dans lesquelles on jette maintenant trop de déchets sont si belles. Les poissons qui sont dans les rivières pourraient mourir à cause des eaux polluées. Un autre problème dont on parle beaucoup est la couche d'ozone. Il y a trop de produits dangereux dans l'atmosphère, ce qui est très grave. Une grande campagne nationale à laquelle tout le monde doit participer est absolument nécessaire.

C.   Answers will vary. The following is an example:

1. Ce qui est incroyable, c'est que Jim n'est pas/ne soit pas mort dans l'accident. 2. Oui ! Ce que tu viens de dire, c'est exactement ce dont on parlait hier soir. 3. Et la personne que Jim avait dans la voiture avec lui est celle qu'il a rencontrée chez Carole. 4. Peut-être, mais c'est son ami Terry qui était un passager dans l'autre voiture, et ce même ami dont on dit des choses méchantes est précisément l'homme que Rachel déteste tellement !

Scène 2 : Sur le vif !

A.   1.faire un geste 2.ça ne m'étonnerait pas 3.indigène 4.juste 5.faire partie de 6.un but 7.être conscient de 8.un parti 9.surprendre 10.résoudre

B.   Answers will vary somewhat. 1.Les gens ont assez souvent des infections à cause de la pollution/à cause des eaux polluées. 2.Si on n'arrive pas à diminuer bientôt le taux de pollution, on va être obligé d'interdire aux gens de manger du poisson. 3.Ils sont moins contaminés que dans le passé parce qu'on a réussi à diminuer le taux de mercure dans plusieurs des lacs. 4. Son but principal est de combattre le plus possible le racisme en France. 5.La Faculté de médecine de Montpellier a été fondée au XIVe siècle par les Arabes. 6.Les immigrants (les Arabes, les travailleurs venus de l'ex-Yougoslavie, etc.) sont souvent victimes de stéréotypes négatifs en France. 7.C'est un politicien français d'extrême-droite qui a fondé le Front National. 8.Les Français aiment discuter avec une passion qui surprend souvent les étrangers.

Communication, structures et vocabulaire

I.A.   Dites; à mon avis; Permets-moi; tu as tort; je n'en suis pas convaincu; Si j'ose le dire; vous exagérez; ça me fait penser à quelque chose; Mais attends un peu

B.   Answers will vary.

II.A.   toi; toi; toi et moi; Moi; vous; elle; elle-même

B.   Answers will vary.

III.A. Answers to the questions will vary. Interrogative pronouns are : 1.Qui 2.Qu'est-ce que 3.quoi est-ce que 4.qu'est-ce qui 5.lesquels 6.Que 7.quelle 8.qui

B.   Answers will vary.

Activité de synthèse

A.   Answers will vary.

Chapitre 14

Scène 1 : Sur le vif !

A.   1.c 2.b 3.c 4.a 5.c 6.b 7.b 8.a 9.c 10.b

B.   1.dans le nord-ouest de l'Afrique 2.la Tunisie; l'Algérie; le Maroc 3.endroit où le soleil se couche 4.au sud du Sahara 5.la fête nationale de la St. Jean 6.Parti Québécois

Communication, structures et vocabulaire

I.A.   Answers will vary.

II, III.A. 1.(a)Si j'avais le courage, j'attaquerais une piste noire au Mont Ste cet après-midi. (b)Si j'avais eu le courage, j'aurais attaqué une piste noire ... 2.(a)Si nous arrivions plus tôt, nous rencontrerions mes cousins du Michigan. (b)Si nous étions arrivé-e-s plus tôt, nous aurions rencontré mes cousins ... 3.(a)Si Daniel et Ronald essayaient d'être plus souvent à l'heure, ils prendraient de meilleures notes. (b)Si Daniel et Ronald avaient essayé d'être plus souvent à l'heure, ils auraient pris ... 4.(a)Si Edouard se rasait de temps en temps, il serait bien plus beau. (b)Si Edouard s'était rasé de temps en temps, il aurait été ... 5.(a)Si Sophie faisait du bon travail, elle aurait une augmentation de salaire cette semaine. (b)Si Sophie avait fait du bon travail, elle aurait eu ... 6.(a)Si Mélanie et Marie-Lise allaient un peu plus souvent au cours de sociologie, elles se verraient plus fréquemment. (b)Si Mélanie et Marie-Lise étaient allées un peu plus souvent au cours de sociologie, elles se seraient vues ...

B.   Answers will vary but should contain a verb in the past conditional.

IV.A.   aurai accompli; aurai reçu; aurai eu; serai allé; aurai fait; me serai rendu; aurai passé; aurai gagné

B.   Answers will vary, but will begin : 1.Quand elle aura fini ses études à Middlebury, ...

2.Quand elle aura passé un an de plus en France, ... 3.Quand il aura terminé son doctorat à Poitiers, ... 4.Quand elle aura fini son livre de cuisine, ... 5.Quand ils seront rentrés à Halifax, ... 6.Quand ils auront grandi, ... 7.Quand il aura pris sa retraite, ... 8.Quand ils se seront mariés, ...

V.A.   plusieurs (certains, quelques-uns); personne; certains/quelques-uns; quelqu'un; quelque chose; personne; rien; quelqu'un

B.   Answers will vary.

VI.A.   1.Non, ce sont les miennes. 2.Oui, c'est la sienne. 3.Non, ce sont les nôtres. 4.Oui, ce sont les siens. 5.Oui, c'est le vôtre. 6.Non, c'est le mien. 7.Oui, c'est le leur. 8. Oui, ce sont les tiens.

B.   There are two possible answers to each question 1.En général, je préfère les leurs/je préfère les miennes. 2.J'utilise toujours la mienne/j'emprunte de temps en temps la leur. 3.Je me sers presque toujours du mien/je prends assez souvent le sien. 4.A tout prendre, j'aime mieux la nôtre/j'aime mieux la leur. 5.J'ai surtout tendance à porter les miens/mes ami-e-s me prêtent souvent les leurs.

Scène 2 : Sur le vif !

A.   1.s'échanger 2.au lieu de 3.un hameau 4.envier 5.une réunion 6.le cas 7.établir 8.augmenter

B.   Answers will vary.

Activité de synthèse

A.   Answers will vary.

Manuel de laboratoire

Chapitre préliminaire

Scène 1 : L'arrivée

Sur le vif !

A. **Sur le vif !** Listen to the dialogue and indicate in the boxes provided whether Mme Gagnon or Maria said the following:

1. C'est ici les inscriptions ?   Maria [   ] Mme Gagnon [   ]

2. Assoyez-vous un instant.   Maria [   ] Mme Gagnon [   ]

3. Oui, oui. Votre dossier est là.   Maria [   ] Mme Gagnon [   ]

4. Je viens de Fort Saint-Jean.   Maria [   ] Mme Gagnon [   ]

5. Non, ce n'est pas loin. Regardez   Maria [   ] Mme Gagnon [   ]
   sur le plan du campus.

6. Voici la clé de votre chambre.   Maria [   ] Mme Gagnon [   ]

B. **Réponses** Using what you know from the dialogue, how would you most likely respond to the questions you will hear on the tape? (You may wish to both try your answer aloud during the pause provided and to stop the tape for a moment to write it down. Possible answers are provided in the "*Corrigé*" at the end of your lab manual.)

1. _____

2. _____

3. _____

4. _____

5. _____

Prononciation

Rythme et accentuation

Whereas in English, in words containing more than one syllable, one of the syllables will be stressed more than the others (**stu**-dent, im-**mer**-sion, **res**-idence, etc.), in French, it is normally only the last syllable of a group of words (or "rhythmic group") that is slightly more stressed than the others. Except for the last word in the sentence, there tends to be an accompanying rise in intonation in these words, or, more precisely, on the last syllable of these words. Note the rhythmic groups in the following sentences from *Maria arrive à Laval*.

> Je m'appelle Maria Chang, et je suis étudiante dans le programme d'immersion.

> Moi, je suis Mme Gagnon, coordonnatrice du programme.

> Vous êtes dans la résidence Lemieux, la chambre numéro 14.

Compare with the English rhythmic pattern in:

> My name is Maria Chang, and I'm a student in the immersion programme.

One thus has the overall impression of a very even rhythm when listening to French, while English rhythm in general seems much more jerky and uneven. Keep this even rhythm of French in mind as you repeat the following sentences.

> C'est ici les inscriptions ?

> Assoyez-vous un instant.

> Oui, oui, votre dossier est là, et il est complet.

> Vous êtes de Colombie-Britannique, n'est-ce pas ?

Communication, structures et vocabulaire

I.   Se présenter, répondre à une présentation

A. **Faisons connaissance !** In the short conversational segments you will hear, you are getting acquainted with some of the people involved in the summer immersion programme at Laval. Listen to their greetings and respond appropriately. (Once again, and throughout the manual for many of the suggested activities, you may wish to try your answer both orally and in writing.)

1. (Le directeur du programme d'immersion)

Vous : _____

_____

2. (Maria Chang) _____

Vous : _____

_____

3. (Réjean Charbonneau) _____

Vous : _____

_____

II. Identifier les personnes et les choses
Les pronoms sujets; le verbe *être*

A. **Identifications** Listen to the professions of the various people indicated below and state what they do in a complete sentence. Use a pronoun subject each time. This time, the correct answer will be provided on tape. Repeat this answer once before moving on to the next item.

modèle You see: Pierre
You hear: étudiant
You say: **Il est étudiant.**

1. Madame Gagnon _____

2. Robert et Matthieu _____

3. je _____

4. Suzanne et Marguerite _____

5. nous _____

6. Marc_____

7. vous_____

8. tu _____

III. Poser des questions; répondre à des questions
N'est-ce pas; l'intonation montante

A. **Encore des questions !** You will hear a series of questions using *n'est-ce pas* or rising intonation. If the voice asks the question with *n'est-ce pas*, rephrase it with rising intonation, and vice versa. Use subject pronouns in your rephrased questions.
Once again, repeat the answers you hear on the tape.

modèle You hear: Maria est dans la résidence, n'est-ce pas ?
You say: **Elle est dans la résidence ?**

IV. Exprimer la négation

A. **Comment répondre ?** Listen to the following questions and give a negative response to each. Again, use pronouns in your answers. Then repeat the answer you hear.

modèle Kim Campbell est premier ministre du Canada, n'est-ce pas ?
Non, elle n'est pas premier ministre du Canada.

_____
_____
_____
_____
_____
_____
_____
_____
_____

Scène 2 : En résidence

Sur le vif !

A. **Camarades de chambre** Listen to the dialogue and the statements that follow, then indicate whether the statements are true or false.

1. T [　]　F [　]

2. T [　]　F [　]

3. T [　]　F [　]

4. T [　]　F [　]

5. T [　]　F [　]

B. **Répliques** Listen again to several questions that Jane asked Maria and give Maria's responses. Then, repeat the answers that you hear.

> **modèle** Jane : Salut. Jane Harrison. Et toi ?
> Maria : **Salut, Jane. Maria Chang.**

Communication, structures et vocabulaire

I. Identifier ses origines

A. D'où êtes-vous ? Listen to the following questions about the characters' origins and answer according to the model. Then repeat the answer.

> **modèle** You hear: D'où est Jocelyne ?
> You see :   Chicoutimi
> You answer: **Elle est de Chicoutimi.**

1. (Sudbury) _____

2. (Halifax) _____

3. (Lafayette) _____

4. (Shippagan) _____

5. (Chambly) _____

6. (St. Boniface) _____

II. Décrire les possessions
Le verbe *avoir* Les articles indéfinis

A. Mais oui ! You will see below one of the subject pronouns and the verb *avoir* and you will hear a brief question on tape. When you've heard the voice, answer emphatically using the correct form of the verb *avoir*. Then repeat the correct answer.

> **modèle** You see: tu/avoir
> You hear: une jolie chambre ?
> You answer: **Mais oui, j'ai une jolie chambre !**

1. elle/avoir _____

2. vous/avoir _____

3. nous/avoir _____

4. ils/avoir _____

5. tu/avoir _____

6. je/avoir _____

B.   Possessions Listen to the tape and answer the personal questions you are asked. You may answer affirmatively or negatively.

modèle   Tu as un baladeur ?
Oui, j'ai un baladeur/Non, je n'ai pas de baladeur.

1. _____

2. _____

3. _____

4. _____

5. _____

6. _____

Les noms au pluriel *Il y a*

C.   Mon campus You will hear a voice saying either *il y a* or *il n'y a pas* on the tape. Complete the sentence by introducing the elements below, then repeat the answer you hear.

modèle   You hear : Il y a ...
You see : cassettes/dans ma chambre
You say : **Il y a des cassettes dans ma chambre.**

1. concerts/sur le campus _____

2. bicyclette/dans la résidence _____

3. affiches/dans la salle de classe _____

4. court de badminton/dans le gymnase _____

5. courts de tennis/loin de la résidence _____

III. Renvoyer à quelque chose qu'on a déjà mentionné
Le pronom *en*

A.   Dommage ! Nous en avons trois ! You and another student are discussing what each has or doesn't have at your respective universities. Complete the mini-dialogue according to the model. (You might wish to both say and write your answer.)

modèle   You hear: J'ai une imprimante dans ma chambre.
You say/write: **Mais, j'en ai une aussi.**

OU

Malheureusement (*unfortunately*), je n'en ai pas.

1. _____

2. _____

3. _____

4. _____

5. _____

Activités de synthèse

A. **Activité d'écoute** Listen to each sentence or partial sentence and circle the letter of the continuation or answer that best completes it.

1. a) C'est ici ?
   b) Je m'appelle Robert Therrien.
   c) Salut !

2. a) votre camarade de chambre
   b) de Fort Saint-Jean
   c) coordonnatrice du programme

3. a) Bienvenue à Laval.
   b) La résidence est là.
   c) Voici la clé de votre chambre.

4. a) Pas mal.
   b) Entrez.
   c) C'est où, ça ?

5. a) Non, c'est une raquette de squash.
   b) Bonne idée !
   c) Je ne sais pas.

B. **Dictée** Another student, Robert Therrien from Sudbury, Ontario, is in Madame Gagnon's office to enrol in the immersion programme. Listen to the following dialogue and write exactly what you hear. The dialogue will be read through once in its entirety, then in breath groups with pauses allowing you time to write, finally it will be read in its entirety again.

Robert : _____

_____

_____

Mme Gagnon : _____

_____

_____

Robert : _____

_____

Mme Gagnon : _____

_____

Robert : _____

Mme Gagnon : _____

_____

Robert : _____

Mme Gagnon : _____

_____

C. Le mot de la fin Answer the personal questions both orally and in writing. Stop the tape between questions if necessary.

1. _____

2. _____

3. _____

4. _____

5. _____

Chapitre 1 : La première classe

Scène 1 : En route

Sur le vif !

A. **Rencontres** Listen to the conversation, then answer the questions using complete sentences. Repeat the answers that you hear.

B. **Qui dit ... ?** Listen to the following statements, then mark an **X** in the box corresponding to the person who made them.

	Gérard	Maria	Jocelyne
1.	[ ]	[ ]	[ ]
2.	[ ]	[ ]	[ ]
3.	[ ]	[ ]	[ ]
4.	[ ]	[ ]	[ ]
5.	[ ]	[ ]	[ ]

Prononciation

La coupe syllabique et la liaison

It is important to note that division of words into syllables is somewhat different in English and French. Many syllables in English end with a consonant sound, and there is a distinct, if very brief, division between words as they are pronounced. Notice how you pronounce the final consonants when you say the following sentences:

English is a language in which there is a clear distinction between words.

In French, whenever possible **syllables begin with a consonant sound and end with a vowel sound.** Note the syllable division in the following:

Paul arrive à l'université.
Pau/l a/rri/ve à/l'u/ni/ver/si/té.

All syllables but one begin with a consonant sound and end with a vowel sound. Indeed, **most consonants at the end of words are not pronounced**, unless the next word begins with a vowel. For example:

Vou*s* parlez françai*s*. (All final consonants are silent — syllables end with a vowel sound)

Vou*s*‿ête*s* françai*s*. (The *s* in ***vous*** is pronounced as *z*, as the **beginning sound** of the next syllable; the other two are silent. Once again, each syllable ends with a vowel sound.)

The phonetic linking of ***vous*** and ***êtes*** via the *s* is called *liaison*, and here are a few more examples. Pronounce them carefully:

... je sui*s*‿étudiante
C'e*st*‿ici, les inscriptions ?
... la chambre de*s*‿étudiants
Nou*s*‿avons des affiches.

Communication, structures et vocabulaire

I. Identifier les personnes et les choses (suite)
Qui est-ce; C'est; il / elle est

A. Qui est-ce ? Listen to the following questions, then identify the person according to the model. Repeat the answers that you hear.

modèle   You hear: Qui est-ce ?
  You see : Gérard/étudiant en linguistique
  You say : **C'est Gérard. Il est étudiant en linguistique.**

1. Maria Chang/étudiante dans le programme d'immersion

2. Réjean Charbonneau/professeur de français

3. Jocelyne Tremblay/monitrice à Laval

4. Mme Gagnon/coordonnatrice du programme

5. Roch Voisine/chanteur de rock

6. Heather Sawchuck/étudiante en français

B. Identifions les personnages Listen to the following descriptions of the characters and write who it probably is.

modèle   You hear : Il est fatigué et il souffre.
  You write: **C'est probablement Gérard.**

1. _____

Chapitre 1   225

2. _____

3. _____

4. _____

5. _____

6. _____

II. Saluer, parler de choses et d'autres, prendre congé

A. À la prochaine Listen to the following greetings and salutations and respond appropriately according to the speaker.

1. (Jane) _____

   Vous : _____

2. (M. Charbonneau) _____

   Vous : _____

3. (Une étudiante) _____

   Vous : _____

4. (Mme Gagnon) _____

   Vous : _____

5. (Gérard) _____

   Vous : _____

III. Dire ce qu'on aime et ce qu'on n'aime pas
Exprimer les goûts et les préférences

A. Opinions You will hear some brief questions about activities. Express what you feel about them using various expressions from the vocabulary box.

modèle You hear: le jazz ?

You say : **Mais, j'aime bien le jazz/Je n'aime pas beaucoup le jazz.**

Useful vocabulary:

J'aime assez   Je n'aime pas tellement

J'aime bien   Je n'aime pas beaucoup

J'aime beaucoup   Je n'aime pas

J'adore   Je n'aime pas du tout/Je déteste

Je préfère (J'aime mieux)

1. _____

2. _____

3. _____

4. _____

5. _____

6. _____

7. _____

8. _____

Les verbes réguliers en *-er*

B. Encore des opinions ! Listen to the following sentence fragments and complete them as appropriate.

modèle You hear: J'aime assez bien les maths, mais je déteste ...

You say/write, for example: **J'aime assez bien les maths mais je déteste les lettres.**

1. _____

_____

2. _____

_____

3. _____

4. _____

_____

5. _____

_____

IV. Demander des renseignements

A. Qu'est-ce qu'on a dit ? You will hear a response. Say what the question would have been using *est-ce que*. Verify your answer by repeating what you hear on the tape.

> **modèle**   You hear: Mais oui, j'adore le badminton.
> You say : **Est-ce que tu aimes le badminton ?**

V. Identifier les choses (suite)
Les articles définis : *le, la, l', les*

A. Goûts et préférences Listen to the partial descriptions on the tape and complete the sentences using the correct form of the definite article. Then repeat the answer that you hear.

> **modèle**   You hear: Gérard joue au tennis, alors il ...
> You see : aimer/tennis
> You say : **Gérard joue au tennis, alors il aime le tennis.**

1. aimer/français

2. adorer/sports

3. aimer beaucoup/musique

4. préférer/informations

5. aimer bien/cyclisme

6. adorer/écouter/la musique

Scène 2 : En classe

Sur le vif !

A. **Descriptions** Listen to the conversation and write the letter of the answer that best describes the following:

1. Jocelyne _____

2. Gérard _____

3. Robert _____

4. Québec _____

5. Gaston _____

6. Gabrielle _____

B. **Depuis quand ?** Answer the questions you hear using complete sentences. If the answer is negative, correct it. Then repeat the answers you hear on the tape.

Communication, structures et vocabulaire

I. Présenter les autres

A. **Présentations** What would you say in the following circumstances? You are introducing your friend Pierre to the persons whose names or professions you hear:

1. _____

_____

2. _____

_____

3. _____

_____

4. _____

_____

5. _____

_____

II. Renvoyer à quelqu'un ou à quelque chose qu'on a déjà mentionné.

A. Mes devoirs ? Je les fais tous les soirs ! Listen to the questions and answer them either affirmatively or negatively, replacing the direct objects with a pronoun. Both affirmative and negative answers will be given on tape; repeat the one that was appropriate in your own case.

> **modèle**   Est-ce que tu fais tes devoirs tous les jours ?
> **Oui, je les fais tous les jours.**
>   OU
> **Non, je ne les fais pas tous les jours.**

III. Parler d'activités et de préférences passées L'imparfait (au singulier)

A. En vacances Listen to the questions and give an appropriate response. Try saying your answer, then writing it before checking the corrigé.

> **modèle**   Est-ce que tu aimais jouer avec tes camarades quand tu étais en vacances ?
> **Oui, j'aimais jouer avec mes camarades quand j'étais en vacances.**

1. _____

_____

2. _____

_____

3. _____

_____

4. _____

_____

5. _____

_____

IV. Expliquer ce qu'on fait dans la vie

A. Picasso ? Mais il est artiste ! Listen to the short descriptions of what various people like to do, then state who they are and their profession. Then repeat the answer you hear.

modèle   You hear: Réjean aime enseigner (*teach*) le français.
You say : **Ah oui, c'est Réjean. Il est professeur.**

V. Discuter d'activités
La structure verbe + infinitif

A. **Mais non !** You will hear some brief questions. As you listen to the questions, look at the elements to be added in the exercise below and complete the sentences accordingly. Then repeat the answers you hear.

modèle   You hear: Est-ce que tu aimes danser ?
You see : aimer/chanter
You say : **Mais non ! Je déteste ça, mais j'aime chanter.**

1. aimer/aller au cinéma

2. préférer/étudier/les maths

3. adorer/parler/musique

4. aimer/jouer au squash

5. préférer/écouter/musique classique

6. aimer/lire

VI. Exprimer les quantités

A. **Notez les chiffres !** Listen to several sentences and write out all the numbers that you hear.

1. _____

2. _____

3. _____

4. _____

5. _____

6. _____

7. _____

8. _____

Chapitre 1   231

B. **Ce n'est pas correct !** Look at the numbers below, then listen to the number recited by the voice. Mark the **Yes** box if the numbers you hear are the same. Mark the **No** box if they are different, then write out the correct number in figures.

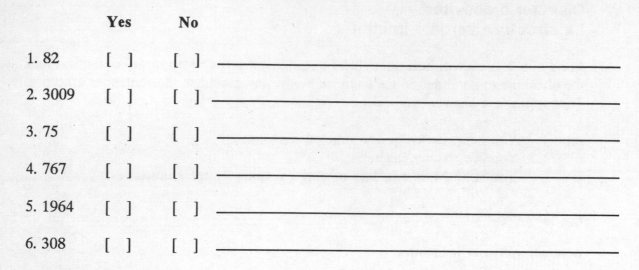

	Yes	No
1. 82	[ ]	[ ]
2. 3009	[ ]	[ ]
3. 75	[ ]	[ ]
4. 767	[ ]	[ ]
5. 1964	[ ]	[ ]
6. 308	[ ]	[ ]

VII. Exprimer la durée
Depuis + le présent

A. **Depuis quand ?** Listen to the questions, then correct the duration as indicated below. Repeat the answer that you hear.

modèle You hear: Est-ce que tu habites à Halifax depuis trois ans ?
You see : deux mois
You say : **Non. J'habite à Halifax depuis deux mois.**

1. deux ans

2. une semaine

3. trois minutes

4. cet après-midi

5. un an

Activités de synthèse

A. **Activité d'écoute** Listen to a brief description of Marguerite Tremblay, more than once if necessary. Then answer the questions you hear and repeat the answer. Finally, repeat the activity, this time writing out the answers. (Written answers are provided in the *Corrigé.*)

Useful vocabulary: une chorale (*choir, chorale*)

1. _____

2. _____

3. _____

4. _____

5. _____

6. _____

B. Dictée Listen to the following passage and write exactly what your hear. The dictation will be read through once at normal speed, then in breath groups and finally at normal speed again.

_____

_____

_____

_____

_____

_____

_____

_____

C. Le mot de la fin Listen to the personal questions and answer using complete sentences. If your answer is negative, formulate a positive response if possible.

Useful vocabulary: un match (*match, game*)

1. _____

_____

2. _____

_____

3. _____

_____

4. _____

_____

5. _____

_____

6. _____

_____

Chapitre 2 : On se retrouve à la cafétéria

Scène 1 : Le déjeuner

Sur le vif !

A. **Dialogue** Listen carefully to the conversation *Le déjeuner*.

B. **En avant** Listen again to the conversation *Le déjeuner*, then the sentence fragments to be completed. Then check the correct answer and repeat it after hearing it on the tape.

1. a. [ ] en pleine forme
   b. [ ] fatigué
   c. [ ] encore dans sa chambre.

2. a. [ ] le café
   b. [ ] le plastique et le papier
   c. [ ] la chambre

3. a. [ ] une banane
   b. [ ] un café
   c. [ ] un muffin.

4. a. [ ] sa mère
   b. [ ] son frère
   c. [ ] son père.

5. a. [ ] 4 ans
   b. [ ] 10 ans
   c. [ ] 22 ans.

6. a. [ ] il est difficile
   b. [ ] il n'est pas difficile
   c. [ ] il a un problème.

7. a. [ ] il dort
   b. [ ] il étudie
   c. [ ] il prépare les muffins.

Prononciation

Les voyelles du français

There are fourteen distinct vowel sounds in contemporary international French. Before turning our attention to individual sounds, however, it is important to note a general characteristic of the French vowel system. You may hear a French accent described as "clipped" or "staccato". This is because French vowels are pronounced quickly and purely, that is, they do not glide toward another vowel sound. Compare:

tôt　　　tow
allez　　allay
c'est tout　say "too"

The overall general impression, then, when pronouncing vowel sounds, is one of tenseness in French and greater laxness in English.

In repeating the following sentences from the conversation *Le déjeuner*, try to imitate the "pure" vowel sounds:

1. Excusez, il y a quelqu'un ?
2. La cuisine est atroce aussi.
3. Le pain et les gâteaux à la maison sont formidables.
4. Salut, tout le monde ! Bon appétit !
5. Ce café est pour moi ?

Communication, structures et vocabulaire

I. Décrire les personnes et les choses

A. **Le mot juste** You will hear two adjectives, then a sentence taken from the dialogue. Which adjective describes the situation better? Use it in a complete sentence to comment on the situation. Then repeat the answer that you hear.

modèle　You hear: agréable ... désagréable
　　　　　You hear: Excusez, il y a quelqu'un ?
　　　　　You see: Gérard

You say: **Gérard est agréable.**

1. Gabrielle

2. Heather

3 Maria

4. Gérard

5. Michael

B. **Elle / Il est comment ?** Claude and Martine are discussing their friends and experiences. Answer according to the model, making the adjective agree as appropriate. Then repeat the answer you hear.

modèle   You hear: Patrick est arrogant.
You hear: Et Sylvie ?
You say: **Oui, Sylvie aussi est arrogante, c'est vrai.**

II. Parler des membres d'une famille et de leurs possessions

A. **À qui est ... ?** Answer the questions using *à ...* and the persons below, then repeat the answer you hear.

modèle   You hear: À qui est ce café ?
You see: Gérard
You say: **Il est à Gérard.**

1. Line = female

2. moi

3. mon frère

4. ma mère

5. moi

6. Sean

7. ma camarade de chambre

8. Francine

B. **À qui est ... ? etc.**   Now record or write out your own anwers to the questions you will hear. Use *à ...* in one sentence and a possessive adjective in another.

modèle You hear: À qui est ce café ?
You answer, for example: **Il est à ma tante Lucille. Elle aime *son* café noir.**

1. _____

_____

2. _____

_____

3. _____

_____

4. _____

_____

5. _____

_____

6. _____

_____

7. _____

_____

8. _____

_____

III. Décrire les personnes

A. Calculs Oddly enough, each of the people whose ages are indicated below has a sister who is two years older. Give the ages of each person and his/her sister. Then repeat the answers you hear.

modèle You hear: Quel âge a Karim ?
You see: 20 ans
You answer: **Karim a 20 ans, et sa soeur a 22 ans.**

1. 67 ans

2. 15 ans

3. 101 ans

4. 94 ans

5. 81 ans

6. 36 ans

B. D'autres calculs Each of the people you met above has a relative who is three years younger. Record or write out the age of each younger relative.

> **modèle** You hear: Karim a 20 ans.
> You see: frère
> You say/write: **Son frère a dix-sept ans.**

1. cousin _____

2. soeur _____

3. cousine _____

4. frère _____

5. neveu _____

6. soeur _____

Scène 2 : Quoi faire ?

Sur le vif !

A. Dialogue Listen carefully to the conversation *Quoi faire ?*

B. En avant Listen again to the conversation *Quoi faire ?* and check the correct answer. Then repeat the answer you will hear.

1. Gérard connaît ...
    [   ] un bon casino
    [   ] un bon café
    [   ] un bon restaurant.

2. Ce soir, il y a
    [   ] une danse
    [   ] une soirée
    [   ] un concert.

3. Demain, Gabrielle et les autres vont
    [   ] au cinéma
    [   ] à un restaurant
    [   ] au cinéma et au restaurant.

4. Le visiteur avec Robert s'appelle
    [ ] Gérard
    [ ] Joseph
    [ ] Joséphine.

5. Joseph vient
    [ ] de Lausanne, en Suisse
    [ ] de Louisiane, aux États-Unis
    [ ] de Saint-Louis, aux États-Unis.

6. Le rôle du CODOFIL est de protéger
    [ ] les Françaises
    [ ] le français
    [ ] les Français.

7. Les Cadiens habitent
    [ ] la Louisiane
    [ ] le Canada
    [ ] le Québec.

8. Joseph pense que la langue française au Québec est
    [ ] en mauvais état
    [ ] en bon état
    [ ] agréable à écouter.

9. Maria pense que la loi 101 est
    [ ] une nécessité
    [ ] une protection
    [ ] une catastrophe.

10. Selon Gabrielle, le français au Manitoba est
    [ ] en bon état
    [ ] en danger
    [ ] en évolution.

C. **Interjections** Use the interjections suggested to make the following conversation more
    convincingly realistic. Then repeat the response you will hear, making sure to imitate the
    intonation faithfully.

    modèle   You hear: Allons voir le film au Tivoli.
    　　　　　 You hear: Dis ...
    　　　　　 Vous dites : **Dis, allons voir le film au Tivoli !**

Communication, structures et vocabulaire

I.　Faire des projets

Chapitre 2　　239

A. Aller et venir Various students find they have some points in common. Respond using the appropriate form of the verb given in the sentences you will hear. You may check your answer in the *Corrigé*.

> **modèle**   You hear: Hugo va au concert.
> You see: nous
> You say/write: **Nous allons aussi au concert.**

1. nous

   _____

2. vous

   _____

3. Marc et Marguerite

   _____

4. nous

   _____

5. vous

   _____

6. Marc et Marguerite

   _____

II.   Bien s'exprimer: les verbes suivis des prépositions à et de

A. Musique et sports You will hear various instruments and sports. Answer naming people you know who play those instruments or sports.

> **modèle**   You hear: le tuba ou la trompette
> You say/write: **Clark joue du tuba.**

1. _____

2. _____

3. _____

4. _____

5. _____

6. _____

7. _____

B. **Sports et musique** On the weekend in Philadelphia, there is a sports meet as well as a music competition. Several particularly talented students are competing in both. Describe their talents using the verb *jouer* with the prepositions *à* or *de*. Repeat the answer that you hear.

> **modèle**   You hear: Manon : le tuba et le squash
> You see: Manon
> You say: **Manon joue du tuba et elle joue aussi au squash.**

1. Dominic

2. Céleste

3. Bernard et toi

4. Tanya et toi

5. Jessie et moi

6. Ravi

7. Victoria et Ali

III. Exprimer des opinions; demander l'avis de quelqu'un

A. **Mes opinions** You will hear a variety of opinions expressed. For each, respond with your own opinion. Repeat the response given on tape that corresponds to your opinion.

> **modèle**   You hear: La musique rock est intelligente.
> You see: À mon avis ...
> You say: **À mon avis, la musique rock n'est pas intelligente.**
> OU
> **À mon avis, la musique rock est intelligente.**

1. À mon avis ...

2. Je pense que ...

3. Je trouve que ...

4. Selon moi ...

5. Je pense que ...

6. Je trouve que ...

7. À mon avis ...

B. D'autres opinions Give your own opinion about the things you will hear, using *À mon avis, Je pense que, Je trouve que, Selon moi.*

modèle   You hear: le cinéma
         You say/write: **À mon avis, le cinéma est fascinant et j'y vais souvent.**

1. _____

_____

2. _____

_____

3. _____

_____

4. _____

_____

5. _____

_____

6. _____

_____

7. _____

_____

Activités de synthèse

A. Activité d'écoute The discussion of «la loi 101» in the dialogue *Quoi faire ?* does not end there. The conversation continues between Gérard and Maria. Listen to the conversation and the questions and write out the correct answers. Give several details.

Vocabulaire utile : le-la client-e (*customer*); le débat (*debate*); l'enseigne *f* (*sign*); linguistique (*linguistic*); le-la propriétaire (*owner*); revenir (*come back*); survivre (*survive*)

1. _____

_____

2. _____

_____

3. _____

_____

4. _____

_____

5. _____

_____

6. _____

_____

B. Dictée A student is thinking about what the day holds for her. Write down her thoughts as you hear them.

_____

_____

_____

_____

_____

_____

C. Le mot de la fin Give your personal answers to the questions that you will hear.

Vocabulaire utile : le désastre (*disaster*); le personnage (*character*); sauver (*to save*)

1. _____

_____

2. _____

_____

3. _____

_____

4. _____

_____

5. _____

_____

Chapitre 3 : Une soirée de rencontres

Scène 1 : Entretien avec M. Charbonneau

Sur le vif !

A. **Dialogue** Listen carefully to the conversation *Entretien avec M. Charbonneau.*

B. **En avant** Listen again to the conversation *Entretien avec M. Charbonneau,* then to the sentence fragments to be completed. Then check the correct answer and repeat it after hearing it on the tape.

1. a. [ ] Michel
   b. [ ] Nelson
   c. [ ] Napoléon.

2. a. [ ] il aime tout contrôler
   b. [ ] il est sage
   c. [ ] il saute partout.

3. a. [ ] quand il ouvre le frigo
   b. [ ] quand il ouvre la porte pour les invités
   c. [ ] quand il ouvre un sac de nourriture pour chiens.

4. a. [ ] des poupées de la Guadeloupe
   b. [ ] des poupées de la Martinique
   c. [ ] des poupées de Haïti.

5. a. [ ] la peinture de la Guadeloupe
   b. [ ] la poupée de Haïti
   c. [ ] la cuisine de M. Charbonneau.

6. a. [ ] poupées aux couleurs vives
   b. [ ] chiens bien dressés
   c. [ ] bijoux en or.

7. a. [ ] intéressante
   b. [ ] fascinante
   c. [ ] typique.

Prononciation

Les voyelles /i/, /y/, /u/

These three vowels occur many times in the conversation *Entretien avec M. Charbonneau.* As you concentrate on the pronunciation of these vowels, remember that all French vowels are "pure", that is, there is only one sound for the vowel, and not a blending of sounds (a glide or diphthong) as may be the case in English. Now repeat:

/i/

aussi	arrive
petit	idée
ici	invite

Before trying to pronounce the vowel /y/, which can be particularly difficult for anglophones, notice where your tongue is placed when you pronounce the French /i/. If you **keep** the tip of the tongue in this position, but round your lips to form an "o", you will pronounce the vowel /y/. Try now repeating the following words:

/y/

une	tu
salut	excusez

The vowel /u/ has the sound of the English "boo" (but with no glide) and is normally spelled *ou* or *où* in French. Repeat:

/u/

vous	écoutez
fou	pourquoi
trouve	toujours

Finally, repeat the following sentences from *Entretien avec M. Charbonneau*, paying special attention to the highlighted vowels /i/, /y/ and /u/.

1. Il lui ressemble beaucoup.
2. Il aime tout contrôler.
3. Il a l'air très intelligent aussi.
4. Je ne supporte pas ces chiens qui sautent partout quand on arrive.
5. Cette peinture vient de la Guadeloupe.
6. Vous avez là une collection fascinante.

Communication, structures et vocabulaire

I. Décrire les personnes et les choses (suite)
Les adjectifs descriptifs qui précèdent les noms

A. **Soyons clair ...** Listen to the sentence, then repeat it to include the correct form of the adjectives suggested below. Remember that some adjectives precede the noun, and others follow it. Then repeat the correct response.

modèle   You hear: Je vais à une piscine.
You see: beau
You say: **Je vais à une belle piscine.**

1. vieux

2. nouveau

3. intelligent

4. mauvais

5. difficile

6. petit

7. passionnant

8. joli

Les adjectifs et noms irréguliers

B.   Les accords   Make sentences using the stimulus words and make the adjective agree. Then repeat the answer that you hear.

modèle   You hear: Je suis attentif.
You see: elle
You say: **Elle est attentive.**

1. elle

2. imprimante

3. bicyclette

4. tante

5. elles

6. chambre

7. elles

8. elles

9. vous *f*

10. cousine

11. flûte *f*

12. actrice

C. **Je préfère d'autres ...** Say that you prefer other (*d'autres*) ...

   modèle   You hear: J'aime cet animal adorable.
   You say: **Moi je préfère d'autres animaux.**

D. **Je préfère ...** Now, record or write out which items you **do** like. Include a brief explanation.

   modèle   You hear: J'aime cet animal adorable.
   You say/write, for example: **Moi, je préfère les animaux qui sont calmes et amusants.**

   1. _____

   2. _____

   3. _____

   4. _____

   5. _____

E. **Quelle nationalité ?** Give the nationality of the following persons or objects.

   modèle   You hear: Elle vient d'Italie.
   You say: **Elle est italienne.**

   1. _____

   2. _____

   3. _____

   4. _____

   5. _____

   6. _____

   7. _____

   8. _____

Les adjectifs irréguliers (suite)

F. **Comment est Paul ?** Listen to each sentence, then deduce a reasonable observation. Use the words given in your workbook to make the sentence. Do not forget to make the adjective agree as needed. Repeat the version given on tape

modèle You hear: «Oui, je sais, mes idées sont parfois surprenantes !»
You see: Paul / avoir / fou
You say: **Paul a des idées folles.**

1. Paul / léger

2. Paul / travailleur

3. Dans sa chambre / Paul / chaussures / sec

4. Paul / magasins / chic

5. Quand Paul ne téléphone pas / mère / femme / inquiet

6. Paul / penser / Erin / jeune fille / gentil

7. Paul / recettes / pas / cher

Les adjectifs devant / après le nom

G. **La bonne couleur** Listen to the following incomplete sentences, decide which colours would be appropriate, and respond using full sentences.

modèle You hear: La patinoire a une surface ...
You say/write: **La patinoire a une surface blanche.**

Vocabulaire utile : le beurre (*butter*); la pomme (*apple*)

1. _____

2. _____

3. _____

4. _____

5. _____

6. _____

7. _____

8. _____

9. _____

10. _____

11. _____

12. _____

II. Faire des compliments; exprimer l'admiration

A. **Nous sommes polis !**   For each question, use the words provided to make a compliment using *Quel*. Use lots of expression! Then repeat the answer you hear.

> **modèle**   You hear: beau / chambre
> You say: **Quelle belle chambre !**

B. **Nous sommes très polis !**   Now you will hear compliments, and it is up to you to use the words provided to make an appropriate response to your complimentor. Then repeat the answer you hear.

> **modèle**   You hear: Votre chambre est très belle !
> You see: vous / trop aimable
> You say: **Vous êtes trop aimable !**

1. tu / trop gentil

2. vous / trouver

3. tu / trop gentil

4. vous / trop aimable

5. tu / croire

Scène 2 : Entretien avec Mme Charbonneau

Sur le vif !

A. **Dialogue** Listen carefully to the conversation *Entretien avec Mme Charbonneau*.

B. **En avant** Listen again to the conversation *Entretien avec Mme Charbonneau*, then answer the questions that you will hear, giving a few details.

1. _____

_____

2. _____

   _____

3. _____

   _____

4. _____

   _____

5. _____

   _____

6. _____

   _____

7. _____

   _____

8. _____

   _____

Communication, structures et vocabulaire

I.   Terminer une conversation

A.   C'est assez   You will hear part of a conversation where the second speaker abruptly states what s-he is going to do next rather than continue the conversation. Write down a more appropriate conversation ender.

> **modèle**   You hear: (la dentiste) Très bien, je vous donne une petite piqûre et puis ...
>   (le patient) C'est l'heure de ma leçon de parachutage !
>   You see: (la dentiste) Très bien, je vous donne une petite piqûre et puis ...
>   (le patient)
>   You write: **Voulez-vous bien m'excuser ? C'est l'heure de ma leçon de parachutage !**

Vocabulaire utile : la doyenne (*dean*); la piqûre (*needle/injection*)

1. (le garagiste) Je pense que vous devez remplacer le moteur.

   (l'automobiliste) _____

2. (le grand-père) Et maintenant, je raconte l'histoire de mon grand voyage dans le Kansas!

    (la jeune femme) _____

3. (la camarade de chambre) Tu devrais rencontrer Tibor ! Il est parfait pour toi !

    (l'amie) _____

4. (la doyenne) Je vous donne rendez-vous demain à 10 h 30.

    (l'étudiant) _____

5. (la voisine) Et ces fleurs-là, vous ne pouvez pas imaginer les problèmes que j'ai avec

    elles !

    (le jeune homme) _____

II. Décrire les activités

A. **Devinez**   Listen to each comment and use an expression containing *faire* to identify the situation. Repeat the correct response.

   modèle   You hear: Quelles belles tomates ! Une douzaine, s'il vous plaît.
   You answer: **Elle fait le marché.**

   Vocabulaire utile : le casque (*helmet*); la chaussette (*sock*); la moutarde (*mustard*)

B. **Expliquez**   Listen again to the above situations, and give your personal experience of the situation in reasonable detail (1 to 2 sentences).

   modèle   You hear: Quelles belles tomates ! Une douzaine, s'il vous plaît.
   You write: **Moi, je fais le marché deux fois par semaine en général. Je vais aux grands magasins mais je préfère les kiosques de fruits.**

1. _____

   _____

2. _____

   _____

3. _____

   _____

4. _____

   _____

Chapitre 3   251

5. _____

_____

6. _____

_____

7. _____

_____

8. _____

_____

III. Parler d'activités et d'événements passés

A. **Des préparatifs ...** You have been preparing for an interview in another city where you will be showing your art portfolio to the art director (*la directrice*) and publisher (*le rédacteur*) of a magazine. Your younger brother has a lot of questions. Answer the questions according to the model, using *Non ... hier* with the *passé composé* in the affirmative. Repeat the response that you hear.

modèle   You hear: Est-ce que tu as des difficultés ?
You say: **Non, j'ai eu des difficultés hier.**

Vocabulaire utile : le dossier (*portfolio*); la valise (*suitcase*)

IV. Renvoyer à quelqu'un ou à quelque chose qu'on a déjà mentionné Les pronoms objets indirects: *lui, leur*

A. **Mon interview ...** As you prepare for your art interview, your father is making sure that you have thought of everything. Answer using *lui* or *leur* to replace the appropriate phrase.

modèle   You hear: Tu téléphones à la directrice avant ton rendez-vous ?
You see: Oui
You say/write: **Oui, je lui téléphones avant mon rendez-vous.**

Useful vocabulary: dessiner (*to draw*); libre (*free*); le premier prix (*first prize*)

1. Oui

_____

2. Non

_____

3. Évidemment

_____

4. Certainement

_____

5. Non

_____

6. Voyons

_____

7. Oui

_____

8. Non

_____

Activités de synthèse

A. **En voyage** Listen to the recorded story. Then listen to the questions and give one or two sentence answers. Provide several details.

Situation : At baseball practice, Aline notices a teammate whom she has not seen for a few weeks and inquires what he has been doing.

Vocabulaire utile : l'avion *m* (*plane*); louer (*to rent*); la neige (*snow*); nous avons pris (*we took*); les Rocheuses (*Rocky Mountains*); traverser (*to cross*)

1. _____

_____

2. _____

_____

3. _____

_____

4. _____

_____

5. _____

_____

6. _____

_____

B. **Dictée**   Write out the passage that you will hear.

Vocabulaire utile : acheter (*to buy*); Montpellier

_____

_____

_____

_____

_____

_____

_____

_____

C. **Le mot de la fin**   Record or write out your personal answers to the questions that you will hear.

Vocabulaire utile : récemment (*recently*)

1. _____

2. _____

3. _____

4. _____

5. _____

Chapitre 4 : Au restaurant

Scène 1 : Conflits

Sur le vif !

A. **Dialogue** Listen carefully to the conversation *Conflits*.

B. **En avant** Listen to the questions on the conversation *Conflits* and record your answers. Then repeat the answers you will hear.

Prononciation

Les voyelles nasales

/$\tilde{\varepsilon}$/	/$\tilde{œ}$/	/$\tilde{a}$/	/$\tilde{o}$/
mat*in*	l*un*di	gr*an*d	b*on*

The four vowels above are called nasal vowels because in pronouncing them you must release part of the outward breath through the nose. The consonants **-m** and **-n** cause the preceding vowel, when it is in the same syllable, to be nasalized. The vowel plus **-m** or **-n** make up the nasal sound. For example:

*con*fortable	con/for/table
*im*port*an*t	im/por/tant

In these examples, the combinations **-on**, **-im** and **-an** in the same syllable constitute nasal vowels. Following are some examples of nasal vowels taken from recent dialogues. Repeat them after the tape.

/$\tilde{\varepsilon}$/	/$\tilde{œ}$/	/$\tilde{a}$/	/$\tilde{o}$/
*im*portant	*un*	gr*an*d	n*om*
mat*in*	l*un*di	fascin*an*t	b*on*
s*ym*pathique	parf*um*	or*an*ge	c*om*pte
s*ain*	h*um*ble	d*an*gereux	d*on*c
bi*en*		m*em*bre	collecti*on*
anci*en*		intellig*en*t	

You will have noticed that **-em** and **-en** are normally pronounced /$\tilde{a}$/, the same as **-am** and **-an**. However, when preceded by an **-i**, they are pronounced as /$\tilde{\varepsilon}$/ (bi*en*, chi*en*).

Note that many speakers of French no longer make a distinction between the vowels of mat*in* [$\tilde{\varepsilon}$] and l*un*di [$\tilde{œ}$]. The vowel [$\tilde{\varepsilon}$] is used in both cases. However, the vowel [$\tilde{œ}$] may be heard in some francophone areas of Europe and Canada, particularly Quebec.

Your instructor will let you know if s-he thinks it would be useful for you to learn to make this distinction.

Here are a few sentences taken from the last three conversations in *Bonne route*. Pay special attention to the nasal vowels as you repeat them:

J'ai *un* gr*an*d chi*en*.
C'est fascin*ant*. Vous avez là une belle collecti*on*.
La ville de Québec me s*em*ble très européenne, avec ses vieilles mais*ons*.
C'est très différ*ent* de Fort S*ain*t-J*ean*.
Il y a assez de polluti*on* s*an*s avoir *en* plus des cigarettes à table.
B*on*, ça va; je l'ét*ein*s.

Here, finally, is a helpful phrase to practise all four nasal sounds:

C'est *un* b*on* v*in* bl*an*c. (It's a good white wine.)

Communication, structures et vocabulaire

I. Commander à *boire* ou à *manger*
Quelques formules / Les articles partitifs

A. **Vous désirez ?** Several friends have gone out to a café after a choir practice. Listen to the waiter's questions and order the drinks suggested, using partitive articles. As one of the women (*"Madame"*), use the formula: *Moi, je voudrais ... s'il vous plaît*. As one of the men (*"Monsieur"*), use the formula: *Pour moi, ... s'il vous plaît*. Repeat the answers that you hear.

modèles Vous entendez : Vous désirez, Madame ?
Vous voyez : verre / vin blanc
Vous répondez : **Moi, je voudrais un verre de vin blanc, s'il vous plaît.**
OU
Vous entendez : Et pour vous, Monsieur ?
Vous voyez : eau minérale
Vous répondez : **Pour moi, de l'eau minérale, s'il vous plaît.**

1. verre / vin rouge

2. bière

3. café

4. verre / vin blanc

5. cidre

6. Perrier

7. limonade

8. verre / eau minérale

B. Et maintenant ? The friends are now ready to order something to eat. Listen to the waiter's questions and order the food suggested, using partitive or indefinite articles. As one of the women ("Madame"), use the formula: *Moi, je voudrais ... s'il vous plaît.* As one of the men ("Monsieur"), use the formula: *Pour moi, ... s'il vous plaît.* For the follow-up questions concerning accompanying vegetables, simply use the partitive article. Repeat the answers that you hear.

modèles   Vous entendez : Vous désirez, Madame ?
Vous voyez : jambon
Vous répondez : **Moi, je voudrais du jambon, s'il vous plaît.**
                              OU
Vous entendez : Et comme légume ?
Vous voyez : haricots verts
Vous répondez : **Des haricots verts, s'il vous plaît.**

1. poulet

   carottes

2. poisson

   petits pois

3. crêpes

   salade

4. steak haché

   frites

C. C'est votre tour Now is your chance to order for yourself and your friend. Record or write out your answers to the questions of the waitress.

1. _____

   _____

2. _____

   _____

3. _____

4. _____

5. _____

Les verbes *boire, manger, acheter*

D. Les choix   Describe what various people choose to *drink* at different times. Use **je** and **vous** for each question, and remember the partitive articles.

    modèle   Vous entendez : À Noël, ...
                Vous dites, par exemple : **À Noël, je bois du vin blanc, et vous buvez du lait chaud.**

1. _____

2. _____

3. _____

4. _____

5. _____

6. _____

E. D'autres choix   Now describe what various people choose to *eat* at different times. Use *tu* and *nous* for each question, and remember the partitive articles.

    modèle   Vous entendez : À Noël, ...
                Vous dites : **À Noël, tu manges des crêpes, et nous mangeons de la crème glacée.**

1. _____

2. _____

3. _____

4. _____

5. _____

6. _____

F. Quoi acheter   Finally, describe what various people choose to *buy* at different times. Use *elle* and *vous* for each question, and remember the partitive articles.

> **modèle**   Vous entendez : À Noël, ...
> Vous dites : **À Noël, elle achète des bottes, et vous achetez des chocolats.**

1. _____

2. _____

3. _____

4. _____

5. _____

6. _____

II. Exprimer la quantité

A. Combien ?   You will participate in a dialogue between two friends preparing a party. Annette has just discovered (or been reminded!) that Richard has invited friends over for the evening. Make the suggested words into sentences using expressions of quantity. Then repeat the response that you will hear.

> **modèle**   Vous voyez : Des invités ? Tu as invité / personnes ?
> [**Annette :**]
> Vous dites : **Des invités ? Tu as invité *combien de* personnes ?**

1. J'ai invité 10 amis. Ce n'est pas / personnes.

   Richard : _____

2. As-tu acheté / boissons ?

   Annette : _____

3. Euh, oui, j'ai acheté / boissons gazeuses.

   Richard : _____

4. / boissons gazeuses, exactement, Richard ?

   Annette : _____

5. Eh bien, je crois qu'il y a / boissons gazeuses : quatre cartons.

   Richard : _____

6. Et / bière est-ce que nous avons ?

   Annette : _____

7. Quelques bouteilles, et il y a / vin dans le frigo.

Richard : _____

8. Ce n'est pas / bière, et c'est / vin.

Annette : _____

9. J'ai / temps pour passer à l'épicerie.

Richard : _____

10. / choses à faire, si / temps !

Annette : _____

III. Renvoyer à quelque chose qu'on a déjà mentionné Le pronom *en*

A. Les préférences For each of the items you will hear, name a friend or family member who has a feeling about it, and say something about your actions, using the pronoun *en*.

modèle   Vous entendez : frites
               Vous dites / écrivez : **Mon frère les adore, alors j'en achète souvent.**
                               OU
                      Ma tante les déteste, alors je n'en mange jamais.

1. _____

2. _____

3. _____

4. _____

5. _____

6. _____

7. _____

8. _____

9. _____

10. _____

IV. Bien s'exprimer : les verbes *vouloir* and *pouvoir*

A. Tu veux ? Tu peux ? Answer according to the model. Then repeat the answer that you hear.

modèle   Vous entendez : Est-ce que tu peux courir vite ?
Vous répondez : **Oui, je peux courir vite, mais je ne veux pas le faire maintenant.**

V. Critiquer et approuver; dire qu'on est d'accord ou non

A.   Où est la vérité ? Answer the following statements using a positive formula (+) or a negative formula (-) as indicated.

modèle   Vous entendez : Je refuse de payer ce prix exorbitant !
Vous voyez : + (raison)
Vous répondez : **Tu as raison de refuser de payer ce prix exorbitant.**

1.   + (accord)

   _____

2.   - (vrai)

   _____

3.   + (raison)

   _____

4.   - (vrai)

   _____

5.   - (exagérer)

   _____

6.   - (tort)

   _____

7.   + (raison)

   _____

Scène 2 : Projet d'excursion

Sur le vif !

A.   Dialogue   Listen carefully to the conversation *Projet d'excursion*.

B.   En avant   Listen to the incomplete sentences based on the conversation *Projet d'excursion* and check the correct sentence completion.

1. [ ] a
   [ ] b

2. [ ] a
   [ ] b

3. [ ] a
   [ ] b

4. [ ] a
   [ ] b

5. [ ] a
   [ ] b

6. [ ] a
   [ ] b

Communication, structures et vocabulaire

I. Faire des projets (suite)
Le futur *proche*

A. Projets Ask appropriate questions using the *futur proche* and *demain*. Then repeat the correct response.

> **modèle** Vous entendez : Hier, j'ai mangé du couscous.
> Vous répondez : **Qu'est-ce que tu vas manger demain ?**

II. Exprimer des notions temporelles

A. Calculs You have a variety of engagements, each lasting two hours. To meet your friends, you have to calculate at what time you will be free.

> **modèle** Vous entendez : Ma classe commence à onze heures et demie du matin.
> Vous dites : **Elle va finir à une heure et demie de l'après-midi.**

B. En retard ? The time you will see tells you when you are to meet. Listen to what your friend says and respond with the appropriate comment, using *en retard*, *à l'heure* or *en avance* with the *futur proche*. Then repeat the correct response. Be careful to imitate the intonation carefully.

> **modèle** Vous voyez : Rendez-vous : 1 h 30
> Vous entendez : Je peux te rencontrer à deux heures.
> Vous dites : **Mais tu vas être en retard !**

1. Rendez-vous : 1 h 30

2.   Rendez-vous : 9 h 15

3.   Rendez-vous : 11 h 10

4.   Rendez-vous : 2 h 50

5.   Rendez-vous : 8 h 40

6.   Rendez-vous : midi

III. Exprimer des notions spatiales

A.   Où est ...   Look at the drawing on page 157 of *Bonne route* and answer the questions you will hear referring to it. Note: the complicated part is remembering to use *your* right and left, not the character's.

modèle   Vous entendez : Où sont les livres ?
Vous voyez : personne
Vous répondez : **Les livres sont à gauche de la personne.**

1.   table _____

2.   personne _____

3.   lit _____

4.   lit _____

5.   lit _____

6.   livres et sac _____

7.   verre _____

8.   personne _____

9.   table _____

10. grand livre _____

IV. Bien s'exprimer : les verbes réguliers en *-ir*

A.   Tous ensemble ...   Respond using the appropriate form of an *-ir* verb (present tense). Repeat the answer you hear.

modèle   Vous entendez : Est-ce que je peux partir ?
Vous voyez : Nous

Vous répondez : **Nous partons tous maintenant.**

Vocabulaire utile : le miroir (*mirror*)

1. Nous

2. Vous

3. Nous

4. Vous

5. Elles

6. Ils

7. Les miroirs

8. Les enfants

Activités de synthèse

A. **Activité d'écoute**   After their conversation about food at the cafeteria (in the last chapter), Jocelyne and Robert start to ask Joseph questions about the food in New Orleans. Listen to the conversation, then answer the questions that you will hear. Repeat the answer given on tape.

Vocabulaire utile : le quartier (*area*); le canard (*duck*); l'artichaut *m* (artichoke); l'huître *f* (*oyster*)

modèle   Qu'est-ce qu'il y a au centre de la Nouvelle-Orléans ?
Au centre de la Nouvelle-Orléans, il y a la vieille ville française.

_____

_____

_____

_____

_____

_____

_____

B. **Dictée**   Write out the passage that you will hear.

Situation : Your friend Catherine has agreed to accompany you to a nice restaurant, but it turns out that her tastes are not yours!

Vocabulaire utile : l'entrecôte *f* (*steak*); hacher (*to chop up*); recommander (*to recommend*); la vapeur (*steam*)

Le serveur :   _____

Catherine :   _____

Le serveur :   _____

Catherine :   _____

Le serveur :   _____

Catherine :   _____

Le serveur :   _____

Catherine :   _____

Le serveur :   _____

C. **Le mot de la fin**   Write out your personal answers to the questions that you will hear.

1. _____

_____

_____

2. _____

_____

_____

3. _____

_____

_____

4. _____

_____

_____

5. _____

_____

_____

Chapitre 5 : Une excursion dans la région de Québec

Scène 1 : Quelques sites

Sur le vif !

A. **Une excursion** Écoutez la conversation et encerclez la réponse qui correspond le mieux aux événements.

1. a) Jane n'est pas contente de faire une promenade.
   b) Elle pense qu'on travaille trop en immersion.
   c) Elle ne veut pas perdre son temps en immersion.

2. a) En août il fait frais à Québec.
   b) Robert pense qu'il fait plus froid à Sudbury en hiver qu'à Québec.
   c) La température dans l'île d'Orléans est de 27° pendant l'excursion.

3. a) Quand il arrive dans l'île d'Orléans, Michael voudrait peindre.
   b) Les étudiants prennent un bateau pour aller dans l'île d'Orléans.
   c) Une fois dans l'île, les étudiants visitent l'office du tourisme.

4. a) Gabrielle a envie d'acheter des reliques religieuses.
   b) Heather trouve la cruche de sirop d'érable un peu chère.
   c) Michael désire boire une bière.

5. a) On vend des spécialités régionales à la basilique.
   b) Les étudiants décident de ne pas visiter Sainte-Anne de Beaupré.
   c) On peut acheter un Big Mac près de la basilique.

B. **Qui a dit ça ?** Quel personnage a probablement dit les choses racontées sur la bande sonore ?

	Maria	Jane	Jocelyne	Robert	Tous
1.	[ ]	[ ]	[ ]	[ ]	[ ]
2.	[ ]	[ ]	[ ]	[ ]	[ ]
3.	[ ]	[ ]	[ ]	[ ]	[ ]
4.	[ ]	[ ]	[ ]	[ ]	[ ]
5.	[ ]	[ ]	[ ]	[ ]	[ ]

Prononciation

Les voyelles nasales (suite)

/œ̃/   /ɛ̃/   /ɑ̃/   /õ/

un   mat*in*   f*an*tastique   m*on*de

You will remember these examples of nasal vowels from the preceding lesson. What do you notice about the letters that **follow** the nasal vowels? You can see that the nasal vowel is either the last pronounced sound in the word (*un, matin*), or is followed by a consonant (*fantastique, monde*).

If the letter combination that usually produces a nasal vowel is followed by a **vowel** (including *y*), or if the *-m* or *-n* is doubled, the vowel is NOT nasal. For example, note how the following words are pronounced: ai*me*, fu*me*, fa*na*tique, Louisia*ne*, co*mme*, raiso*nna*ble.

You will have noticed that the nasal vowel has disappeared when the *-m* or *-n* is doubled or followed by another vowel. Compare now:

*im*portant	*imme*rsion
*em*porter	fe*mme*
un	*une*
parisi*en*	parisie*nne*
améric*ain*	améric*aine*
n*om*	co*mme*

Just as it is important to pronounce the nasal vowels correctly, you must be careful not to make them nasal when you see *-mm*, *-nn*, or the combination *m* or *n* + *vowel*.

Practice again the following sentences from this lesson's *Sur le vif !*, paying particular attention to the highlighted letter combinations.

1.   Ta carte, ce mat*in* tu l'as mise sur t*on* bureau, avec nos biscuits.

2. Je les ai laissées d*ans* notre ch*am*bre.

3. Je répète. Jouer au b*on* petit touriste, ça ne m'*int*éresse pas.

4. J'ai lu *Maria Chapdelaine* et j'*aime*rais beaucoup voir la régi*on* du Lac *Saint-Jean*.

Eh bi*en*, voilà, vous avez f*ini* d'appr*en*dre l'ess*en*tiel sur les voyelles nasales du fr*an*çais !

Communication, structures et vocabulaire

I. Parler du temps et du climat

A. La météo Écoutez les prévisions météorologiques et encerclez le nom de la ville/région décrite.

1. a) à Saint-Jean b) dans les provinces maritimes c) en Ontario

2. a) dans l'Île-du-Prince-Édouard b) en Nouvelle-Écosse c) à Toronto

3. a) dans l'est du pays b) dans le nord-ouest du pays c) dans l'ouest du pays

4. a) au Nouveau-Brunswick b) à Terre-Neuve c) dans l'île d'Orléans

5. a) à Banff b) à Halifax c) à Vancouver

II. Exprimer des notions de temps : les mois, les saisons, la date
Parler du temps et du climat

A. Fêtons ! Écoutez la description de quelques fêtes célèbres. En quel mois ces fêtes ont-elles lieu ? Savez-vous aussi la date de la fête en question ? Répétez les réponses que vous entendez.

modèle Vous entendez : la fête nationale en France
Vous dites : **La fête nationale en France est en juillet; c'est le 14 juillet.**

B. Encore des dates ! Répondez aux questions que vous entendez.

1. _____

2. _____

3. _____

4. _____

5. _____

III. Parler de vêtements; le verbe *mettre*

A.   Que mettre aujourd'hui ?   Écoutez les descriptions suivantes. Pour chaque date, décidez quels vêtements vous devez mettre.

> **modèle**   C'est le 15 janvier. Il fait très froid. Qu'est-ce que vous mettez ?
> **Le 15 janvier, je mets un manteau et des gants.**

1. _____

2. _____

3. _____

4. _____

5. _____

6. _____

B.   Décisions !   Les personnages décident de faire certaines activités. Qu'est-ce qu'ils vont mettre ?

> **modèle**   Vous entendez : Jocelyne va à un concert de Roch Voisine.
> Vous dites/écrivez : **Elle va mettre un jean et une blouse.**

1. _____

2. _____

3. _____

4. _____

5. _____

IV. Parler d'activités et d'événements passés
L'accord du participe passé avec *avoir*

A.   Retraçons nos pas   Vous avez perdu vos clés et un ami vous aide à vous rappeler où vous les avez laissées. Répondez aux questions de votre ami en employant un pronom.

modèle   Votre ami : À quelle heure as-tu pris la voiture de ton frère ?
Vous : **Je l'ai prise à 8h30.**

1. _____

2. _____

3. _____

4. _____

5. _____

6. _____

7. _____

8. _____

V. Demander et donner des renseignements
Des questions *oui/non*

A. **Un accident** On va interroger une amie à propos d'un accident. Elle est un peu nerveuse. Elle anticipe les questions et elle prépare donc ses réponses. Écoutez les réponses qu'elle a préparées et devinez les questions de son interrogateur. Répétez ensuite les questions que vous entendez.

modèle   Vous entendez : C'était vendredi.
Vous dites : **Quel jour l'accident a-t-il eu lieu ?**

Vocabulaire utile : un feu (*traffic light*); entrer en collision (*collide, crash*); signaler (*report*)

B. **Une sortie** Vous n'avez pas bien entendu (*heard*) les directives que votre professeur de biologie a données au sujet d'une excursion qu'il organise pour la semaine prochaine. Posez-lui quelques questions, et ensuite répétez les questions que vous entendez.

modèle   Votre professeur : Nous allons aller à bzzzzz.
Vous : **Pardon ? Où allons-nous ?**

Scène 2 : Quelques achats

Sur le vif !

A. Euh ! Voyons, je veux ... Écoutez la conversation et ensuite écoutez les questions au sujet des souhaits (*wishes*) des personnages. Donnez une réponse appropriée avant de répéter la réponse proposée sur la bande sonore.

B. Vive la différence ! Répondez aux questions que vous allez entendre à propos des différences linguistiques et culturelles entre le Canada et la France.

1. _____

2. _____

3. _____

   _____

4. _____

   _____

5. _____

   _____

Communication, structures et vocabulaire

I. Parler du passé récent

A. Qu'est-ce qu'ils viennent de faire ? Écoutez quelques phrases et mettez-les au passé récent. Répétez ensuite les réponses que vous entendez.

> **modèle** Le bus passe devant la chute Montmorency. →
> **Le bus vient de passer devant la chute Montmorency.**

II. Bien s'exprimer : les adjectifs démonstratifs

A. Non, je ne veux pas ce livre ! Les personnages ne sont pas contents de certaines choses; ils en préfèrent d'autres. Écoutez le début de phrase, regardez la liste qui suit et exprimez leurs préférences. Répétez ensuite la réponse que vous entendez.

> **modèle** Maria n'aime pas cette blouse mais ... (écharpe)
> **Maria n'aime pas cette blouse mais elle aime cette écharpe.**

1. (cruche)

2. (paysages)

3. (église)

4. (homme)

5. (souvenirs, sculptures)

III. Bien s'exprimer : la conjugaison des verbes réguliers en *-re*

A. Au marché Répondez aux questions personnelles que vous allez entendre.

1. _____

_____

2. _____

_____

3. _____

_____

4. _____

_____

5. _____

_____

6. _____

_____

IV. Décrire les sentiments et réactions physiques

A. Réactions Écoutez les descriptions et donnez votre réaction en employant une expression avec *avoir*. Répétez ensuite la réponse donnée sur la bande sonore.

B. J'en ai marre ! Écoutez les phrases partielles et complétez-les avec une expression avec *avoir* quand c'est possible.

1. _____

2. _____

3. _____

4. _____

5. _____

6. _____

V. Décrire les routines
Les verbes pronominaux (*au présent*)

A. Mme Ordinaire ! Écoutez la description de Mme Ordinaire une ou deux fois et répondez aux questions qui la suivent. Répétez ensuite les réponses que vous entendez.

B. Habitudes ! Répondez aux questions personnelles que vous allez entendre.

1. _____

_____

2. _____

_____

3. _____

_____

4. _____

_____

5. _____

_____

C. Pièces d'une maison Écoutez les phrases partielles et dites dans quelle pièce (*room*) de la maison vous faites chaque action.

modèle   Vous entendez : Je me peigne les cheveux ...
Vous dites : **Je me peigne les cheveux dans ma chambre.**

1. _____

2. _____

3. _____

4. _____

5. _____

6. _____

Activités de synthèse

A. **Activité d'écoute** Écoutez le passage sur les activités culturelles au Québec et répondez aux questions qui le suivent.

Vocabulaire utile : connu (*known*); des genres (*types*); se déplacer (*to move about*); des gîtes d'étape (*bed and breakfasts*); lisant (*reading*)

1. _____

_____

2. _____

_____

3. _____

_____

4. _____

_____

5. _____

_____

B. **Dictée :** C'est le moment de partir en excursion ! Écrivez exactement ce que vous entendez.

_____

_____

_____

_____

_____

_____

_____

C. **Le mot de la fin** Répondez aux questions personnelles que vous allez entendre.

1. _____

_____

2. _____

   _____

3. _____

   _____

4. _____

   _____

5. _____

   _____

6. _____

   _____

Chapitre 6 : Que nous réserve l'avenir ?

Scène 1 : Projet

Sur le vif !

A. Destinations Écoutez la conversation et les destinations mentionnées après; ensuite, dites quel-s personnage-s va/vont à cette destination, ou reste-nt où il-s est/sont. Répétez ensuite les réponses que vous entendez.

> **modèle** Vous entendez : Québec
> Vous dites, par exemple : **Mme Gagnon reste à Québec.**

B. Préparatifs ! Répondez aux questions que vous allez entendre par des phrases complètes.

> **Vocabulaire utile :** envers (*towards*)

1. _____

_____

2. _____

_____

3. _____

_____

4. _____

_____

5. _____

_____

Prononciation

Les voyelles /e/ , /ø/ et /o/

To help you pronounce the vowels /e/ (caf*é*), /ø/ (d*eu*x) and /o/ (t*ô*t), it is useful to compare them to the series /i/ (*ici*), /y/ (sal*u*t) and /u/ (f*ou*). The highlighted vowels in *ici* and caf*é* are both pronounced with the tongue forward and the lips in a spread position. The tongue is still forward but the lips are rounded for sal*u*t and d*eu*x. Finally, the tongue is retracted but the lips are still rounded for the vowels of the words f*ou* and t*ô*t.

Compare again:

/i/	ici	/e/	café
/y/	sal*u*t	/ø/	d*eu*x
/u/	f*ou*	/o/	tôt

Did you notice that the tongue and lips did not change position in each pair? The distinguishing feature of the series /e/ - /ø/ - /o/ is that the mouth is slightly more open than for /i/ - /y/ - /u/. Pay particular attention to /y/ and /ø/ as neither vowel exists in English, and remember to keep all vowel sounds as "pure" and "crisp" as possible.

The three vowels /e/, /ø/ and /o/ occurred several times in the conversation *Projet*. Repeat the following words carefully.

/e/	/ø/	/o/
décid*é*	p*eu*	*au*jourd'hui
l*es*	*Euh*	ch*o*se
aid*er*	p*eu*x	bient*ô*t

The words shown for illustration above contain some of the possible spelling combinations for each vowel sound.

Now try pronouncing the following sentences taken from the conversation while paying special attention to the letters in bold print:

1. L*es é*tudiants, le professeur, l*es* animateurs et la monitrice se retrouvent une dernière fois.

2. Moi, j'*ai* décid*é* de faire quelque ch*o*se de différent.

3. Alors, je pars bient*ô*t *au* Sénégal où je v*ais* travaill*er*.

4. J'ai demand*é* d'être envoy*ée* en Afrique.

5. *Et* moi, j'*ai* un p*eu* peur.

6. Malh*eureu*sement, l'ann*ée* va me sembl*er* très longue.

Communication, structures et vocabulaire

I. Bien s'exprimer : *sortir, partir, sentir, servir, dormir*

A. Alors ... Écoutez les phrases partielles et complétez-les en employant un des verbes précédents selon le sens.

1. _____

2. _____

3. _____

4. _____

5. _____

B. **Sentez les roses !** Répondez aux questions personnelles suivantes :

Vocabulaire utile : le lendemain (*the following day*)

1. _____

_____

2. _____

_____

3. _____

_____

4. _____

_____

5. _____

_____

II. Exprimer des notions spatiales
À, de, en + un endroit

A. **Déplacements** M. Charbonneau explique d'où viennent plusieurs étudiants. Pouvez-vous dire où ils vont après le programme d'immersion ? Répétez ensuite la réponse que vous entendez.

B. **Où se trouve ... ?** Écoutez les descriptions et situez le monument, la ville, la région, etc. Encore une fois, répétez la réponse que vous entendez.

  modèle Vous entendez : la tour de Pise
  Vous dites : **Elle se trouve à Pise, en Italie.**

C. **Mais non !** Répondez aux questions qui vous allez entendre en employant le pronom convenable.

> **modèle** Vous entendez : Vas-tu au marché à pied ?
> Vous voyez : non/voiture
> Vous dites/écrivez : **Mais non ! J'y vais en voiture.**

1. non/vélo _____

2. non/avion _____

3. non/autobus _____

4. non/bateau _____

5. non/motocyclette _____

6. non/avion _____

La situation dans l'espace

D. Ah ! Vous êtes du nord ? Écoutez les descriptions de la région d'origine des différents personnages et situez-la dans le pays. Répétez ensuite la réponse.

> **modèle** Vous entendez : Mme Gagnon est de Québec.
> Vous dites : **Ah ! Elle est du sud-est du Canada.**

Scène 2 : Sentiments

Sur le vif !

A. C'est triste d'arriver à la fin ! Écoutez la conversation et écrivez ensuite le nom du/des personnage-s qui exprime-nt les émotions indiquées.

> **modèle** Ce personnage a hâte d'arriver en France.
> **C'est Gérard.**

1. _____

2. _____

3. _____

4. _____

5. _____

6. _____

B. **Dans la peau des personnages** Réécoutez quelques remarques/questions que vous avez entendues dans la conversation et imaginez une réplique (*rejoinder*)/réponse appropriée. Vous êtes le deuxième personnage indiqué !

1. (M. Charbonneau)

   Jane : _____

   _____

2. (M. Charbonneau)

   Robert : _____

   _____

3. (Heather)

   Gérard : _____

   _____

4. (Gabrielle)

   Michael : _____

   _____

5. (M. Charbonneau)

   Maria : _____

   _____

Communication, structures et vocabulaire

I. Exprimer les émotions et les attitudes
Expressions avec *avoir*

A. **Doutes** Écoutez le passage, et regardez ensuite les choix ci-dessous (*below*). Encerclez la meilleure réponse.

1. Cet étudiant : a) a hâte de quitter le programme d'immersion b) ne voudrait pas étudier le français c) a envie de suivre un autre cours

2. Il : a) vient de perfectionner son français b) a besoin de perfectionner son français c) ne désire pas perfectionner son français

3. Il : a) a honte de ne pas être bilingue b) est content de ses progrès c) est triste à la fin du cours

4. Il : a) a envie de rester à Québec b) a peur de recommencer ses études c) ne veut pas retourner à son université

5. Il trouve que : a) l'automne est beau au Québec b) le français n'est pas beau c) le français n'est pas facile à apprendre

II. Parler des intentions, donner des instructions
L'impératif

A. *Stop!* Écoutez les directives prises dans un manuel sur le code de la route et mettez-les à l'impératif. Répétez ensuite les réponses.

modèle Vous entendez : Vous devez regarder à gauche.
Vous dites : **Regardez à gauche.**

Vocabulaire utile : rouler (*to drive, to go*); remonter (*go up [again]*)

B. **Une excursion au Saguenay** Un ami interroge Robert et Jocelyne à propos de leur excursion au Saguenay. Écoutez leurs réponses et formulez les questions probables de leur ami.

1. _____

2. _____

3. _____

4. _____

5. _____

6. _____

7. _____

III. Renvoyer à quelqu'un qu'on a déjà mentionné
Pronoms objets directs et indirects (*me, te, nous, vous*)

A. **Pitié de moi !** En employant les fragments qui suivent, complétez les expressions émotives que vous entendez.

> **modèle** Vous voyez (ma blonde/ne pas écrire la semaine passée)
> Vous entendez : Je suis un peu triste
> Vous dites : **Je suis un peu triste parce que ma blonde ne m'a pas écrit la semaine passée.**

1. (professeur/donner/mauvaise note)

2. (amie/raconter/événement horrible)

3. (parents/offrir/beaux cadeaux)

4. (police/téléphoner/à propos d'un lion dangereux près de chez toi)

5. (ton père/donner la permission/louer un appartement)

IV. Parler d'activités passées, décrire les conditions dans le passé L'imparfait

A. **Dans le temps** Écoutez les phrases partielles et complétez-les en employant un verbe à l'imparfait.

> **modèle** Vous entendez : Quand elle est entrée dans la maison, ...
> Vous dites/écrivez, par exemple : **Quand elle est entrée dans la maison, le téléphone sonnait.**

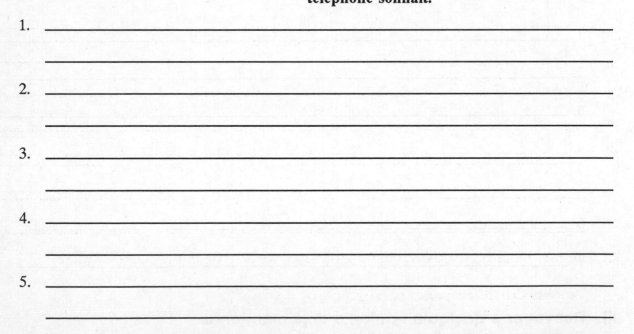

1. _____

2. _____
   _____

3. _____
   _____

4. _____
   _____

5. _____
   _____

Activités de synthèse

A. **Activité d'écoute** Écoutez le passage et répondez aux questions qui le suivent.

1. _____

   _____

2. _____

   _____

3. _____

   _____

4. _____

   _____

5. _____

   _____

6. _____

   _____

B. **Dictée** C'est la fin du programme d'immersion !

_____

_____

_____

_____

_____

_____

C. **Le mot de la fin** Répondez aux questions personnelles que vous allez entendre.

Vocabulaire utile : précisément (*precisely, exactly*)

1. _____

   _____

2. _____

_____

3. _____

_____

4. _____

_____

5. _____

_____

Chapitre 7 : Joseph en Acadie

Scène 1 : Au studio

Sur le vif !

A. **Instructions** Écoutez la conversation *Au studio*, et ensuite la description des activités au studio KRVS. Indiquez si l'activité décrite sur la bande sonore a figuré dans la conversation.

Vocabulaire utile : conduire (*lead, drive*)

	Oui	Non
1.	[ ]	[ ]
2.	[ ]	[ ]
3.	[ ]	[ ]
4.	[ ]	[ ]
5.	[ ]	[ ]
6.	[ ]	[ ]

B. **Acadie, Acadie !** Écoutez les noms ou les phénomènes acadiens sur la bande sonore et identifiez/décrivez-les. Répétez ensuite la réponse que vous entendez.

Prononciation

Les voyelles /ɛ/, /œ/, et /ɔ/

/ɛ/	/œ/	/ɔ/
(mettre)	(heure)	(donne)

You have already noticed in the series /i/ (ici), /y/ (salut), /u/ (fou) and /e/ (café), /ø/ (deux), /o/ (tôt), that French oral vowels are distinguished by the position of the lips and the tongue as well as the degree of openness of the mouth. /ɛ/, like /e/, is pronounced with the lips spread and the tongue forward. For /œ/, like /ø/, the tongue is still forward but the lips are rounded. (Note that, as with /y/, neither of these two vowels is found in English). Finally, /ɔ/, like /o/, is pronounced with the lips still rounded but the tongue further back in the mouth. The distinguishing feature of the pairs /e/ - /ɛ/, /ø/ - /œ/ and /o/ - /ɔ/, then, is that the second vowel is in each case pronounced with the mouth slightly more open.

Compare again:

/e/	café	/ɛ/	mettre
/ø/	deux	/œ/	heure
/o/	tôt	/ɔ/	donne

The vowels /ɛ/, /œ/ and /ɔ/ have each occurred many times in *Au studio* and in preceding mini-dialogues. Repeat now, remembering as usual that there are normally no glides or dipthongs in French.

/ɛ/	/œ/	/ɔ/
immersion	animateur	notre
contraire	jeune	pomme
presque	professeur	Orléans
Gabrielle	seul	kiosque
être	vendeur	promenade

Observe that the vowels /ɛ/, /œ/ and /ɔ/ normally occur in a syllable that ends with one or more consonant **sounds** (contraire, jeune, kiosque) whereas the vowels of the series /e/, /ø/ and /o/ are usually the final **sound** of their syllable (café, deux, tôt). For the commonest spellings of these sounds, you may want to check again the pronunciation tables in the *Mise en route* introductory section of *Bonne route*.

Practice the following sentences by repeating them carefully.

1. Notre animateur va faire une promenade.

2. L'auteur célèbre a l'air modeste.

3. Votre cher professeur arrive à sept heures.

4. Vous avez tort de critiquer le jeune homme belge.

Communication, structures et vocabulaire

I. Donner des instructions; vérifier la compréhension

A. Comment ça va se passer ? Écoutez les remarques d'une personne qui ne sait pas comment se déroule (*takes place*) une interview à la radio, puis donnez-lui des instructions pour bien accomplir les actions.

> **modèle**   Vous entendez : Je ne sais pas où me mettre pour l'interview.
> Vous dites/écrivez, par exemple : **Tout d'abord, vous devez vous mettre là, devant le microphone.**

1. _____

_____

2. _____

_____

3. _____

_____

4. _____

_____

5. _____

_____

B. Pensez bien à ne pas oublier les instructions ! Écoutez les débuts de phrases sur la bande sonore et regardez les fragments ci-dessous, puis faites-en des phrases complètes. Répétez les réponses que vous entendez.

> **modèle**   Vous entendez : Pensez bien à...
> Vous voyez : ouvrir/porte/avant/entrer
> Vous dites : **Pensez bien à ouvrir la porte avant d'entrer.**

Vocabulaire utile : branché (*connected*); décrocher (*to lift up*); composer (*to dial*)

1. il faut/s'assurer/téléphone/être branché

_____

2. vous/devoir/décrocher/écouteur

_____

3. il faut/composer/numéro

_____

4. je/vous/demander/écouter mes émissions/lire mes articles

_____

5. penser bien/parler du Québec et de l'Acadie

_____

6. tu/être gentil/prendre la parole

_____

S'assurer que quelqu'un comprend

C. Soupe à l'oignon Écoutez Jocelyne qui vous explique comment préparer une soupe à l'oignon. Qu'est-ce que vous dites pour indiquer que vous ne comprenez pas toutes ses directives ? Essayez de varier vos réponses !

1. _____

2. _____

3. _____

4. _____

5. _____

6. _____

II. Exprimer la volonté, la nécessité, le désir

A. Bon courage ! Votre ami a besoin de votre aide et de votre encouragement. Écoutez ses problèmes et donnez-lui des conseils.

modèle   Vous entendez : Je n'ai pas d'argent et je voudrais aller au concert de Hart Rouge.
　　　　　　　Vous dites : **Il faut que vous trouviez un job à temps partiel (*part-time*) !**

Vocabulaire utile : il vaut mieux que ... , il est nécessaire que ... , vous devez ... ; s'endormir (*to go to sleep*)

1. _____

_____

2. _____

_____

3. _____

_____

4. _____

_____

5. _____

_____

6. _____

_____

B. **J'ai cherché partout !** Écoutez la voix d'un collègue sur la bande sonore. Il ne sait pas où se trouve un bureau important sur votre campus. Expliquez-lui comment le trouver. N'oubliez pas de lui donner des indications très précises.

_____

_____

_____

_____

_____

III. Exprimer des quantités numériques
Les chiffres ordinaux

A. **Comment ?** Exprimez votre surprise en découvrant le nombre de fois que votre amie a fait telle ou telle chose.

modèle Vous entendez : Les Lions ont déjà gagné huit matchs.
Vous dites/écrivez : **Comment ! C'est le huitième match que les Lions ont gagné ?**

Vocabulaire utile : de suite (*in a row*)

1. _____

_____

2. _____

_____

3. _____

_____

4. _____

_____

5. _____

_____

6. _____

_____

Les chiffres collectifs et les approximations

B.   Approximations ! Écoutez les quantités sur la bande sonore et ré-exprimez-les en utilisant une expression en **-aine**. Répétez ensuite les réponses que vous entendez.

   modèle   Vous entendez : Il y a à peu près trente étudiants dans notre classe de français.
   Vous dites : **Il y a une trentaine d'étudiants dans notre classe de français.**

   Vocabulaire utile : à peu près, environ (*approximately*)

IV. Les expressions de temps; dire l'heure qu'il est (suite) Le système de 24 heures

A.   Le vol 101 arrive ! Écoutez les annonces des vols arrivant à un grand aéroport métropolitain et ré-exprimez-les selon le système de 24 heures. Répétez ensuite la réponse que vous entendez.

   modèle   Vous entendez : Le vol Air Canada 101 arrive à huit heures et demie du matin.
   Vous dites : **Le vol Air Canada 101 arrive à huit heures trente.**

Scène 2 : La situation des francophones

Sur le vif !

A. Connaître le Canada Écoutez la conversation et encerclez la meilleure réponse.

1. Au Canada, Joseph a visité : a) la Colombie-Britannique b) le Labrador c) la Nouvelle-Écosse

2. Entre Cadiens, on aime raconter : a) des légendes franco-ontariennes b) les événements de la déportation c) l'histoire du Québec

3. Antonine Maillet est l'auteure de : a) *Pélagie la charette* 2) *Paquetville* c) *l'Histoire des Acadiens*

4. Le CODOFIL fait un excellent travail pour : a) les immigrants en Louisiane b) l'acceptation du créole en Louisiane c) la préservation du patrimoine français en Louisiane

5. En 1969 cette province canadienne est devenue officiellement bilingue : a) le Québec b) le Nouveau-Brunswick c) Terre-Neuve

B. Faire le point Écoutez les questions que Carole Broussard pose à Joseph et donnez sa réponse.

1. _____

_____

2. _____

_____

3. _____

_____

4. _____

_____

5. _____

_____

Communication, structures et vocabulaire

I. Bien s'exprimer : les verbes pronominaux; sens réciproque et sens idiomatique

A. Je m'intéresse à tout ! Écoutez les questions sur la bande sonore et répondez-y.

Vocabulaire utile : avoir tendance à (*to tend, have a tendancy to*)

1. _____

_____

2. _____

_____

3. _____

_____

4. _____

_____

5. _____

_____

6. _____

_____

B. Se connaître Écoutez les fragments et combinez-les avec les éléments ci-dessous pour former des phrases complètes. Répétez ensuite les réponses que vous entendez.

modèle   Vous entendez : Roméo et Juliette s'aiment.
Vous voyez : devoir/se téléphoner/tous les jours
Vous dites : **Roméo et Juliette s'aiment. Ils doivent se téléphoner tous les jours.**

1. avoir besoin/s'amuser/plus souvent

2. s'appeler/M. Charbonneau

3. quand/ne pas être ensemble/s'écrire/lettres

4. commencer/s'habituer/vie québécoise

5. étudiants/ne pas s'ennuyer/dans sa classe

6. s'envoyer/recettes/de temps en temps

II. Bien s'exprimer : l'impératif des verbes pronominaux

A. Il faut que tu fasses cela ! Écoutez les conseils sur la bande sonore et ré-exprimez-les en employant l'impératif. Répétez ensuite la bonne réponse.

modèle   Vous entendez : Tu dois te lever à sept heures et demie.
               Vous dites : **Lève-toi à sept heures et demie.**

III. Bien s'exprimer : les verbes *lire* et *écrire*

A. Lectures et rédactions Écoutez les questions personnelles sur la bande sonore et répondez-y.

1. _____

_____

2. _____

_____

3. _____

_____

4. _____

_____

5. _____

_____

6. _____

_____

B. Ce n'est pas possible ! Écoutez les remarques sur la bande sonore et encerclez la réponse qui semble plus plausible.

1. a) b)   2. a) b)   3. a) b)

4. a) b)   5. a) b)

IV. Parler d'activités et d'événements passés
Le passé composé de l'auxiliaire *être*

A.   Dans le temps   Écoutez les phrases sur la bande sonore et mettez-les au passé composé en ajoutant les expressions ci-dessous. Répétez ensuite les réponses que vous entendez.

1. hier

2. il y a deux jours

3. l'année dernière

4. lundi dernier

5. il y a un an

6. jeudi passé

B.   Déplacements   Écoutez la bande sonore et répondez aux questions (personnelles et autres) par des phrases complètes.

1. _____

_____

2. _____

_____

3. _____

_____

4. _____

_____

5. _____

_____

6. _____

_____

Activités de synthèse

A. **Activité d'écoute** Jocelyne et Robert montent à Chicoutimi pour passer une fin de semaine avec M. et Mme Tremblay. Écoutez la conversation et dites si les phrases suivantes sont vraies ou fausses. Essayez de les corriger si elles sont fausses.

Vocabulaire utile : accueillir (*to welcome*); à l'aise (*comfortable, at ease*); une foire (*fair*); un bleuet (*blueberry*); goûter (*to taste*); un somme (*nap*); dévorer (*to gobble up, devour*); rentrer (*to bring in*)

1. V [ ] F [ ] Jocelyne et Robert arrivent chez les Tremblay vers sept heures du soir.

   _____

2. V [ ] F [ ] Robert offre un beau bouquet de fleurs à Mme Tremblay.

   _____

3. V [ ] F [ ] Et il offre un livre de légendes franco-ontariennes à M. Tremblay.

   _____

4. V [ ] F [ ] Robert trouve que les légendes québécoises et franco-ontariennes se ressemblent énormément.

   _____

5. V [ ] F [ ] Jocelyne n'aime pas beaucoup le vin de bleuet.

   _____

6. V [ ] F [ ] Les Tremblay pensent que Jocelyne et Robert n'ont pas besoin de se reposer avant le souper.

   _____

7. V [ ] F [ ] On a oublié que le petit Gaston était dans la voiture.

   _____

B. **Dictée** Joseph Arceneaux visite le Canada.

   _____

   _____

   _____

_____

_____

_____

_____

_____

C. **Le mot de la fin** Répondez par écrit aux questions sur la bande sonore.

1. _____

_____

2. _____

_____

3. _____

_____

4. _____

_____

5. _____

_____

Chapitre 8 : Maria apprend à se débrouiller

Scène 1 : Arriver à Paris

Sur le vif !

A. **Vive Paris !** Écoutez la conversation *Arriver à Paris* et répondez aux questions qui la suivent sur la bande sonore. Ensuite, répétez les réponses que vous entendez.

Prononciation

Les voyelles /a/ et /ɑ/

Typically, there are three ways to pronounce the vowel "a" in English. Compare:

c*a*t   f*a*ther   w*a*sh

In modern European French, only the vowel sound of the word f*a*ther is commonly heard. Pronounce again the following words you have met in various dialogues:

progr*a*mme   *a*nim*a*teur   *a*rriver   C*a*nada   f*a*mille

However, some European francophones and most native speakers of Canadian French still distinguish between two *a*'s, the vowel you just practiced and a "back vowel" that is similar to the *a* of w*a*sh. This second vowel is most generally pronounced when the written vowel has a circumflex accent (ch*â*teau) or is followed by certain consonants, especially *s*. It is also normally used in Canadian French if the vowel is the last pronounced sound of a breath group or sentence. Compare:

/a/	/ɑ/
p*a*tte	p*â*te
m*a*l	m*â*le
p*a*rler	p*a*sser
elle v*a* bien	il ne vient p*a*s
l*a* soupe	restez l*à*

Your instructor may or may not suggest that you consistently make the distinction between these two vowel sounds, but try to make it as you pronounce the following sentences:

1. Il *a*rrive en ret*a*rd pour la cl*a*sse.
2. Le p*â*té et le g*â*teau sont formid*a*bles.
3. Il y *a* une b*a*lle en b*a*s.

Communication, structures et vocabulaire

I.   Exprimer l'obligation, le besoin : le verbe *devoir*

A.   **Qu'est-ce qu'elle dit ?**   Un copain comprend le français moins bien que vous. Suivez le modèle pour dire au copain ce que la prof a dit. (Vous allez utiliser le verbe *devoir* dans chaque phrase.) Ensuite, répétez la bonne réponse.

modèle   Vous entendez : (la prof) Il faut que vous trouviez le temps de lire le
chapitre 12.

Vous dites : (vous) **La prof a dit que nous devons trouver le temps de lire le chapitre 12.**

Vocabulaire utile : un contrôle (*quiz*); remettre (*hand in*)

B. **Euh, malheureusement, je dois ...** Écoutez les fragments de conversation et imaginez une façon (relativement !) polie de terminer chaque conversation. Utilisez le verbe *devoir* de temps en temps.

1. _____

2. _____

3. _____

4. _____

5. _____

6. _____

II. Parler d'activités et d'événements futurs

A. **Maintenant ou plus tard ?** Est-ce que les verbes que vous entendez dans les phrases enregistrées sont au présent ou au futur ?

	<u>Présent</u>	<u>Futur</u>
1.	[ ]	[ ]
2.	[ ]	[ ]
3.	[ ]	[ ]
4.	[ ]	[ ]
5.	[ ]	[ ]
6.	[ ]	[ ]
7.	[ ]	[ ]
8.	[ ]	[ ]

B. **Consultons une voyante !** Eric n'y croit pas vraiment, mais il décide de consulter une voyante (*clairvoyant*) pour voir ce qu'elle dira à propos de son avenir. Suivez le modèle pour donner les prédictions de la voyante. Ensuite, répétez la bonne réponse.

modèle   Vous entendez : (Eric) J'ai envie de finir mon diplôme dans deux ans.
Vous dites : **(la voyante) Oui, vous *finirez* votre diplôme dans deux ans.**

Vocabulaire utile : prendre du poids (*to gain weight*)

1. Oui, ..._____

2. Non, ..._____

3. Oui, ..._____

4. Oui, ..._____

5. Non, ..._____

6. Oui, ..._____

III. Bien s'exprimer : le verbe *prendre*

A. Logiquement ... Écoutez la première partie de la phrase et choisissez la fin de phrase la plus appropriée.

modèle   Vous entendez : Si vous ne comprenez pas exactement ce que je dis ...
   (a) _____ tu peux prendre ma voiture ce soir
   (b) ___x___ **levez la main tout de suite**
   (c) _____ vous apprenez vite - bravo !

Vocabulaire utile : conduire (*to drive*)

1. (a) _____ je suis sûr que votre devoir sera meilleur (*better*)
   (b) _____ vos amis ne peuvent pas y aller ce soir
   (c) _____ votre frère sera très content de l'avoir

2. (a) _____ elle n'avait pas de voiture l'année dernière
   (b) _____ elle le regrettera peut-être plus tard
   (c) _____ elle reviendra probablement vers 9h30

3. (a) _____ je n'ai pas envie d'apprendre le portugais
   (b) _____ je vais en prendre deux ou trois, moi aussi
   (c) _____ je ne comprends pas du tout sa réponse

4. (a) _____ il a dû beaucoup voyager avec sa famille
   (b) _____ il doit réussir bien à son cours de biologie
   (c) _____ à mon avis, il apprend assez lentement

5. (a) _____ tu ne dors pas toujours huit heures
   (b) _____ elle va pouvoir rester en forme
   (c) _____ je vais probablement réussir assez bien ce semestre

B. Je passe à la radio. On veut vous interviewer à la radio du campus. Plusieurs questions concernent votre cours de français et les langues en général. Répondez-y !

1. _____

   _____

2. _____

   _____

3. _____

   _____

4. _____

   _____

5. _____

   _____

6. _____

   _____

IV. Offrir, accepter et refuser

A. Je peux vous aider ? Écoutez les offres d'aide, de cadeaux, etc. et décidez si les réponses suivantes sont appropriées ou inappropriées.

	Appropriée	Inappropriée
1. Volontiers, Madame.	[ ]	[ ]
2. Merci, je n'ai pas faim.	[ ]	[ ]
3. Mais ce n'est rien !	[ ]	[ ]
4. C'est très gentil, mais je peux me débrouiller.	[ ]	[ ]
5. Enfin oui, je veux bien, merci.	[ ]	[ ]
6. Ce n'est pas la peine.	[ ]	[ ]

Scène 2 : En route vers le nord

Sur le vif !

A. **Horizons nouveaux** Écoutez la conversation *En route vers le nord* et dites si les commentaires suivants sont vrais, faux ou probables. Justifiez vos choix.

1. Marie regrette un peu d'être allée au Marché aux Puces.

   _____

   _____

2. On ne marchande presque jamais au Marché aux Puces.

   _____

   _____

3. Quand Maria visitera Paris en février, elle fera une autre partie de squash avec Chantal.

   _____

   _____

4. Maria est obligée de faire la queue à la gare pour avoir des renseignements.

   _____

   _____

5. Maria prend tout de suite un numéro au distributeur de tickets.

   _____

   _____

6. Il y a un train pour Charleville-Mézières à 17h30.

   _____

   _____

7. Maria a décidé d'utiliser sa carte de crédit pour payer son billet.

   _____

   _____

8. Le voyage de Paris à Charleville dure normalement un peu plus de deux heures.

_____

_____

Communication, structures et vocabulaire

I. Comparer

A. **Comparons quelques prix** Comparez les prix probables des billets ou tickets que vous entendez. Répétez ensuite la réponse que vous entendez. (Vous n'avez pas nécessairement choisi la même réponse !)

modèle   billet de 2ᵉ classe/billet de 1ᵉʳᵉ classe
Normalement, un billet de 2ᵉ classe coûte moins cher qu'un billet de 1ᵉʳᵉ classe.

B. **Vous êtes d'accord ?** Écoutez les remarques faites par Maria après avoir passé un mois en France. Si vous êtes d'accord, écrivez le commentaire. Corrigez son commentaire si vous pensez qu'elle se trompe.

modèle   La carte Master Charge est acceptée plus souvent en France qu'au Canada.
Non, la carte Master Charge est acceptée plus souvent au Canada qu'en France.

Vocabulaire utile : le TGV = le train à grande vitesse (*speed*); la banlieue (*suburbs*); une coutume (*a custom*)

1. _____

_____

2. _____

_____

3. _____

_____

4. _____

_____

5. _____

_____

6. _____

_____

7. _____

_____

II. Le passé composé avec les auxiliaires *avoir* et *être*

A. **Pratique pratique** Vous allez entendre quelques phrases où le verbe est au présent. Répétez la phrase en mettant le verbe au passé composé. Ensuite, répétez la bonne réponse.

modèle Nous ne descendons pas avant le dîner
Nous ne *sommes* pas *descendus* avant le dîner.

B. **Et ton voyage ?** Après leur partie de squash, Chantal a posé quelques questions à Maria à propos de son voyage du Canada et de son séjour à Paris. Quelles ont peut-être été les réponses de Maria ?

1. _____

_____

2. _____

_____

3. _____

_____

4. _____

_____

5. _____

_____

6. _____

_____

7. _____

_____

III. Exprimer l'irritation; s'excuser
Le verbe *dire*

A. **Tu sais bien que ça m'énerve !** Encerclez la réplique (*rejoinder*) la plus appropriée pour les segments de conversation que vous entendez.

1. (a) Vous exagérez, non ?
   (b) Je vous demande pardon.
   (c) Entendu !

2. (a) Ah, je comprends maintenant.
   (b) Mais j'en ai marre !
   (c) Non, pourriez-vous m'expliquer ?

3. (a) Je pense qu'il a tort.
   (b) Il n'y a pas de mal.
   (c) Elle ne savait pas, c'est tout.

4. (a) Mais je dis toujours la vérité !
   (b) Ils disent cela tout le temps, eux.
   (c) Tu as raison de me dire ce que tu penses.

IV. Relier une série d'événements

A. **C'est tout droit, non ?** Écoutez attentivement les directions qu'on donne à Maria au Grand Hôtel Oriental pour trouver le boulevard St-Michel et la gare du Nord. Ensuite, indiquez si les indications écrites sont exactes ou inexactes. Si elles sont inexactes, corrigez-les.

1. Maria doit d'abord remonter la rue d'Arras jusqu'à la rue des Écoles.

_____

_____

2. Ensuite, elle remonte la rue des Écoles jusqu'au boulevard St-Michel.

_____

_____

3. Elle sera tout près du Panthéon à ce moment-là.

_____

_____

4. Elle prend le métro à la station Notre-Dame.

_____

_____

5. Il faut trouver la ligne 4, direction Porte de Clignancourt.

_____

_____

6. Après, il faut prendre une correspondance à la station Châtelet.

_____

_____

7. La station de la gare du Nord est juste avant la gare de l'Est.

_____

_____

Activités de synthèse

A. **Activité d'écoute** Pendant que (*while*) Maria Chang s'installe à Charleville-Mézières, Gérard LeBlanc cherche un appartement à Poitiers où il commence ses études de dialectologie. Écoutez la conversation entre Gérard et l'employée d'une agence immobilière avant de compléter les phrases suivantes.

Vocabulaire utile : une auberge de jeunesse (*youth hostel*); au juste (*exactly*); un T-4 (*2/3 bedroom apartment*); meublé (*furnished*); partager (*to share*); en moyenne (*on average*); le loyer mensuel (*monthly rent*); les charges (*maintenance/service charges*); une caution (*security deposit*); les frais (*expenses*); élevé (*high*); le coût de la vie (*cost of living*); un propriétaire (*owner*)

1. Avant de trouver un appartement, Gérard s'installe dans _____

2. Il espère trouver quelque chose près de _____

3. Il n'a pas l'intention de _____

4. L'employée de l'agence recommande _____

5. Il faut compter un loyer mensuel de _____

6. Les frais d'agence sont chers, donc Gérard décide de consulter les annonces à

_____

7. Il réussit enfin à trouver _____

B. **Dictée** Maria fait la connaissance d'un professeur d'anglais et d'un autre assistant venu d'Atlanta quand elle va à son collège pour la première fois. Écrivez leur conversation.

Vocabulaire utile : se familiariser avec (*to become familiar with*); la détente (*relaxation*); connaître (*to know*)

Le professeur : _____

_____

_____

Maria : _____

_____

Stan : _____

_____

_____

Le professeur : _____

_____

_____

C. **Le mot de la fin** Dans ce chapitre, les personnages de *Bonne route* commencent leurs aventures dans différentes parties du monde francophone. Pensez à la première semaine de votre première année à l'université et répondez aux questions que vous allez entendre.

Vocabulaire utile : un manuel (*textbook*)

1. _____

_____

2. _____

_____

3. _____

_____

4. _____

_____

5. _____

_____

6. _____

_____

Chapitre 9 : La famille Sawchuk/O'Brien dans le Midi

Scène 1 : Chez les Arnaud

Sur le vif !

A. Dialogue Écoutez la conversation *Chez les Arnaud*. Ensuite, complétez les phrases suivantes par écrit.

1. Les propriétaires de la maison louée par les Sawchuk/O'Brien s'appellent _____

_____

2. Heather et Michael se sentent déjà _____

3. Michael apprécie surtout _____

4. Le style de la maison est _____

5. Les Sawchuk/O'Brien ne vont pas pouvoir habiter la maison aux mois de

_____

6. Les propriétaires de la maison travaillent à _____

7. La maison est en bon état parce que _____

8. Emily et Andy jouent _____

9. En jouant au foot, Andy _____

10. Heureusement, Heather et Michael ont pu trouver _____.

B. Et aussi ... Écoutez la conversation une deuxième fois et répondez oralement ou par écrit aux questions enregistrées.

1. _____

   _____

2. _____

   _____

3. _____

   _____

4. _____

   _____

5. _____

   _____

Prononciation

Les semi-voyelles

/j/	/w/	/ɥ/
quart*ier*	*ou*i	n*u*it

Semi-vowels, sometimes called semi-consonants, are, as their name implies, partly vowels and partly consonants. They occur in certain combinations of vowel *sounds*. In the examples above, the vowel *i* joins with the vowel *er* in the word *quartier* to produce the semi-vowel /j/; the vowel *ou* combines with the vowel *i* to produce the semi-vowel /u/ in the word *oui* and the vowel *u* combines with the vowel *i* to produce the semi-vowel /ɥ/ in the word *nuit*. The /ɥ/ is an important sound to acquire because it does not exist in English. Avoid the tendency to substitute /w/ for this sound, a common anglophone mistake.

Notice that the combination of vowels always occurs in the same syllable, for example: *quar-tier*. Note also that the combination semi-vowel + vowel makes only **one** syllable. Study the examples below and model their pronunciation after the tape.

Sound	Written Form	Examples
/j/	*i, y* + pronounced vowel **OR** vowel + *il* **OR** *ill* + vowel	quart*ier*, famil*ia*l, télévis*ion*, spéc*ia*liste, fo*yer*, vitr*ail*, ma*illo*t, fa*illi*r
/w/	**ou** + pronounced vowel **OR** *oi, oy* (= /wa/)	**ou**i, **lou**er, s**oi**r, v**oi**sine, v**oy**ons, s**oy**ez
/ɥ/	*u* + pronounced vowel	s**u**is, l**u**i, br**u**it, h**u**it, intellect**u**el, mut**u**el

Read aloud the following sentences from *Chez les Arnaud*, paying special attention to the semi-vowels /j/, /w/, and /ɥ/ and the vowels that follow them.

1. Je d*oi*s vous dire que votre maison nous plaît beaucoup; nous nous demand*i*ons si elle est très v*iei*lle.
2. Eh b*ie*n ma f*oi*, c'est une maison solide. Et p*ui*s je s*ui*s assez bricoleur, vous savez ...
3. Je me s*ui*s foulé la chev*i*lle en j*ou*ant au foot.
4. Oh *ou*i, nous sommes très contents des s*oi*ns qu'il a eus ... Ça nous a donné l'occas*i*on de trouver un bon péd*ia*tre.

Communication, structures et vocabulaire

I.   Demander des renseignements

A.   **Allô, Thomas ?** Deux amis parlent d'une fête prochaine, mais il y a beaucoup de bruit. Thomas veut être sûr de bien comprendre ce que Thérèse dit. Alors il pose sans cesse des questions en employant **qui, quel, qu'est-ce que** ou **combien**. Thérèse répète ce qu'il n'a pas bien saisi. Essayez de posez chaque question avant Thomas.

modèles Vous entendez : C'est Pierre qui achètera le cadeau.
Vous demandez : Qui achètera le cadeau ?
Vous entendez : Qui achètera le cadeau ? C'est Pierre.

II.   Bien s'exprimer : les verbes pronominaux aux temps composés

A.   **La journée de Jocelyne** Composez une phrase à partir des éléments que vous entendez pour dire ce que Jocelyne a fait. Le verbe sera toujours au passé composé.

modèle Vous entendez : se réveiller à sept heures
Vous dites / écrivez : **Elle s'est réveillée à sept heures.**

1._____

2._____

3._____

4._____

5._____

6._____

7._____

8._____

9._____

10._____

11._____

12._____

B. Non, ils ont déjà fait ça hier ! Renée suppose que les amis de son copain Marc vont bientôt faire certaines choses, mais elles sont déjà faites. Écoutez les questions de Renée, et répondez selon le modèle. (Attention — certains verbes seront des verbes pronominaux, mais pas tous !) Ensuite, répétez la bonne réponse.

    modèle   Vous entendez : Marc, est-ce que Marie et Bernard vont se fiancer bientôt ?
                Vous dites : **Mais non, c'est déjà fait; ils se sont fiancés hier.**

III. Parler de la santé et des accidents; exprimer des notions de malaise, d'inquiétude et de soulagement

A. Mais oui, j'ai mal ! Vous allez entendre plusieurs personnes parler d'une situation qui a mené (*led*) à un petit problème de santé. Où est-ce qu'ils ont probablement mal ?

    modèle   Vous entendez : Je me demande si j'ai une grippe; je tousse beaucoup, surtout le soir.
                Vous dites : **Elle a probablement mal à la gorge.**

1. _____

2. _____

3. _____

4. _____

5. _____

6. _____

B. Consultation Écoutez la conversation entre Richard et son médecin, Mme Raymond. Est-ce que les commentaires sont vrais ou faux, ou est-ce que on ne peut pas savoir ?

Vocabulaire utile : le poignet (*wrist*); un rayon (*ray*); patiner (*to skate*)

1. V [ ] F [ ] ? [   ] La santé de Richard est relativement bonne en ce moment.

2. V [ ] F [ ] ? [   ] Il est presque toujours en forme.

3. V [ ] F [ ] ? [   ] Il est tombé sur la glace avant-hier.

4. V [ ] F [ ] ? [   ] Il va falloir que Richard se repose au moins une semaine.

5. V [ ] F [ ] ? [   ] Il patinait quand il est tombé.

6. V [ ] F [ ] ? [   ] Richard a une méchante grippe.

7. V [ ] F [ ] ? [   ] Le stress est un problème pour la plupart des étudiants.

IV. Bien s'exprimer : les verbes et les prépositions

A. À vous de jouer Certaines personnes hésitent souvent au milieu d'une phrase. Finissez les débuts de phrase que vous allez entendre en ajoutant un infinitif présent précédé de **à** ou **de** si nécessaire. Ajoutez d'autres mots si vous voulez.

modèle Vous entendez : L'été, quand il fait beau, je commence ...
Vous écrivez : **L'été, quand il fait beau, je commence à nager. / L'été, quand il fait beau, je commence à avoir envie d'aller à la plage. (etc.)**

1. _____

2. _____

3. _____

4. _____

5. _____

6. _____

7. _____

8. _____

Scène 2 : À la découverte de Roquevaire

Sur le vif !

A. Dialogue Écoutez la conversation *À la découverte de Roquevaire*. Ensuite, choisissez la meilleure réponse.

modèle Madame Sawchuk ...
       a. a déjà visité la France une fois
       b. a déjà visité la France trois fois
  x   **c. visite la France pour la première fois**

1. Les ancêtres de Madame Sawchuk étaient ...
    a. allemands
    b. français
    c. ukrainiens

2. Son voyage en France a duré ...
    a. quatre heures
    b. dix heures
    c. quatorze heures

3. Le marché de Roquevaire a lieu (*takes place*) ...
    a. une fois par semaine
    b. deux fois par semaine
    c. tous les jours

4. Madame Sawchuk aime beaucoup ...
    a. les pêches
    b. les pommes
    c. les oranges

5. Une des grandes surfaces qu'on trouve en France s'appelle ...
    a. Mammouth
    b. Bel Été
    c. Le Gentil Géant

6. Marie-Josée indique à Madame Sawchuk ...
    a. une très bonne librairie
    b. un magasin de vêtements très chic
    c. une excellente charcuterie

7. Dans la plupart des villes du Midi on voit beaucoup de ...
    a. palmiers (*palm trees*)
    b. platanes
    c. bananiers

B. Écoutez bien ! Écoutez les commentaires suivants. Est-ce que c'est probablement Marie-Josée Lacoste, Madame Sawchuk, Heather Sawchuk/O'Brien ou Emily Sawchuk/O'Brien qui parle ?

	Marie-Josée	Mme Sawchuk	Heather	Emily
1.	[ ]	[ ]	[ ]	[ ]
2.	[ ]	[ ]	[ ]	[ ]
3.	[ ]	[ ]	[ ]	[ ]
4.	[ ]	[ ]	[ ]	[ ]
5.	[ ]	[ ]	[ ]	[ ]
6.	[ ]	[ ]	[ ]	[ ]
7.	[ ]	[ ]	[ ]	[ ]
8.	[ ]	[ ]	[ ]	[ ]

Communication, structures et vocabulaire

I. Renvoyer à quelqu'un ou à quelque chose qu'on a déjà mentionné

A. Les parents ne sont pas toujours d'accord avec les enfants ! Écoutez les questions suivantes, et répondez selon le modèle. Faites semblant (*pretend*) d'avoir l'âge approprié. Ensuite, répétez la bonne réponse.

modèles Vous entendez : Est-ce que je peux aller au cinéma ce soir, papa ?
Vous dites : Non, n'y va pas ce soir.
Vous entendez : Est-ce que je dois faire mes devoirs tout de suite ?
Vous dites : Oui, fais-les tout de suite.

1. (non)

2. (oui)

3. (non)

4. (non)

5. (oui)

6. (non)

7. (oui)

8. (non)

II. Donner, accepter ou refuser des conseils

A. **À ta place ...** Écoutez les conseils suivants que Myriam a donnés à sa soeur qui commence bientôt ses études à l'université. À votre avis, est-ce qu'ils sont bons ou mauvais ? Cochez la case correspondante, puis expliquez votre choix (les réponses humoristiques sont permises !).

modèle Il faut emprunter (*borrow*) souvent de l'argent à (*from*) tes amis. (mauvais...? !)

bons   mauvais

1. [ ]   [ ]

_____

2. [ ]   [ ]

_____

3. [ ]   [ ]

_____

4. [ ]   [ ]

_____

5. [ ]   [ ]

_____

6. [ ]   [ ]

_____

7. [ ]   [ ]

_____

8. [ ]   [ ]

_____

B. **Qu'est-ce que vous suggérez ?** Écoutez les cinq mini-contextes et offrez un (bon !) conseil.

1. _____

_____

Chapitre 9   313

2. _____

_____

3. _____

_____

4. _____

_____

5. _____

_____

III. Faire des achats

A. Les courses Vous allez entendre les différentes choses dont (*that*) Martine a besoin cette semaine. Où va-t-elle les acheter ? Répétez la bonne réponse.

modèle Vous entendez : du maquillage
Vous dites : **Martine va acheter du maquillage dans une parfumerie.**

IV. Bien s'exprimer : les verbes *voir* et *croire*

A. Pourquoi pas ? Jean répond affirmativement à toutes les questions que Marie lui pose. Qu'est-ce qu'il dit ?

modèle Vous entendez : Est-ce que tu vois Bill chaque semaine ?
Vous répondez : **Oui, je vois Bill chaque semaine.**

Vocabulaire utile : mentir (*to lie*)

1. _____

2. _____

3. _____

4. _____

5. _____

6. _____

7. _____

8. _____

Activités de synthèse

A. **Activité d'écoute**   Michael et Andy font la connaissance de Mme Trouillon, la directrice de l'école élémentaire d'Andy. Écoutez la conversation et complétez les phrases suivantes.

Vocabulaire utile : frapper (*to knock*); une maîtresse (*elementary school teacher*); énormément de (*a great many*); para-scolaire (*extra-curricular*)

1. Andy a _____ ans.

2. Michael a dû envoyer _____

   _____ à Madame Trouillon avant leur départ du Canada.

3. La maîtresse d'école canadienne d'Andy était d'origine _____

   _____.

4. Andy a lu _____ dans l'avion.

5. Il y a seulement _____ élèves à

   l'école élémentaire de Roquevaire.

6. Madame Trouillon conseille à Michael de _____.

7. La directrice parle un peu avec Andy pour voir _____.

8. Le jeudi après-midi, tous les enfants vont _____.

9. On espère organiser _____ en

   février.

10. Michael viendra chercher Andy à _____.

B. **Dictée** Marie-Josée raconte à Madame Sawchuk les problèmes administratifs que Heather et Michael ont eus après leur arrivée à Roquevaire. Écrivez ce que vous entendez.

Vocabulaire utile : une démarche (*procedure*); une carte de séjour (*residence permit*)

Marie-Josée : _____

_____

_____

_____

Mme Sawchuk : _____

_____

_____

_____

C. **Le mot de la fin** Tout le monde aime voyager de temps en temps. Répondez aux questions que vous allez entendre par des phrases complètes.

1. _____

_____

2. _____

_____

3. _____

_____

4. _____

_____

5. _____

_____

Chapitre 10 : Gérard se rend à Charleville-Mézières

Scène 1 : Rendez-vous à la gare

Sur le vif !

A. **Retrouvailles !** Écoutez la conversation *Rendez-vous à la gare* et répondez aux questions suivantes.

1. Où est-ce que Maria et Gérard se retrouvent ?

   _____

2. Pourquoi est-ce que Gérard s'est arrangé pour passer plusieurs heures à Paris ?

   _____

   _____

3. Où est-ce que Maria a passé les vacances de la Toussaint ?

   _____

4. Gérard a très faim après son long voyage; qu'est-ce que Maria lui propose ?

   _____

5. Combien d'heures de cours Gérard a-t-il chaque semaine ?

   _____

6. Pourquoi est-ce que Gérard est très chanceux ?

   _____

   _____

7. Quel était le problème principal de Maria au début de l'année scolaire ?

   _____

   _____

8. Qu'est-ce qui indique que Maria fait de bons progrès en français ?

   _____

Prononciation

/ə/ **muet**

Unstable *e*, or mute *e*, is so called because, **unlike all the other vowels e**, it is not always pronounced. Its primary characteristic is an absence of accent mark (i.e., é, è, ê, ë), which means that its pronunciation is entirely dependent on the context in which it appears. It is either pronounced or not according to what **sounds** precede and/or follow it. This is why it is called unstable. For the time being, we are going to give you some rules of thumb governing the pronunciation of unstable *e*, but first repeat the words and expressions below.

> *le* livre
> salle d*e* séjour
> près de la Fac
> d*e* plus en plus
> J*e* ne sais pas

1. When unstable *e* appears in the first syllable of a sentence, it is usually pronounced.

> J*e* sais
> D*e* temps en temps
> L*e* cinq mars
> T*e* voit-il ?

2. When unstable *e* occurs within a breath group, it is normally **not** pronounced if it is preceded and followed by **one pronounced consonant.**

> près de la Fac
> vous avez l'intention de partager ...
> Et quel est l*e* prix ?
> C'est c*e* que font la plupart des étudiants
> Tout de suite

3. If within a breath group unstable *e* is preceded by one pronounced consonant and followed by two pronounced consonants, or it is preceded by two pronounced consonants and followed by one pronounced consonant, unstable *e* is almost always pronounced.

> un appartement (2+1)
> salle d*e* séjour (2+1)
> un cours d*e* linguistique (2+1)
> Merci, monsieur l*e* professeur (1+2)
> *r*eprendr*e* son travail (1+2; 2+1)

4. Unstable *e* at the end of a word or phrase is silent unless the next word begins with two consonant sounds.

> Il va d'abord à une agence ...
> Bonjour, madame
> avec wc et douche
> Pourriez-vous me recommander quelque chose ?
> L*e* coût d*e* la vie monte d*e* plus en plus en France

5. A final rule of thumb: the more familiar the level of speech, the less unstable vowels tend to be pronounced.

Repeat now a few sentences from the conversation *Rendez-vous à la gare*, paying special attention to the unstable vowels.

1. T*e* voilà à vingt heures pile comme prévu.
2. Bonjour Maria — quel plaisir d*e* te r*e*voir !
3. J*e* me suis arrangé pour avoir une assez longue correspondance à Paris. J'ai pu me promener pendant quelqu*e*s heures.
4. J'ai passé une s*e*maine en Corse pendant les vacances d*e* la Toussaint.
5. C'était la pr*e*mière fois de ma vi*e* que j*e* me trouvais devant un groupe d'élèves.

Communication, structures et vocabulaire

I. Renvoyer à quelqu'un ou à quelque chose qu'on a déjà mentionné
II. Bien s'exprimer : utiliser deux pronoms objets à la fois

A. Jamais de la vie ! Mary-Lou n'est pas du tout d'accord avec certaines décisions prises par sa soeur Virginie. Suivez le modèle et répétez la bonne réponse.

modèle   Vous entendez : (Virginie) Je veux prêter mes vieux livres de chimie à Clarisse.
Vous dites : **(Mary-Lou) Mais non, ne les lui prête pas !**

B. Je me demandais si ... Une camarade de classe pose les questions que vous allez entendre. Essayez dans vos réponses de remplacer les noms (sujets, objets directs, objets indirects, etc.) par des pronoms chaque fois que c'est possible. Vous allez entendre deux réponses, une réponse affirmative et une réponse négative. Si votre propre réponse était affirmative, répétez la première réponse; sinon, répétez la deuxième réponse.

Chapitre 10   319

modèle   Est-ce que tes copains prennent toujours leurs vacances d'été en juillet ?

Oui, ils les prennent toujours en juillet.

OU

Non, ils ne les prennent pas toujours en juillet.

Vocabulaire utile : les feuilletons (*soaps*); les Rocheuses (Rockies)

III.   Parler des peurs, de l'inquiétude; rassurer, encourager

A.   **Au secours !**   David a énormément de problèmes en ce moment et son amie Doris veut le rassurer. Numérotez dans l'ordre les répliques les plus appropriées.

Vocabulaire utile : rater (*to miss*); pire (*worse*)

(a)   [   ] Ne t'en fais pas, tu trouveras certainement autre chose.

(b)   [   ] Écoute, ne panique pas; veux-tu que je te passe les notes que j'ai prises ?

(c)   [   ] Ne t'inquiète pas, David, il sera probablement assez facile.

(d)   [   ] Allez, un peu de courage. Si tu veux savoir ce que je pense, elle est beaucoup moins sympa que Véronique !

(e)   [   ] Ce n'est pas grave; je peux te prêter 50 $ si tu veux.

B.   **Maria et Gérard**   Écoutez les fragments de conversation enregistrés et imaginez les réactions (verbales !) de Maria ou Gérard. (Les personnes qui parlent sont indiquées entre parenthèses.)

modèle   (un élève de Maria)   Mademoiselle, je pense que je parle déjà un peu mieux. Bravo, Guy; l'anglais n'est pas si difficile après tout !

(a) Les réactions de Maria

Vocabulaire utile : exigeant (*demanding*); une grève (*strike*)

1. (la directrice du collège)

_____

2. (une élève timide de Maria)

_____

3. (un journaliste à la télé)

_____

4. (Gérard)

_____

(b) Les réactions de Gérard

_____

1. (son directeur de thèse)

_____

2. (le propriétaire de son appartement)

_____

3. (un camarade qui fait des études de dialectologie)

_____

4. (Maria) _____

_____

Scène 2 : Visite en Belgique

Sur le vif !

A. **La ville de Bruxelles !** Écoutez la conversation *Visite en Belgique* et complétez :

1. Gérard propose une visite de la ville de Bruxelles parce que _____

_____

2. L'idée semble bonne à Maria puisque _____

_____

3. L'ami de Gérard lui a conseillé de voir aussi _____

_____

4. Maria est d'accord car (*for*) _____

_____

5. À Bruxelles, Maria trouve que le Palais Berlaymont _____

_____

6. Elle trouve assez curieux le fait que/qu' _____

_____

7. Selon Jean-Luc, Bruxelles a deux avantages : _____

_____

8. Le siège de la CE crée beaucoup d'emplois, donc Jean-Luc espère _____

_____

Communication, structures et vocabulaire

I. Parler des situations, conditions et activités passées

A. Pratique pratique Vous allez entendre quelques questions où le verbe est au présent. Répondez négativement en mettant le verbe à l'imparfait. Répétez ensuite la bonne réponse.

modèle Vous entendez : Est-ce que tu regardes la télé en ce moment ?
Vous dites : **Non, mais je regardais la télé plus tôt ce matin.**

B. Dis-moi, s'il te plaît ... Écoutez les questions personnalisées et écrivez une réponse.

modèle Quel âge avais-tu quand tu as commencé l'école ?
J'ai commencé l'école quand j'avais cinq ans.

1. _____

2. _____

3. _____

4. _____

5. _____

6. _____

7. _____

8. _____

9. _____

10. _____

II. Exprimer des notions de temps, d'espace et de manière

A. Mini-enquête Écoutez les questions que Maria pose à Gérard et choisissez la meilleure réponse.

1. a) Non, je n'en ai pas beaucoup.
    b) Oui, il me consulte fréquemment.
    c) Oui, j'y travaille constamment.

2. a) Immédiatement, si possible.
    b) Normalement, j'y vais assez vite.
    c) Franchement, presque tout le temps depuis novembre.

3. a) Oh, à peu près une fois par mois en ce moment.
    b) Généralement, chaque fois que je suis chez moi.
    c) Euh, nous le faisons trop impulsivement.

4. a) Brillamment, je te remercie.
    b) Surtout le weekend.
    c) Pas trop prudemment, non.

5. a) Oui, mon premier appartement était beaucoup trop petit.
    b) Oui, je veux le faire beaucoup plus souvent.
    c) Non, il en est très content.

6. a) Oui, mais probablement en voiture.
    b) Oui, j'essaie de le faire courageusement.
    c) Oui, et ma famille m'attend impatiemment.

B. On peut faire mieux ! Bertrand s'occupe du ciné-club de son université et il voudrait essayer d'attirer (*attract*) plus de membres. Il note rapidement sur un bout de papier quelques idées. Aidez-le à améliorer (*to improve*) sa campagne de recrutement en ajoutant au moins un adverbe aux phrases que vous allez entendre.

modèle Vous entendez : Nous savons que vous travaillez.
Vous écrivez : **Nous savons que vous travaillez fort/très sérieusement, etc.**

1. _____

2. _____

3. _____

4. _____

5. _____

6. _____

7. _____

8. _____

III. Exprimer des notions de temps

A. **Balade en Belgique** Écoutez les questions que Gérard pose à Maria et imaginez les réponses de Maria.

modèle Pendant combien de temps as-tu visité Bruges ?
J'ai visité Bruges pendant un jour et demi.

1. _____

2. _____

3. _____

4. _____

5. _____

6. _____

B. **Mais je ne suis pas prophète !** Écoutez les prédictions de Carole et indiquez si elles vous semblent plausibles ou implausibles.

Vocabulaire utile : la lune (*moon*); le SIDA (*AIDS*)

	Plausibles	Implausibles
1.	[ ]	[ ]
2.	[ ]	[ ]
3.	[ ]	[ ]

4. [   ]   [   ]
5. [   ]   [   ]
6. [   ]   [   ]

IV. Bien s'exprimer : les verbes conjugués comme *mettre*

A. Écoute bien mon fils ! Vous allez entendre quelques questions que la mère de Daniel lui a posées. Quelles ont peut-être été ses réponses ? (Il a tendance à répondre négativement à toutes les questions de sa maman !) Répétez ensuite la réponse que vous entendez.

modèle   Daniel, il pleut ce matin. As-tu mis ton imperméable ?
Non, maman, je ne l'ai pas mis.

Activités de synthèse

A. Activité d'écoute La famille Cross/O'Brien parle de l'école et des vacances qu'ils vont bientôt prendre. Écoutez la conversation et complétez les phrases suivantes.

Vocabulaire utile : youpi ! (*hurrah!*); faire la grasse matinée (*sleep in*); mettre de côté (*put aside*); l'argent de poche (*allowance*); taquiner (*tease*); s'en ficher (*not to care less about*); un pinceau (*artist's brush*); le coffre (*trunk*)

1.   Pendant les vacances d'automne, les Sawchuk/O'Brien ont décidé d'aller

_____

2.   Les amis canadiens d'Emily et Andy seront sans doute _____

_____

3.   Pour aller au collège, Emily doit prendre le car tous les matins à

_____

4.   Andy ne va pas à l'école le _____

5.   À l'école, il aime bien _____

_____

Chapitre 10   325

6. Mais il est inquiet quand _____

_____

7. Emily n'aime pas beaucoup le collège parce que/qu' _____

_____

8. Elle a économisé un peu d'argent et elle a envie _____

_____

9. Selon Michael, la famille doit se mettre à _____

_____

10. Et selon Heather, la personne qui attend les vacances avec le plus d'impatience, c'est

_____

B. **Dictée** En allant à l'école le jour de la rentrée, Maria est, elle aussi, assez inquiète. Elle se parle pour se rassurer. Écrivez son «monologue intérieur».

Vocabulaire utile : enseigner (*to teach*)

_____

_____

_____

_____

_____

_____

_____

_____

C. Le mot de la fin Vous allez passer une année scolaire en France ou en Belgique comme assistant-e dans une école secondaire. Répondez aux questions enregistrées par des phrases complètes.

1. _____

2. _____

3. _____

4. _____

5. _____

Chapitre 11 : Les Charbonneau à la Martinique

Scène 1 : Spécialités de la région

Sur le vif !

A. Chez les Londé Écoutez la conversation *Spécialités de la région* et répondez oralement aux questions orales qui la suivent. Répétez ensuite la réponse que vous entendez.

B. La vie martiniquaise Écoutez les débuts de phrases et choisissez la fin de phrase la plus appropriée.

modèle   Mme Londé va au marché tous les jours, alors ...
   [ ] (a) elle fait un gâteau au coco une fois par semaine.
   [x] (b) elle va au supermarché seulement une fois par semaine.
   [ ] (c) elle téléphone à Mme Charbonneau une fois par semaine.

1. [   ] (a) ils sont à la Martinique depuis plus de deux mois.
   [   ] (b) ils sont à la Martinique depuis plus de quatre mois.
   [   ] (c) ils sont à la Martinique depuis plus de six mois.

2. [   ] (a) il y a souvent des pluies torrentielles.
   [   ] (b) il y a souvent des éruptions volcaniques.
   [   ] (c) il y a souvent des tremblements de terre.

3. [   ] (a) les Londé ont servi du crabe aux Charbonneau.
   [   ] (b) les Londé ont servi une soupe aux légumes aux Charbonneau.
   [   ] (c) les Londé ont servi un steak tartare aux Charbonneau.

4. [ ] (a) ils mangent beaucoup de pommes.
   [ ] (b) ils mangent beaucoup de fraises.
   [ ] (c) ils mangent beaucoup de bananes.

5. [ ] (a) les pâtissiers (*pastry chefs*) sont obligés d'acheter beaucoup d'oeufs.
   [ ] (b) les pâtissiers sont obligés d'acheter beaucoup de lait.
   [ ] (c) les pâtissiers sont obligés d'acheter beaucoup de fruits secs.

Prononciation

Les consonnes

So far in *Bonne route*, we have concentrated on acquiring accurate pronunciation of the French vowels and semi-vowels. Although the consonants of French are for the most part similar to their English counterparts, it will be useful to look more closely at the group /p/, /t/, /k/, the differences between /s/ and /z/, the sounds /ʃ/ and / ʒ/ and, finally, the French consonant /ɲ/. (In the next two chapters, we will examine the consonants /l/ and /r/.)

(a) /p/, /t/, /k/

We can begin to look at the differences between these two "plosive" consonants in French and English by noticing a difference in their pronunciation in different contexts in English. Hold the palm of your hand close to your mouth and say "**p**ine". Now say "s**p**ine". Did you note a slight explosion of air when you pronounced "pine", but none at all when you said "spine"? Now try the pairs "**t**on" and "s**t**un", "**k**in" and "s**k**in". It is the "non-exploded" form of the consonants when preceded by "s" in English that is the normal pronunciation of these three consonants in all contexts in French. Repeat these examples from this chapter's dialogues :

1. Vous *p*renez vo*t*re sa*c*, et vous descendez à la *p*â*t*isserie.
2. Il vous faudrait *qu*a*t*re *c*uillerées à *t*able de beurre, *qu*e vous mélangeriez bien ave*c t*rois-*qu*arts de *t*asse de *c*assonade.

(b) /s/ vs. /z/; /ʃ/ vs. / ʒ/

The two sounds /s/ (as in "mi**ss**") and /z/ (as in "fi**zz**") exist in both French and English. Note, however, that the sound /z/ occurs in French in liaison (compare : ils‿ont/ils sont), when a written "s" occurs between two vowels (poi**s**on) or when a word is spelled with the letter "z" (**z**one). The sound /s/, on the other hand, is heard when there are two written "s" between vowels (poi**ss**on), when the letter "s" is preceded or followed by one or more consonants (**s**plendide, que**s**tion), when it is the first letter of a word (**s**oleil), when the letter "c" is followed by "e" or "i" (**c**éréale, **c**inéma) and finally, when "-ti-" is followed by a vowel (ac**ti**on).

Turning to the pair /ʃ/ and /ʒ/, /ʃ/ as in English "**sh**y" is the normal pronunciation of "ch" in French - **ch**ambre, ar**ch**itecture. /ʒ/, as in English "mea**s**ure", is the consonant heard in French in the combination -**ge**- or -**gi**- (voya**ger**, **gi**rafe), or for the letter "j" (**je**, ob**j**et).

Repeat :

1. Gourmande que *je* *s*uis, *je* prendrai volontiers encore une toute petite tran**ch**e de gâteau.
2. Vou*s* aviez bien dit ... que vous reviendriez un *j*our pa*ss*er une autre année à Fort-de-Fran*c*e.
3. *C*'est vrai. Ils *s*ont déli*c*ieux, mai*s* ils coûtent le*s* yeux de la tête.

(c) The French consonant sound /ɲ/ , as in ga**gn**er, is not used in English. The sound is very similar, however, to the sound of the underlined letters in the English word "o**ni**on".

Repeat :

1. Qui sait si la monta**gn**e Pelée va encore entrer en éruption ?
2. Nous entrons dans l'ère moderne avec notre ma**gn**ifique complexe sportif.

Communication, structures et vocabulaire

I. Exprimer les quantités
Le pronom *en*: synthèse

A. Voyons, deux kilos de bananes ... Julie Benjamin pense à ses courses. Qu'est-ce qu'elle va prendre ? Répétez la bonne réponse.

modèle Vous entendez : Des bananes ? Euh ... oui, deux kilos.
Vous dites : **Elle va prendre deux kilos de bananes.**

B. Comment ? Répondez à quelques questions qu'on vous pose sur votre vie à l'université. Utilisez le pronom *en* chaque fois que c'est possible.

1. _____

2. _____

3. _____

4. _____

5. _____

6. _____

7. _____

8. _____

II. Raconter une histoire : relier une série d'événements dans le passé

A. Il y a passé et passé Réécrivez les verbes des phrases que vous allez entendre au *plus-que-parfait* et faites les autres changements indiqués.

modèle Vous entendez : Hier, j'ai fini mes devoirs à dix heures.
(avant-hier/neuf heures)
Vous dites/écrivez : **Avant-hier, j'avais fini mes devoirs à neuf heures.**

1. _____

2. _____

3. _____

4. _____

5. _____

6. _____

B. Le bon vieux temps Sa grand-mère répond affirmativement à toutes les questions de Luc. Essayez de donner ses réponses; répétez ensuite les réponses données sur la bande sonore.

modèle Vous entendez : (Luc) Avais-tu déjà rencontré grand-papa avant de venir à Rivière-du-Loup ?
Vous dites : **Mais oui, j'avais déjà rencontré grand-papa avant de venir à Rivière-du Loup.**

Scène 2 : Contrastes

Sur le vif !

A. C'est plutôt plausible, non ? Écoutez la conversation *Contrastes* et dites si les commentaires qui la suivent sont plutôt plausibles ou implausibles. Justifiez vos réponses dans les deux cas.

1. _____

   _____

2. _____

   _____

3. _____

   _____

4. _____

   _____

5. _____

   _____

6. _____

   _____

Communication, structures et vocabulaire

I.   Parler du temps et des vêtements

A.   La météo   Écoutez les fragments de prévisions météorologiques et dites si c'est probablement la météo pour :

	1. Québec au mois de janvier	2. Paris au mois d'avril	3. Fort-de-France au mois de septembre	4. Melbourne au mois de décembre
1.	[ ]	[ ]	[ ]	[ ]
2.	[ ]	[ ]	[ ]	[ ]
3.	[ ]	[ ]	[ ]	[ ]
4.	[ ]	[ ]	[ ]	[ ]
5.	[ ]	[ ]	[ ]	[ ]
6.	[ ]	[ ]	[ ]	[ ]

B.   Ça dépend ...   Écoutez l'enregistrement et décidez où vous allez probablement porter les vêtements mentionnés: à la Guadeloupe (en février), à New York (au printemps) ou à Edmonton (en décembre). Écrivez les vêtements que vous entendez dans la bonne colonne.

à la Guadeloupe   à New York   à Edmonton

_____   _____   _____

_____   _____   _____

_____   _____   _____

_____   _____   _____

_____   _____   _____

II. Bien s'exprimer : les verbes *savoir* et *connaître*

A. Jeu de conjugaison Il faut de l'entraînement (*practice*) quand on apprend de nouveaux verbes. Suivez le modèle et répétez la bonne réponse.

modèle   Vous entendez : *savoir :* vous, présent
Vous dites : **vous savez**

B. Jeu de substitution Substituez le verbe *savoir* ou *connaître* pour le verbe que vous entendez dans les phrases enregistrées et redites les phrases. Ne changez pas le temps du verbe ! Répétez ensuite les réponses que vous entendez.

modèle   Vous entendez : Je vois Marie. (connaître)
Vous dites : **Je connais Marie.**

1. (connaître) _____

2. (connaître) _____

3. (savoir) _____

4. (savoir) _____

5. (connaître) _____

6. (connaître) _____

7. (savoir) _____

8. (savoir) _____

III. Bien s'exprimer : le conditionnel

A. Futur ou conditionnel ? Écoutez les phrases enregistrées et indiquez si le verbe principal est au futur ou au conditionnel.

modèle   Elle ne *fera* pas ça.   (futur)

		Futur	Conditionnel
1.	_____	[ ]	[ ]
2.	_____	[ ]	[ ]
3.	_____	[ ]	[ ]
4.	_____	[ ]	[ ]
5.	_____	[ ]	[ ]
6.	_____	[ ]	[ ]
7.	_____	[ ]	[ ]
8.	_____	[ ]	[ ]

B. La politesse des rois Il est important d'apprendre à accepter ou à refuser de faire une activité le plus poliment possible. Écoutez les suggestions et acceptez ou refusez en employant une forme du conditionnel dans votre réponse. (La personne qui pose la question est indiquée entre parenthèses.)

modèle   Est-ce que tu aimerais aller à un concert vendredi soir ?
Oui, je voudrais bien, ce serait très agréble.
       OU
J'accepterais avec plaisir, mais malheureusement je suis déjà pris-e vendredi ...

1. (une copine) _____

   _____

2. (un vieil oncle) _____

   _____

3. (la/le prof de français) _____

_____

4. (votre employeur) _____

_____

5. (votre meilleur-e ami-e) _____

_____

6. (un de vos parents) _____

_____

IV. Exprimer des oppositions ou des contrastes

A. Prêtez l'oreille Vous entendrez plusieurs phrases où on emploie un pronom démonstratif. Faites bien attention au contexte pour décider de quoi on parle.

modèle Franchement, *celle* que j'ai achetée est plus belle.
(= une robe)

		un livre	une robe	des fruits	des clés
1.	_____	[ ]	[ ]	[ ]	[ ]
2.	_____	[ ]	[ ]	[ ]	[ ]
3.	_____	[ ]	[ ]	[ ]	[ ]
4.	_____	[ ]	[ ]	[ ]	[ ]
5.	_____	[ ]	[ ]	[ ]	[ ]
6.	_____	[ ]	[ ]	[ ]	[ ]
7.	_____	[ ]	[ ]	[ ]	[ ]
8.	_____	[ ]	[ ]	[ ]	[ ]

Activités de synthèse

A. **Activité d'écoute** Quand il était à Laval pour le programme d'immersion, Michael O'Brien s'entendait très bien avec Réjean Charbonneau; il a promis de lui envoyer une cassette du Midi de la France. Écoutez la cassette que Michael a envoyée à la mi-octobre et dites si les phrases que vous entendrez après sont vraies ou fausses. Si elles sont fausses, corrigez-les. Écoutez la cassette une deuxième fois si nécessaire.

Vocabulaire utile : une poignée de main (*handshake*); faire suivre le courrier (*have mail forwarded*); entouré de (*surrounded by*); touchons du bois ! (*touch wood!*); souffler (*blow*); à propos (*by the way*); renvoyer (*send back*)

1. vrai [ ] faux [ ] _____

   _____

2. vrai [ ] faux [ ] _____

   _____

3. vrai [ ] faux [ ] _____

   _____

4. vrai [ ] faux [ ] _____

   _____

5. vrai [ ] faux [ ] _____

   _____

6. vrai [ ] faux [ ] _____

   _____

B. Dictée Les Londé et les Charbonneau se promènent sur la plage après leur repas.

M. Charbonneau : _____

Mme Londé : _____

Mme Charbonneau : _____

M. Londé : _____

C. Le mot de la fin Écoutez les questions personnelles et répondez-y par des phrases complètes.

1. _____

_____

2. _____

_____

3. _____

_____

4. _____

_____

5. _____

_____

Chapitre 12 : Jocelyne à Dakar

Scène 1 : Un malentendu

Sur le vif !

A. On s'explique ! Écoutez attentivement la conversation *Un malentendu* et indiquez ...

1. pourquoi les fêtes de Noël ont été assez difficiles pour Jocelyne

_____

_____

2. si Jocelyne n'a pas confiance en Fatou et Maman

_____

_____

3. comment Maman finit par comprendre les ennuis de Jocelyne

_____

_____

4. la bonne nouvelle annoncée par Jocelyne

_____

_____

5. où Jocelyne a fait la connaissance de Robert Therrien

_____

_____

6. ce que Maman veut d'abord savoir en ce qui concerne la décision de Jocelyne et Robert

_____

_____

B. **C'est probablement ...** Écoutez les commentaires et indiquez quelle est probablement la personne qui parle :

	Jocelyne	"Maman"	Fatou
1.	[ ]	[ ]	[ ]
2.	[ ]	[ ]	[ ]
3.	[ ]	[ ]	[ ]
4.	[ ]	[ ]	[ ]
5.	[ ]	[ ]	[ ]
6.	[ ]	[ ]	[ ]

Prononciation

La consonne l

Pronounce the English words "love" and "pal". Do you hear any difference in the pronunciation of the consonant l in the two words? The French consonant sound /l/ is similar to the l in "love", even if it occurs at the end of a word. Avoid the "dark l" sound in the English words "pal", "dull" and "well" when you pronounce the following French words. (Be particularly careful when /l/ is the final sound.) Repeat the following words :

*l*ycée *L*yon p*l*an b*l*ond rou*l*er a*l*lons î*l*e pâ*l*e faci*l*e ba*l* que*l* hôte*l*

Rappel ! You will remember from Chapter 9 that with certain combinations of letters, l or ll may be pronounced as the semi-vowel /j/.

-il, **-ill** after a pronounced vowel occurring in the same syllable — trava*il*, trava*ill*er, sole*il*, boute*ill*e, accue*ill*ir, débrou*ill*er

-ll following an **-i** — genti*ll*e, fi*ll*e, jui*ll*et

There are, however, a few common exceptions to the second rule. In the following words, **ll** is pronounced /l/.

vi*ll*e vi*ll*age tranqui*ll*e mi*ll*e mi*ll*ion mi*ll*iard (*billion*)

À NOTER ! Most word-final consonants are **not** pronounced in French. However, be **careful** of the four consonants in **careful**! — they are frequently pronounced at the end of words. And of these four consonants, l is the most consistently pronounced in final position.

ma*l* hôte*l* que*l* fi*l* (*thread*)

However, remember that the final l of *gentil* is not pronounced.

To summarize, except for the combinations **i** + **ll** and vowel + **il**, **ill**, the consonant **l** or the combination **ll** is pronounced the same in all positions, that is, very much like the **l** of "**l**ove".

Repeat the following sentences, paying particular attention to the *italized* letters and combination of letters.

1. Jo*cel*yne Tremb*l*ay va passer p*l*usieurs mois dans un vi*ll*age tranqu*ill*e près de Dakar, au Sénéga*l*.
   Que*ll*e be*ll*e expérience !
2. Heather va trav*aill*er au Centre d'Eco*l*ogie Marine dans *l*a vi*ll*e de Mars*eill*e.
3. Andy va a*ll*er à l'éco*l*e é*l*émentaire, mais Emily va être dans un co*ll*ège.
4. I*l*s vont probab*l*ement faire un séjour agréab*l*e dans *l*e sud enso*l*ei*ll*é (*sunny*) de la France.

And if you enjoy tongue twisters, you might also try:

Que *l*it *L*i*l*y sous ces *l*ilas-*l*à ? *L*i*l*y *l*it *l'Il*iade !

Communication, structures et vocabulaire

I. Exprimer les émotions
II. Vivre les conflits interpersonnels

A. **Situations diverses** Écoutez les mini-conversations et numérotez dans l'ordre l'émotion ressentie par la dernière personne qui parle.

Vocabulaire utile : un outil (*tool*); plaisanter (*to be joking, kid around*)

[   ] elle n'a pas le moral _____

[   ] il est extrêmement content _____

[   ] il est très frustré _____

[   ] elle est tout à fait confuse _____

[   ] elle est assez surprise _____

[   ] il est choqué _____

[   ] elle se sent rassurée _____

[   ] il a le mal du pays _____

B. Attention ... ! Écoutez les remarques enregistrées et réagissez de façon appropriée.

modèle (dans le métro)
Vous entendez: Attention, vous avez marché sur mon pied !
Vous dites/écrivez : **Oh pardon, je suis désolé-e, etc.**

Vocabulaire utile : patienter (*to be patient*)

1. (au guichet - *ticket window*) _____

_____

2. (dans la classe d'histoire) _____

_____

3. (en famille) _____

_____

4. (au cinéma) _____

_____

5. (chez le docteur) _____

_____

6. (à la bibliothèque) _____

_____

III. Exprimer la négation : synthèse

A. Contradictions Écoutez les commentaires enregistrés et exprimez l'idée contraire. Répétez ensuite la bonne réponse.

modèle Luc achètera quelque chose en ville
Mais non, il n'achètera rien en ville.

B. Pauvre Thomas Thomas n'est pas très chanceux. Répondez négativement aux questions que vous entendez.

Vocabulaire utile : à temps partiel (*part-time*)

1. _____

   _____

2. _____

   _____

3. _____

   _____

4. _____

   _____

5. _____

   _____

6. _____

   _____

IV. Bien s'exprimer : les pronoms relatifs *qui* et *que*

A. Pratique pratique Vous allez entendre deux phrases courtes. Faites-en une seule phrase à l'aide du pronom relatif *qui* ou *que*. Ensuite, répétez la bonne réponse.

modèle Vous entendez : Le livre est sur la table. Il est à Eve.
Vous dites : **Le livre *qui* est sur la table est à Eve.**

B. Choix personnels Complétez les segments de phrase que vous allez entendre.

modèle Je préfère les films qui _____
Je préfère les films qui ne sont pas trop violents.

1. _____

2. _____

3. _____

4. _____

5. _____

6. _____

7. _____

8. _____

Scène 2 : En ville

Sur le vif !

A. **Visite de Dakar** Écoutez la conversation *En ville* et répondez aux questions suivantes.

1. Quel musée est-ce que Jocelyne, Fatou et Souleye visitent ?

   _____

   _____

2. Quel est le but principal de chaque artiste ?

   _____

   _____

3. Qu'est-ce qui s'est passé au Sénégal sur le plan artistique après la fin de l'époque coloniale ?

   _____

   _____

4. Pourquoi est-ce qu'une mariée sénégalaise ne porte jamais le blanc ?

   _____

   _____

5. Et Jocelyne, pourquoi est-ce qu'elle décide de ne pas porter le blanc le jour de son propre mariage ?

   _____

   _____

6. Où trouve-t-on de très bons tisserands ?

_____

_____

7. Qui viendra manger chez Fatou et Maman le soir de la visite du musée ?

_____

_____

8. Quel sera le plat principal ?

_____

_____

Communication, structures et vocabulaire

I. Introduire un sujet, y renvoyer

A. **Au choix** Écoutez les questions et commentaires des huit mini-contextes et choisissez une des réactions suivantes. Répétez ensuite la réponse que vous entendez.

Oui, ... c'est fantastique !   c'est atroce !
          il est fantastique !   il est atroce !
          elle est fantastique !   elle est atroce !
          ils sont fantastiques !   ils sont atroces !
          elles sont fantastiques ! elles sont atroces !

B. **À vous !** Répondez aux questions personnalisées que vous allez entendre. Essayez d'utiliser *ce, il, elle, ils* ou *elles* dans vos réponses.

modèle   Est-ce qu'*il* est important de choisir des cours intéressants ?
         Bien sûr, *c*'est très important, mais *il* est encore plus important de choisir des cours utiles.

Vocabulaire utile : un entraîneur (*coach*); un siège (*seat*)

1. _____

_____

2. _____

_____

3. _____

_____

4. _____

_____

5. _____

_____

6. _____

_____

II. Faire des hypothèses

A. **Non, je ne peux pas ce matin, mais ...** Ce que Diane ne peut pas faire ce matin, elle pourra peut-être faire cet après-midi. Jouez le rôle de Diane en suivant le modèle, et répétez ensuite la bonne réponse.

modèle (Francine) S'il fait beau, est-ce que tu pourras faire du canoë ce matin ?
(Diane) **Non, je ne peux pas ce matin, mais s'il faisait beau cet après-midi, je pourrais faire du canoë.**

B. **Quelques hypothèses** Que feriez-vous si vous étiez le Premier Ministre du Canada ? Écoutez la bande sonore et suivez le modèle.

modèle Vous entendez : donner plus d'argent aux pauvres
Vous dites/écrivez : **Si j'étais le Premier Ministre, je donnerais plus d'argent aux pauvres.**

Vocabulaire utile : les impôts sur le revenu (*income taxes*)

1. _____

_____

2. _____

_____

3. _____

_____

4. _____

_____

5. _____

_____

6. _____

_____

Activités de synthèse

A. **Activité d'écoute** Jocelyne a très envie de parler quelques minutes avec son fiancé Robert et décide de lui téléphoner du Sénégal. Écoutez leur conversation téléphonique et répondez aux questions suivantes :

Vocabulaire utile : dépaysé (*disoriented*); passer le cap (*to get by the worst part*); mâchonner (*to chew*); des cure-dents (*toothpicks*); le tissage (*weaving*); pareillement (*likewise*)

1. Pourquoi est-ce que Jocelyne a envoyé quelques lettres assez tristes à Robert ?

_____

_____

2. Et pourquoi est-ce qu'elle se sent soulagée maintenant ?

_____

_____

3. Où est-ce que Robert a passé les vacances de Noël ?

_____

_____

4. De qui est-ce que Robert aimerait bien faire la connaissance un jour ?

_____

_____

5. Qu'est-ce qu'on voit souvent en se promenant dans la rue au Sénégal ?

_____

_____

6. Pourquoi est-ce que l'amie nigérienne de Jocelyne en est choquée ?

_____

_____

7. Pourquoi est-ce que Jocelyne est allée dans le village natal de "Maman" ?

_____

_____

8. Qu'est-ce que la tisserande qu'elle a rencontrée va lui montrer ?

_____

_____

9. Quand est-ce que Robert verra la robe de mariée de Jocelyne ?

_____

_____

10. Quelle date est-ce que Robert propose pour le mariage, et pourquoi ?

_____

_____

B. **Dictée** Fatou et Maman parlent de la fête qu'elles organisent pour les fiançailles de Jocelyne.

Maman: _____

_____

Fatou: _____

_____

Maman: _____

_____

C. **Le mot de la fin** Il est normal de penser à l'avenir de temps en temps (et peut-être de s'en inquiéter un peu). Répondez aux questions suivantes par des phrases complètes.

1. _____

_____

2. _____

_____

3. _____

_____

4. _____

_____

5. _____

_____

Chapitre 13 : L'environnement en question

Scène 1 : Discussion de problèmes

Sur le vif !

A. **Crises diverses !** Écoutez la conversation *Discussion de problèmes* et répondez aux questions orales qui la suivent.

1. _____

_____

2. _____

_____

3. _____

_____

4. _____

_____

5. _____

_____

6. _____

_____

7. _____

_____

Prononciation

La consonne *r*

We return to Marseille for the setting of the conversations in Chapter 13. One of the characteristics of the "accent du Midi" (to which we will return in the final chapter) is what is often called a "rolled" **r**. It is produced in the front of the mouth, with the tip of the tongue making one or several vibrations against the front part of the palate. This **r** is sometimes referred to as the "**r** bourguignon", since it is commonly heard in the French province of la Bourgogne (*Burgundy*). It is also the **r** sound used in the dialects of many regions of francophone Canada. Interestingly, it is the **r** sound recommended when you sing in French !

However, the more standard French **r** is a consonant sound produced much further back in the mouth, near the pharynx. It is often called a "uvular **r**" and is a "fricative" sound (that is, produced by friction when air passes between the raised back of the tongue and the back part of the palate). Try to be conscious of how you pronounce the consonants **g** and **k** in the words *gare* and *quartier* — the uvular **r** is pronounced slightly further back, and if the gap between the raised tongue and the palate is narrow enough, friction should be audible as the air passes through this area of the mouth. You may rather quickly decide that this is easier said than done, and successive approximations may be necessary. (If by any chance you already know Spanish or German, the uvular *r* is somewhat similar to the **j** in the Spanish word *hijo* and the **ch** in the German word *buch*.)

You may find it easier to acquire an acceptable **r** sound if you first practice it with a preceding (or following) [g] or [k]. Remember as well to keep the tip of the tongue **down** to avoid producing a "rolled" **r**. (It has also been suggested that one can successfully produce the uvular **r** — or a very close approximation — by pronouncing a back vowel such as [a] and either adding a gargling sounding on pushing up on one's Adam's apple!) Using whatever technique seems to work best for you, practice the uvular **r** in the following sets of words — try those in the left-hand columns first.

grand	étrange	car	garage
agréable	fromage	pour	terrasse
cri	adresse	lire	arriver
crédit	ouvre	d'accord	Irène
argument	carte	rose	rivière
organique	personne	rideau	regarder
cirque	apprend	rouge	prendre
pourquoi	nombre	rue	travailleur

Finally, repeat again the first sentence of the conversation *Discussion de problèmes*, paying particular attention to the pronunciation of the consonant **r**.

Vous savez, on parle de plus en plus des allergies dans les revues médicales. Je suis persuadé, moi, que les gens ont plus d'allergies de nos jours que dans le passé. C'est une véritable crise. Regardez, par exemple ...

Communication, structures et vocabulaire

I.   Discuter et débattre

A.   Écoutez bien le verbe Est-ce que le *deuxième* verbe dans les phrases que vous entendez est à l'indicatif présent, au passé composé, au présent du subjonctif ou au passé du subjonctif ?

	Indicatif présent	Passé composé	Présent du subjonctif	Passé du subjonctif
1.	[ ]	[ ]	[ ]	[ ]
2.	[ ]	[ ]	[ ]	[ ]
3.	[ ]	[ ]	[ ]	[ ]
4.	[ ]	[ ]	[ ]	[ ]
5.	[ ]	[ ]	[ ]	[ ]
6.	[ ]	[ ]	[ ]	[ ]
7.	[ ]	[ ]	[ ]	[ ]
8.	[ ]	[ ]	[ ]	[ ]

B.   Ripostes Écoutez les opinions exprimées et choisissez la réplique la plus appropriée.

Vocabulaire utile : le saumon (*salmon*); la lotion écran total (*sunblock lotion*); une forêt tropicale humide (*rain forest*)

1.   (a) [ ] Et c'est si bon quand c'est bien préparé !
     (b) [ ] L'important, c'est qu'on ait un petit jardin chez soi.
     (c) [ ] Bien que je sois d'accord, je ne peux pas t'accompagner.

2.   (a) [ ] Et moi, je trouve ridicule que vous risquiez des maladies graves.
     (b) [ ] Ça ne me dérange pas de t'aider un peu.
     (c) [ ] Franchement, je suis ravi de sa décision.

3.   (a) [ ] Dis-moi pourquoi elle en est surprise.
     (b) [ ] Et le plastique, qu'en faites-vous ?
     (c) [ ] Je continuerai jusqu'à ce que ça soit fini.

4.   (a) [ ] Il se peut que nous y allions la semaine prochaine.
     (b) [ ] C'est pour cela que je préfère habiter à la campagne.
     (c) [ ] Il faut le faire afin qu'on ne détruise pas la couche d'ozone.

5.   (a) [ ] Oui, il faut réagir avant que ça ne soit trop tard.
     (b) [ ] Il vaut mieux que vous vous enfermiez dans votre maison.
     (c) [ ] Je trouve incroyable qu'il ait fait si chaud en Ontario l'été dernier.

II.   Bien s'exprimer : les pronoms relatifs (suite)

A.   Pratique pratique Vous allez entendre deux phrases courtes. Faites-en une seule phrase à l'aide d'un pronom relatif. Ensuite, répétez la bonne réponse.

modèle   Voilà l'homme. Je parlais de cet homme.
             Voilà l'homme *dont* je parlais.

B.   Tout est relatif ! Composez une phrase complexe à partir des fragments enregistrés en utilisant des pronoms relatifs. (Essayez de les varier !) Écrivez d'abord les fragments que vous entendez.

> modèle   maladie grave/trouver/guérison/SIDA
> **La maladie la plus grave pour *laquelle* nous devons trouver une guérison, c'est le SIDA.**

1.   (fragments) _____

     (phrase complexe) _____

     _____

2.   (fragments) _____

     (phrase complexe) _____

     _____

3.   (fragments) _____

     (phrase complexe) _____

     _____

4.   (fragments) _____

     (phrase complexe) _____

     _____

5.   (fragments) _____

     (phrase complexe) _____

     _____

Scène 2 : Actions à prendre

Sur le vif !

A.   Quelques solutions ! Écoutez la conversation *Actions à prendre* et dites si les commentaires que vous entendrez après sont vrais ou faux. S'ils sont faux, essayez de les corriger. Comparez votre réponse orale avec celle donnée sur la bande sonore.

B. Identifiez le personnage Qui parle, à votre avis ?

Vocabulaire utile : la morue (*cod*)

	Heather	Michael	Marie-Josée	Hassan
1.	[ ]	[ ]	[ ]	[ ]
2.	[ ]	[ ]	[ ]	[ ]
3.	[ ]	[ ]	[ ]	[ ]
4.	[ ]	[ ]	[ ]	[ ]
5.	[ ]	[ ]	[ ]	[ ]
6.	[ ]	[ ]	[ ]	[ ]

Communication, structures et vocabulaire

I. Mener des discussions

A. Écoute, Charles ... Écoutez quelques commentaires faits par François et numérotez dans l'ordre les répliques les plus appropriées de son ami Charles.

Vocabulaire utile : l'escalade (*rock climbing*); faire la grasse matinée (*to sleep in*)

(a) Tu oublies peut-être que ma soeur m'a déjà promis de me prêter sa voiture. ( )
(b) Dis, c'est vrai qu'on n'en a pas fait depuis longtemps. ( )
(c) Tu exagères, François; j'aime bien faire la grasse matinée le samedi matin. ( )
(d) Tu sais, c'est exactement ce que je pensais, moi. ( )
(e) Je n'en suis pas convaincu; on peut toujours l'essayer ! ( )

B. Mais attendez un peu ! Coupez court à (*interrupt*) la remarque que vous entendez avec une expression appropriée, et ajoutez un commentaire pour indiquer votre accord, votre désaccord ou un nouveau point de vue.

Vocabulaire utile : les frais d'inscription (*tuition fees*)

1. _____

_____

2. _____

_____

3. _____

_____

4. _____

_____

5. _____

_____

6. _____

_____

II. Bien s'exprimer : les pronoms toniques (synthèse)

A. Dis-moi, Solange ... Solange vient de passer une dizaine de jours à Québec avec trois amis. Magali lui téléphone pour savoir si elle a passé de bonnes vacances. Solange répond affirmativement à toutes ses questions (en utilisant toujours un pronom tonique !). Donnez les réponses de Solange et ensuite, répétez la bonne réponse.

III. Demander des renseignements (suite)

A. Je voulais juste savoir ... Répondez aux questions qu'on vous pose sur vos activités du mois dernier.

1. _____

_____

2. _____

_____

3. _____

_____

4. _____

_____

5. _____

_____

B. Laquelle des réponses est la meilleure ? Vous entendrez encore quelques questions. (Mais attention ! Cette fois, il y aura toujours une forme du pronom interrogatif *lequel*.)

1. _____

   _____

2. _____

   _____

3. _____

   _____

4. _____

   _____

5. _____

   _____

Activités de synthèse

A. Activité d'écoute Gérard fait des enquêtes sur le terrain (*field research*) au Poitou-Charentes, région de l'ouest de la France. Il interviewe une famille de viticulteurs (*wine-growers*) qui habite près de Cognac. Écoutez la conversation et complétez :

Vocabulaire utile : un patois (*local or regional form of a dialect*); interdire (*to forbid*); mémé (*gramma*); la vigne (*vine*); élever (*to raise*); surveiller (*to keep an eye on*); dans le sang (*in the blood*); le droit (*law*); un gamin (*kid*)

1. Gérard veut s'informer le plus possible sur _____

   _____

2. À l'école, Mme Magnan était punie si _____

   _____

3. Mme Magnan est un peu pessimiste, parce que _____

   _____

4. Malheureusement, le mari de Mme Magnan _____

   _____

5. Yves, le fils de Mme Magnan, a choisi _____

_____

6. Il est peu probable que les petits-enfants de Mme Magnan _____

_____

7. Il n'y a aucune activité économique dans le village, mais _____

_____

B. Dictée Heather prépare un petit article sur les problèmes environnementaux qui touchent la ville de Marseille. Vous allez entendre un extrait de ce qu'elle a écrit. Écrivez les phrases que vous entendez.

Vocabulaire utile : souffrir (*to suffer* - conjugué comme ouvrir); la banlieue (*suburbs*); s'établir (*to set up, locate*); les déchets (*garbage*)

_____

_____

_____

_____

_____

_____

_____

C. Le mot de la fin Les grands-parents parlent souvent du «bon vieux temps» de leur génération. Écoutez les questions et répondez en donnant vos opinions personnelles.

1. _____

_____

2. _____

_____

3. _____

_____

4. _____

_____

5. _____

_____

Chapitre 14 : De retour à Québec

Scène 1 : Retrouvailles

Sur le vif !

A. **On se retrouve !** Écoutez la conversation *Retrouvailles* et indiquez ...

1. où la conversation a lieu

_____

_____

2. si les Charbonneau sont contents d'être de retour au Québec

_____

_____

3. ce que Jocelyne propose à Mme Charbonneau

_____

_____

4. quand Robert et Jocelyne se marieront

_____

_____

5. s'ils vont partir au Sénégal en voyages de noces

_____

_____

6. ce que Jocelyne fera l'année prochaine

_____

_____

7. pourquoi Robert préparera une maîtrise en ethnologie

_____

_____

Prononciation

Le québécois, l'acadien et «l'accent du Midi»

As we mentioned in an earlier chapter, we do not expect you to acquire for active use a variety of French accents. It is useful, however, to be able to recognize, for comprehension purposes, some of the most common regional variants, and since the settings of many of the conversations you heard in earlier chapters include Quebec, eastern Canada, Louisiana and the south of France, it is appropriate to note here in our final chapter a few of the main characteristics of québécois and Acadian French as well as "l'accent du Midi".

Le québécois et l'acadien

There are, of course, many features that differentiate so-called "standard" or international French from Canadian French that are shared by both Québécois and Acadian. A few examples include: (a) the tendency to pronounce the vowels /i/, /y/ and /u/ as "lower" vowels than in standard French; (b) the combination /ɛ/ + *r* is often pronounced /**ar**/ in Canadian French and (c) the second consonant of a group of two final consonants is usually not pronounced in Canadian French. Listen and compare:

	Standard French	Canadian French
(a)	v*i*te - j*u*pe - c*ou*pe	v*i*te - j*u*pe -c*ou*pe
(b)	f*e*rme, h*e*rbe	"f*a*rme", "h*a*rbe"
(c)	communi*st*e, possi*bl*e	communis(*t*)e, possib(*l*)e

However, Québécois and Acadian differ in several respects. In Québécois, but **not** in

Acadian, for example: (a) the consonants /t/ and /d/ often sound like /ts/ and /ds/ when followed by certain "high" vowels; (b) the combination /wa/ is frequently *w* in Québécois and (c) there are many diphthongs in Québécois. Compare:

	Standard French	Québécois
(a)	pe*ti*t, *di*re	pe*ti*t, *di*re
(b)	dis-m*oi*	dis-m*oi*
(c)	b*eu*rre, n*ei*ge	b*eu*rre, n*ei*ge

In Acadian, on the other hand, (a) /k/ and /g/ may be pronounced as "**tch**" and "**dj**" when followed by certain vowels; (b) the final nasal vowel /ɛ̃/ in certain Acadian dialects is no longer nasal, but rhymes with "bonne"; (c) the nasal vowel /ɔ̃/, on the other hand, may become a diththong. Compare once again:

	Standard French	Acadian French
(a)	*c*uisine, *g*uerre	"*tch*uisine", "*dj*arre"
(b)	dem*ain*	"dem*onne*"
(c)	chans*on*	chans*on*

Needless to say, there are many small differences in pronunciation **within** the various dialects of both Acadian and Québécois. This is hardly surprising — one has only to think of the many regional differences in North American English. Chances are that your own accent is not precisely the same as some of the other students in your classes!

L'accent du Midi

At this point you might like to listen again to the conversation *Chez les Arnaud (Chapter 9, Scène 1)*, paying careful attention to the accents of M. and Mme Arnaud. Did you note any particular features of their pronunciation? Perhaps the most striking characteristic of a typical southern French accent is the tendency to pronounce **all** unstable vowels, regardless of position. The comment is sometimes made that the particular rhythm created by the pronunciation of each and every unstable **e** makes one think of French being spoken with an Italian accent! Compare:

C'est une belle jeune fille. (standard accent)
C'est un*e* bell*e* jeune fill*e*. (southern French accent)

The nasal vowels of southern French also have a rather distinct pronunciation - they sound somewhat like a combination of the normal French nasals followed by a consonant similar to the final sound in the English word *sing*. Did you notice how M. Arnaud said:

Et bonjour les enf*an*ts !
... le style est typique de la régi*on* ...

There is, as well, a tendency to "roll" the consonant **r** in certain regions of the Midi - you will recall the discussion of the different varieties of French **r** in the last chapter.

(As in other areas of *la francophonie*, there is also considerable **regional** variation in the French spoken in the south of France.)

Once again, we stress that we do not expect you to modify your own French accent that you have been acquiring since you began *Bonne route*. It is an international standard accent that is easily understood in all regions of *la francophonie*. But it is nonetheless important, particularly in the North American context, to remember that in familiarizing yourself somewhat with some of the main features of various regional accents, you will more easily understand the French that you come across as you travel in the richly diverse francophone world. As a final challenge, try and guess from which region the speakers come from as you listen to the short segments that follow. (The answers are provided in the "*Corrigé*".)

		Québec	Acadie	northern France	southern France
1.	Dites-moi, vous autres ...	[ ]	[ ]	[ ]	[ ]
2.	une jolie petite voiture	[ ]	[ ]	[ ]	[ ]
3.	C'est ici, dans le coin.	[ ]	[ ]	[ ]	[ ]
4.	J'ai eu vite peur.	[ ]	[ ]	[ ]	[ ]
5.	l'année qui vient	[ ]	[ ]	[ ]	[ ]
6.	Elle sera chez nous.	[ ]	[ ]	[ ]	[ ]
7.	une très grosse maison	[ ]	[ ]	[ ]	[ ]
8.	Tu as vu le serpent ?	[ ]	[ ]	[ ]	[ ]

Communication, structures et vocabulaire

I. Exprimer des voeux; féliciter

A. Bravo ! Écoutez les mini-contextes et offrez des félicitations ou voeux appropriés.

modèle   Ça y est; Murielle et moi, nous avons décidé de nous fiancer.
            Félicitations, et tous mes voeux de bonheur !

1. _____

2. _____

3. _____

4. _____

5. _____

II, III. Faire des hypothèses (suite et synthèse)

A. **Tu l'aurais fait, toi ?** Encerclez la réponse la plus probable aux questions que vous entendez.

Vocabulaire utile : frais d'inscription (*tuition fees*)

1. (a) Je pense qu'elle n'avait pas le temps de lui parler.
   (b) Je pense qu'elle se serait fâchée.
   (c) Je pense qu'elle lui aura déjà donné ce qu'il a oublié.

2. (a) Je suppose que je n'irais pas au cinéma.
   (b) Je suppose que je ne serais pas allée au concert.
   (c) Je suppose que je lui achèterais un cadeau.

3. (a) Oui, ils n'auraient pas été contents du tout.
   (b) Oui, ils auront le droit de se fâcher.
   (c) Non, ils n'avaient pas réagi.

4. (a) Oui, il a certainement envie de l'inviter.
   (b) Non, il n'avait pas l'intention de les voir.
   (c) Je ne sais pas du tout ce qu'il compte faire vendredi prochain.

5. (a) Oui, pourquoi pas, j'adore le Mexique !
   (b) J'aurai un deuxième cours de maths après Noël.
   (c) Non, j'ai déjà un cours de langue; c'est assez.

B. **L'imagination à l'oeuvre** Vous allez entendre la première moitié d'une hypothèse faite par un des personnages. Écrivez l'hypothèse et imaginez une conséquence possible.

modèle (Robert) Si j'avais eu un peu plus d'argent ...
Si j'avais eu un peu plus d'argent, je serais allé rendre visite à Jocelyne au Sénégal.

1. (Jocelyne) _____

   _____

2. (Michael) _____

   _____

3. (M. Charbonneau) _____

4. (Maria) _____

5. (Gabrielle) _____

6. (Joseph) _____

IV. Relier une série d'événements futurs

A. Pratique pratique   Est-ce que le verbe des phrases que vous entendrez est au conditionnel présent, au passé du conditionnel, au plus-que-parfait ou au futur antérieur ?

conditionnel présent	passé du conditionnel	plus-que-parfait	futur antérieur
1. [ ]	[ ]	[ ]	[ ]
2. [ ]	[ ]	[ ]	[ ]
3. [ ]	[ ]	[ ]	[ ]
4. [ ]	[ ]	[ ]	[ ]
5. [ ]	[ ]	[ ]	[ ]
6. [ ]	[ ]	[ ]	[ ]
7. [ ]	[ ]	[ ]	[ ]
8. [ ]	[ ]	[ ]	[ ]

B. À vous de jouer   Répondez selon le modèle aux questions que vous entendrez en suivant les indications ci-dessous (*below*). Ensuite, répétez la bonne réponse.

modèle   Est-ce que Lise finira de lire *Maria Chapdelaine* ce soir ?
(dans une semaine) **Non, mais dans une semaine elle *aura fini* de le lire.**

1. (dans deux jours) _____

2. (dans une semaine) _____

3. (d'ici deux ou trois jours) _____

4. (dans cinq minutes) _____

5. (dans un an) _____

C. Au milieu du XXIe siècle   Yvette pense qu'on aura fait des choses extraordinaires avant l'an 2050. Écrivez d'abord ce qu'elle dit, et indiquez après pourquoi vous êtes d'accord (ou pas d'accord !) avec elle.

modèle   Vous entendez : Avant l'an 2050 on aura envoyé des hommes et des femmes explorer la planète Mars.
Vous écrivez : **Avant l'an 2050 on aura envoyé des hommes et des femmes explorer la planète Mars. Non, je ne suis pas d'accord avec elle, parce qu'on n'aura pas fait les progrès technologiques nécessaires.**

1. _____

_____

_____

2. _____

_____

_____

3. _____

_____

_____

4. _____

_____

_____

5. _____

_____

_____

V. Parler de personnes et de choses non-spécifiques

A. **Certains l'aiment ...** Répondez aux questions personnalisées.

Vocabulaire utile : exigeant (*demanding*)

1. _____

_____

2. _____

_____

3. _____

_____

4. _____

_____

5. _____

_____

6. _____

_____

VI. Les pronoms possessifs

A. **C'est le tien ?** Suivez le modèle, et ensuite répétez la bonne réponse.

modèle   Vous entendez : une jupe (moi)
             Vous dites : **C'est la mienne.**

B. **Quelle a été la question ?** Voici quelques questions. Vous entendrez pour chaque question trois réponses possibles. Choisissez la réponse la plus appropriée.

modèle   Vous lisez: Ce livre est à Nancy ?
             Vous entendez :
             (a) [ ] Oui, c'est la sienne.
             (b) [x] **Oui, c'est le sien.**
             (c) [ ] Oui, c'est le nôtre.

1. Ces disques compacts de musique grunge sont à Christophe ?
    (a) [ ] (b) [ ] (c) [ ]

2. Cette voiture est aux parents de Rose ?
    (a) [ ] (b) [ ] (c) [ ]

3. Ces cassettes sont à toi ?
    (a) [ ] (b) [ ] (c) [ ]

4. Ce journal est à nous ?
    (a) [ ] (b) [ ] (c) [ ]

5. Cet appartement est à vos grands-parents ?
    (a) [ ] (b) [ ] (c) [ ]

6. Ces stylos sont à moi ?
    (a) [ ] (b) [ ] (c) [ ]

Scène 2 : Perspectives

Sur le vif !

A. **Départs !** Écoutez la conversation *Perspectives* et ensuite complétez oralement les débuts de phrases que vous entendrez. Répétez ensuite les réponses données sur la bande sonore.

B. **À vos lettres !** Relisez les lettres envoyées par Jocelyne et Gérard et dites si les commentaires que vous entendez sont vrais ou faux. S'ils sont faux, corrigez-les.

(a) la lettre de Jane

1. V [ ] F [ ] _____

_____

2. V [ ] F [ ] _____

_____

3. V [ ] F [ ] _____

_____

(b) la lettre de Gérard

1. V [ ] F [ ] _____

_____

2. V [ ] F [ ] _____

_____

3. V [ ] F [ ] _____

_____

Activités de synthèse

A. Activité d'écoute Vous avez peut-être remarqué qu'il n'y a pas de lettre de Maria parmi (*among*) les *Lettres venues de loin* dans le manuel. Écoutez la cassette envoyée par Maria à Jane et répondez aux questions suivantes.

Vocabulaire utile : un bilan (*summary*); une clôture (*fence*); l'appel (*roll-call*); le professeur principal (*home-room teacher*); un suppléant (*substitute*); annuler (*to cancel*); politisé (*politically active*); une grève (*strike*); une «manif» (*demonstration*)

1. Est-ce que Maria a beaucoup voyagé pendant son année en France ? _____

    _____

2. Quelle différence y a-t-il entre les journées d'école en France et au Canada ?_____

    _____

3. Comment contrôle-t-on la présence des élèves au collège ? _____

    _____

4. Selon Maria, lequel des systèmes scolaires semble être plus rigide, le système

    canadien ou le système français ? _____

    _____

5. On est souvent bien content si on a quelle note en France ? _____

    _____

6. Pourquoi est-ce que Maria dit que ses collègues sont plus «politisés» que les profs

    qu'elle a eus dans ses écoles canadiennes ? _____

    _____

7. Qu'est-ce que Maria a choisi comme carrière ? _____

_____

B. Dictée Robert et M. Charbonneau sont en train de bavarder. Écrivez cet extrait de leur conversation.

M. Charbonneau :

_____

_____

_____

Robert :

_____

_____

_____

_____

_____

C. Le mot de la fin À la fin de l'année académique, il est normal de penser à l'avenir. Répondez aux questions que vous entendez.

1. _____

_____

2. _____

_____

3. _____

_____

4. _____

_____

5. _____

_____

Corrigé

Chapitre préliminaire

Scène 1 : Sur le vif !

A.   1.Maria 2.Mme Gagnon 3.Mme Gagnon 4.Maria 5.Mme Gagnon 6.Mme Gagnon

B.   Answers will vary. Likely answers are: 1.Bonjour, Madame Gagnon. Je m'appelle ... (Sue, Tom, etc.). 2.Merci, Madame. 3.Oui, je suis de Colombie-Britannique/Non, je ne suis pas de Colombie-Britannique, je suis de ... 4.Oui, je suis en résidence/Non, je ne suis pas en résidence. 5.Au revoir, Madame.

Communication, structures et vocabulaire

I.A   Answers will vary somewhat. Possible answers are : 1.Enchanté-e, Monsieur le Directeur. Je m'appelle ... et je suis étudiant-e dans le programme d'immersion. 2.Salut, Maria. Je m'appelle ... et je suis (aussi) étudiant-e dans le programme. 3.Enchanté-e/Bonjour, Monsieur Charbonneau. Je suis ...

II.A.   Answers on tape.

III.A.   Answers on tape.

IV.A.   Answers on tape.

Scène 2 : Sur le vif !

A.   1.T 2.F 3.F 4.T 5.F

B.   Answers on tape.

Communications, structures et vocabulaire

I.A.   Answers on tape.

II.A.   Answers on tape.

B.   Answers will be either affirmative or negative and may vary slightly. 1.Oui, j'ai une machine à popcorn/Non, je n'ai pas de machine à popcorn. 2.Oui, j'ai une raquette de squash/Non, je n'ai pas de raquette de squash. 3. Oui, j'ai un réveille-matin/Non, je n'ai pas de réveille-matin. 4.Oui, j'ai une affiche dans la chambre/Non, je n'ai pas d'affiche dans la chambre. 5.Oui, j'ai une imprimante/Non, je n'ai pas d'imprimante. 6.Oui, j'ai un chien/Non, je n'ai pas de chien.

C.   Answers on tape.

III.A. 1.Mais nous en avons une aussi/Malheureusement, nous n'en avons pas. 2.Mais j'en ai aussi/Malheureusement, je n'en ai pas. 3.Mais on en a un aussi/Malheureusement, on n'en a pas. 4.Mais nous en avons un aussi/Malheureusement, nous n'en avons pas. 5.Mais il y en a deux aussi (ici)/Malheureusement, il n'y en a pas (ici).

Activités de synthèse

A. 1.b 2.c 3.b 4.a 5.c

B. and C. Answers may be handed in for correction. Consult your instructor.

Chapitre 1

Scène 1 : Sur le vif !

A. Answers on tape. (Your answers given orally may have been somewhat different.)

B. 1.Maria. 2.Maria. 3.Gérard. 4.Jocelyne. 5.Gérard.

Communication, structures et vocabulaire

I.A. Answers on tape.

B. 1.Ce sont probablement Jane et Maria. 2.C'est probablement Gérard. 3.C'est probablement Maria. 4.C'est probablement Jocelyne. 5.C'est probablement Maria. 6.C'est probablement Maria.

II.A. Answers will vary. Possible answers are : 1.Bonjour/Salut, Jane. Je m'appelle ... 2.Bonjour, Monsieur. Ça va très bien, merci. Et vous ? 3.Salut/Bonjour, Monique. (Je m'appelle) ... 4.A la prochaine, Madame. Bonne journée. 5.Ciao/Bye (*bye*).

III.A. Answers will vary.

B. Answers will vary. Examples of possible answers are : 1.Les films français ? Non, je ne les aime pas, je préfère les films canadiens. 2.Moi, j'aime assez la philosophie, mais je déteste la biologie. 3.Nous aimons beaucoup Gilles Vigneault, mais nous n'aimons pas tellement Jean-Pierre Ferland. 4.Je n'aime pas beaucoup les sciences, moi, mais j'adore l'histoire. 5.Les personnages ? J'aime bien Gérard et Maria.

IV.A. Answers on tape. (The answers you gave orally may have been slightly different.)

V.A. Answers on tape.

Scène 2 : Sur le vif !

A. 1.a 2.a 3.c 4.b 5.a 6.c

B. Answers on tape.

Communication, structures et vocabulaire

I.A. Answers will vary but here are some likely ones : 1.Salut, Paul. Je te présente Pierre. C'est mon camarade de chambre. 2.Bonjour, M. Charbonneau. Je vous présente Paul, mon camarade de chambre. 3.Bonjour maman/papa. Je te présente Paul. C'est mon camarade de chambre. 4.Bonjour, docteur. Je vous présente Paul, mon camarade de chambre. 5.Bonjour, Gérard. Je te/vous présente Paul, mon camarade de chambre.

II.A. Answers (both affirmative and negative) on tape.

III.A. 1.Oui, je regardais/Non, je ne regardais pas la télévision tous les soirs quand j'étais en vacances. 2.Oui, j'allais/Non, je n'allais pas souvent à des concerts ... 3.Oui, je cuisinais/Non, je ne cuisinais pas le soir ... 4.Oui, j'écoutais/Non, je n'écoutais pas la musique classique ... 5.Oui, je jouais/Non, je ne jouais pas au tennis tous les jours ...

IV.A. Answers on tape.

V.A. Answers on tape.

VI.A. 1.quatre-vingts 2.soixante et onze 3.quarante-deux, soixante-dix-huit, vingt et un 4.vingt-six 5.cent 6.mille trois cent vingt-neuf 7.deux mille 8.douze mille

B. 1.yes 2.no; 2009 3.no; 85 4.yes 5.no; 1944 6.no; 803

VII.A. Answers on tape.

Activités de synthèse

A. Answers are also on tape. 1.Elle habite à Rimouski depuis vingt-trois ans. 2.Elle étudiait l'informatique et la chimie à l'université. 3.Elle est maintenant informaticienne (dans un bureau à Rimouski). 4.Non, elle aime bien la danse aérobique. 5.Elle préfère la musique folk. 6.Elle chante dans une chorale/Elle chante dans la chorale de la ville de Rimouski.

B. and C. may be handed in for correction. Consult your instructor.

Chapitre 2

Scène 1 : Sur le vif !

A. **Dialogue**

B. 1.a 2.b 3.c 4.c 5.b 6.b 7.a

Communication, structures et vocabulaire

I.A. Answers on tape.

B. Answers on tape.

II.A. Answers on tape.

B. Answers will vary.

III.A. Answers on tape.

B. 1.Son cousin a soixante-quatre ans. 2.Sa soeur a douze ans. 3.Sa cousine a quatre-vingt-dix-huit ans. 4. Son frère a quatre-vingt-onze ans. 5.Son neveu a soixante-dix-huit ans. 6. Sa soeur a trente-trois ans.

Scène 2 : Sur le vif !

A. Dialogue on tape.

B. Answers on tape.

C. Answers on tape.

Communication, structures et vocabulaire

I.A. 1.Nous venons aussi de Whitehorse. 2.Vous venez aussi de Berlin. 3.Marc et Marguerite viennent aussi de Washington. 4.Nous allons aussi à Whitehorse pour les vacances. 5.Vous allez aussi à Berlin pour les vacances. 6.Marc et Marguerite vont aussi à Washington pour les vacances.

II.A. Answers will vary, but will include the following. 1. ... joue de la clarinette / du piccolo 2. ... joue au volleyball / au football 3. ... joue de la trompette / du trombone 4. ... joue au soccer / à la gymnastique 5. ... joue au tennis / au badminton 6. ... joue du piano / de la guitare 7. ... joue au basketball / au hockey

B. Answers on tape.

III.A. Answers on tape.

B. Answers will vary.

Activités de synthèse

A. Answers will vary somewhat. Likely answers are: .C'est le débat linguistique sur les enseignes des magasins. 2.La question est : Est-ce que les enseignes doivent être complètement en français ? 3.Elle explique que les clients ne sont pas généralement francophones. 4.Elle suggère que les touristes aiment l'exotisme du français. 5.Gérard suggère que les touristes ne sont pas contents s'ils sont incapables de comprendre toutes les enseignes. 6.Maria et Gérard pensent qu'il est important de continuer à protéger et à développer le français au Québec.

B. and C. Answers may be handed in for correction. Consult your instructor.

Chapitre 3

Scène 1 : Sur le vif !

A.   Dialogue

B.   1.c 2.b 3.b 4.c 5.a 6.c 7.b

Communication, structures et vocabulaire

I.A.   Answers on tape.

B.   Answers on tape.

C.   Answers on tape.

D.   Answers will vary.

E.   1.Elle est portugaise. 2.Il est israélien. 3.Nous sommes indiens. 4.Il est martiniquais. 5.Orillia, Saskatoon et Corner Brook sont trois villes canadiennes. 6.Lourdes est une ville française. 7.La Soufrière est un volcan antillais. 8.Il a une poupée haïtienne.

F.   Answers on tape.

G.   Answers will vary. Here are some possible responses. 1.Dans une piscine, l'eau semble bleue. 2. Le violon est un instrument brun. 3.On joue au golf sur un terrain vert. 4.La macintosh est une pomme rouge. 5.Traditionnellement, on fait des jeans bleus. 6.La machine produit du popcorn blanc. 7.Avec du beurre, on a du popcorn jaune. 8.Pour jouer au basketball, on utilise un ballon orange. 9.Pour jouer au football, on utilise un ballon brun. 10.Pour faire de la natation compétitive, on porte un costume noir. 11.Napoléon, le chien des Charbonneau, est un chien noir. 12.Le zèbre est une bête noire et blanche.

II. Faire des compliments; exprimer l'admiration

A.   Answers on tape.

B.   Answers on tape.

Scène 2 : Sur le vif !

A.   **Dialogue**

B.   Answers will vary. Here are some possible responses. 1.Maria aime ses petites rues, ses vieilles maisons. 2.Selon Maria, Fort Saint-Jean est petit, calme et joli. 3.Selon Maria, Québec est actif et fantastique. 4.Elle est contente parce qu'elle a trouvé le club de squash à Laval. 5.Non, elle aime voyager, mais c'est son fils qui voyage en Colombie-Britannique. 6.Non, elle aime regarder les livres de cuisine, mais elle cuisine

Corrigé   371

mal. 7.Non, elle a eu des expériences fascinantes, mais pas vraiment dangereuses en voyage. 8.Elle planifie tout.

Communication, structures et vocabulaire

I.A. Answers will vary. Here are some samples. 1.Eh bien, écoutez, je pense que je devrais avoir une deuxième opinion. 2.Excuse-moi, mais tu as déjà raconté l'histoire de ton voyage ! 3.Bon, ben, écoute, je pense que je suis occupée ce soir. 4.Je vous demande pardon, mais j'ai une classe à dix heures et demie. 5.Voulez-vous bien m'excuser ? Je devrais préparer mon examen.

II.A. Answers on tape.

B. Answers will vary.

III.A. Answers on tape.

IV.A. 1.Oui, je lui explique que je dessine depuis longtemps. 2.Non, je ne leur montre pas tous mes dossiers. 3.Évidemment, je lui parle clairement ! 4.Certainement, je leur montre mon premier prix. 5.Non, je ne lui dis pas que je travaille bien. 6.Voyons, je ne lui dis pas que je ressemble à mon père ! 7.Oui, je leur dis que je suis libre maintenant. 8.Non, je ne lui dis pas que mon papa m'encourage !

Activités de synthèse

A. Answers will vary somewhat. 1.Georges était en vacances. Il a passé des vacances fantastiques. 2.Ils ont voyagé en avion et en voiture. 3.Ils ont visité Vancouver, les Rocheuses et Edmonton en voiture. 4.À Vancouver ils ont trouvé de bonnes températures. Il y avait des tulipes de toutes les couleurs. 5.Il y avait de la neige ici et là. 6.Oui, ils ont beaucoup apprécié leur voyage. Ils espèrent le répéter bientôt.

B. and **C.** Answers may be handed in for correction. Consult your instructor.

Chapitre 4 : Au restaurant

Scène 1 : Sur le vif !

A. Dialogue

B. Answers on tape.

Communication, structures et vocabulaire

I.A. Answers on tape.

B. Answers on tape.

C. Answers will vary.

D.   Answers will vary.

E.   Answers will vary.

F.   Answers will vary.

II.A. Answers on tape.

III.A. Answers will vary.

IV.A. Answers on tape.

V.A.   1.Je suis d'accord. Allons à la cafétéria après cette classe. 2.Ce n'est pas vrai. La Martinique n'est pas trop loin pour nos vacances. 3.Tu as raison. Cette recette va prendre trop de temps. 4.Ce n'est pas vrai. Tu n'es pas sa meilleure amie. 5.Tu exagères. L'automobile n'est pas la cause principale de la pollution de l'atmosphère. 6.Tu as tort. Tu ne peux pas aller au cinéma à six heures. 7.Il a raison de faire de la bicyclette quand il est trop nerveux.

Scène 2 : Sur le vif !

A.   Dialogue

B.   1.b 2.b 3.a 4.b 5.b 6.a 7.b

Communication, structures et vocabulaire

I.A.   Answers on tape.

B.   Answers on tape.

II.A. Answers on tape.

B.   Answers on tape.

III.A. 1.Le téléphone est sur la table. 2.Le verre est derrière la personne. 3.La personne est au milieu du lit. 4.Les chaussure sont sous le lit. 5.La table est à droite du lit. 6.La personne est entre les livres et le sac. 7.La calculette est loin du verre. 8.Le sac est à droite de la personne. 9.Le lit est à gauche de la table. 10.Le petit livre est sur le grand livre.

IV.A. Answers on tape.

Activités de synthèse

A.   Answers on tape.

B. and C. Answers may be handed in for correction. Consult your instructor.

Chapitre 5

Scène 1 : Sur le vif !

A.   1.b 2.b 3.a 4.b 5.c

B.   1.Maria 2.Jane 3.tous 4.Robert 5.Jocelyne

Communication, structures et vocabulaire

I.A.   1.b 2.c 3.c 4.b 5.a

II.A.   Answers on tape.

B.   Answers will vary but likely responses are : 1.On est le X (trois octobre, sept novembre, etc.) aujourd'hui. 2.On fait du ski nordique en hiver. 3.Mon anniversaire est en ... (mars, août, etc.). 4.D'habitude, il pleut et il fait mauvais dans ma région au printemps. 5.Non. Il fait très froid à Montréal en février.

III.A.   Answers will vary, but possible responses are : 1. Je mets un imperméable et des bottes. 2.Je mets un costume et des gants. 3.Je mets un pantalon chaud, un anorak et un chapeau. 4.Je mets un chandail et un blouson. 5.Je mets une chemise et une cravate. 6.Je mets un blouson et des bottes.

B.   Answers will vary.

IV.A.   Answers will vary, but possible responses are : 1.Je l'ai quittée à 8h00. 2.Oui, je l'ai faite à 8h30. 3.Oui, je les ai laissés chez mon père ensuite. 4.Je les ai achetées à 11h00. 5.Oui, je l'ai mise avant de déjeuner. 6.Oui, je les ai écoutées. 7.Oui, je les ai déposés chez le vétérinaire dans l'après-midi. 8.Oui, je les ai prises avant de sortir.

V.A.   Answers on tape. (Your oral answers may have been somewhat different than those given on the tape.)

B.   Answers on tape. (Again, your answers may have been somewhat different.)

Scène 2 : Sur le vif !

A.   Answers on tape.

B.   1.On l'appelle quelquefois un chien chaud. 2.On dit «dispendieux» au Canada. 3. Oui, on peut la traduire mot à mot, mais l'expression est plus forte en anglais qu'en français. 4.Oui, il y a un restaurant McDonald's (McDo) à Paris. Il est situé sur les Champs-Elysées. 5.Oui, ils en ont un. C'est la «restauration rapide».

Communication, structures et vocabulaire

I.A.   Answers on tape.

II.A.   Answers on tape.

III.A.   Answers will vary but some possible choices are : 1.Oui, j'attendais/Non, je n'attendais pas longtemps avant de faire des achats quand j'allais au marché. 2.Oui, je perdais/Non, je ne perdais pas patience s'il fallait attendre longtemps. 3.Généralement, ça dépendait de la saison. 4.Oui, j'entendais partout la voix des vendeurs. 5.Ils vendaient aussi autre chose. 6.Non, je ne répondais pas toujours à leur invitation à acheter des spécialités.

IV.A.   Answers on tape.

B.   Answers will vary but some possible choices are : 1.Je vais manger un steak-frites. 2.Jane, elle aussi, a envie d'aller au cinéma. 3.Elle a sommeil/envie de dormir. 4.Les enfants ont froid. 5. Ils ont besoin de vingt-cinq dollars. 6.Mes parents ont peur de me laisser y aller tout-e seul-e.

V.A.   Answers on tape.

B.   Answers will vary.

C.   Answers will vary but some likely choices are : 1.Je me douche dans la salle de bains. 2.Je m'endors dans ma chambre. 3.Je me rase dans la salle de bains. 4.Je prends le petit déjeuner dans la cuisine. 5.Je me repose dans la salle de séjour ou dans ma chambre. 6.Je m'habille dans ma chambre ou dans la salle de bains.

Activités de synthèse

A.   *Activité d'écoute* Answers may vary but some possible answers are : 1. Les activités culturelles comprennent (*include*) la musique, le cinéma, la peinture, la littérature, l'artisanat, etc. Moi, je préfère ... 2.Non, il y a eu un développement extraordinaire dans plusieurs domaines d'activité culturelle et artistique depuis une quarantaine d'années. 3.Les concerts, les films et la visite des musées semblent être très populaires au Québec en ce moment. 4. On peut passer des vacances tranquilles dans des campings, des gîtes d'étape et même à la ferme. 5.On va peut-être vouloir lire deux ou trois romans québécois récents !

B. and C. Answers may be handed in for correction. Consult your instructor.

Chapitre 6

Scène 1 : Sur le vif !

A.   Answers on tape. (Your oral answers may have been slightly different.)

B.   Answers will vary, but likely answers are : 1.Normalement, l'ACDI cherche des ingénieurs et des professeurs. 2.On doit être prêt à aider les autres et à vivre sans beaucoup de luxe. 3.Elle se passionne pour l'Afrique et elle a beaucoup de respect pour les valeurs humaines des sociétés africaines. 4.Il faut un visa et probablement 300 photos. 5.Il a l'intention de faire un doctorat en linguistique.

Communication, structures et vocabulaire

I.A.   Answers will vary but possible choices are : 1. ... sort/va sortir pendant toute la journée. 2. ... part/va partir en France.   3. ... le sent/sent le plat. 4. ... as bien dormi. 5. ... sert le repas.

B.   Answers will vary but some likely choices are : 1.Non, je ne dors pas bien si j'ai un examen le lendemain. 2.Je pars en vacances deux (?) fois par an. 3.Oui, je sens/Non, je ne sens pas les roses chaque fois que je vais au parc. 4.Oui, je sors souvent au cinéma avec mes copains. 5.Je sers le dîner à mes invités à sept heures.

II.A.   Answers on tape. (Your oral answer may have been slightly different.)

B.   Answers on tape.

C.   1.Mais non ! J'y vais à/en vélo. 2.Mais non ! Il y va en avion. 3.Mais non ! Ils vont en revenir en autobus. 4.Mais non ! Ils viennent d'y voyager en bateau. 5.Mais non ! J'y fais toujours des excursions à motocyclette. 6.Mais non ! Elle en revient en avion.

D.   Answers on tape.

Scène 2 : Sur le vif !

A.   1.C'est M. Charbonneau. 2.C'est Maria. 3.C'est Heather/Gérard. 4.C'est Robert. 5.C'est M. Charbonneau. 6.C'est Robert.

B.   Answers will vary.

Communication, structures et vocabulaire

I.A.   1.c 2.b 3.a 4.b 5.c

II.A.   Answers on tape.

B.   Answers may vary very slightly, but probable answers are : 1.À quelle heure espérez-vous quitter Québec ? 2.Quelle route comptez-vous prendre ? 3.Où avez-vous l'intention de passer la première nuit ? 4.Combien de jours allez-vous y rester ? 5.Où comptez-vous aller ensuite ? 6.Quels villages avez-vous l'intention de visiter ? 7.À quelle heure espérez-vous arriver à Chicoutimi ?

III.A. Answers on tape.

IV.A. Answers will vary.

Activités de synthèse

A. 1.On a tendance à penser que le Québec constitue, à lui presque tout seul, l'Amérique francophone. 2.Sauf au Québec et à Saint-Pierre-et-Miquelon, les francophones nord-américains se trouvent en situation minoritaire. 3.À peu près huit millions de francophones habitent en Amérique du Nord. 4.On trouve des francophones en Floride, en Louisiane, dans le Texas, en Californie et dans quelques autres états du centre et du nord du pays. 5.Presque 14 millions d'Américains se déclarent être de descendance française. 6.Aujourd'hui, la plupart des gens qui continuent à s'exprimer en français habitent en Louisiane ou en Nouvelle-Angleterre.

B. and C. may be handed in for correction. Consult your instructor.

Chapitre 7

Scène 1 : Sur le vif !

A. 1.Oui 2.Oui 3.Non 4.Non 5.Oui 6.Non

B. Answers on tape.

Communication, structures et vocbulaire

I.A. Answers will vary, but some possible choices for the first part of the response are : 1.Je vous montrerai comment ça marche; d'abord vous ... 2.Je vais commencer par vous présenter; ensuite, je ferai le geste suivant et ... 3.Il faut bien que vous preniez une autre route, et après ... 4.Tout d'abord, je vous demanderais de ... 5.Vous seriez gentil de me faire un petit signe de la tête ...

B. Answers on tape.

C. Answers will vary. (See again vocabulary box «*Indiquer qu'on ne comprend pas*».)

II.A. Answers will vary.

B. Answers will vary.

III.A. 1.Comment ! C'est déjà la deuxième fois que tu es allée au laboratoire ? 2.Comment ! C'est le cinquième match de tennis que tu as gagné aujourd'hui ? 3.Comment ! C'est la troisième fois que tu as visité le Mexique cette année ? 4.Comment ! C'est la dixième fois que tu as écouté le disque et tu l'apprécies enfin ? 5.Comment ! C'est la quatrième nuit de suite que tu as dormi dans ton bureau ? 6.Comment ? C'est la centième fois que tu me dis «non» ?

B.   Answers on tape.

IV.A.   Answers on tape.

Scène 2 : Sur le vif !

A.   1.c 2.b 3.a 4.c 5.b

B.   Answers will vary. Possible responses include : 1.D'abord je suis allé à la Baie Sainte-Marie, puis à Moncton, ensuite à Sudbury et enfin à Saint-Boniface. 2.En effet, les Acadiens se passionnent pour leur histoire. 3.Les Franco-ontariens constituent une grande partie des francophones hors Québec. Au Manitoba, il y a moins de francophones et le taux d'assimilation est plus élevé que dans les provinces de l'Est. 4.La différence la plus importante est que le Canada est un pays «officiellement bilingue». 5.Au contraire, on s'inquiète beaucoup dans ces provinces de la possibilité de perdre son identité de francophone.

Communication, structures et vocabulaire

I.A.   Answers will vary somewhat but some likely responses are : 1.Avant un examen de français, je me sens nerveux-euse. 2.Oui, je m'entends bien/Non, je ne m'entends pas bien avec mes camarades de classe. 3.Je me mets à étudier à ... (huit heures du soir, etc.). 4.Oui, j'ai tendance à me plaindre souvent/Non, je n'ai pas tendance à me plaindre souvent de mes professeurs parce que ... 5.Oui, j'espère/Non, je n'espère pas me fiancer et me marier un jour. 6.Oui, je m'intéresse/Non, je ne m'intéresse pas à tous mes cours.

B.   Answers on tape.

II.A.   Answers on tape.

III.A.   Answers will vary but some likely choices are : 1.Oui, je lis des magazines chaque semaine/Non, je ne lis pas de magazines chaque semaine. 2.Oui, j'écris des cartes postales à mes copains quand je suis en vacances/Non, je n'écris pas de cartes postales à mes copains quand je suis en vacances. 3.Dans ma dernière activité de rédaction, j'ai décrit ... 4.Oui, ils lisent des bandes dessinées/Non, ils ne lisent pas de bandes dessinées. 5.Oui, j'ai lu/Non, je n'ai pas lu *Pélagie la charrette*. 6.Mes parents et moi, nous nous écrivons X fois par mois.

B.   1.a 2.b 3.a 4.b 5.b

IV.A.   Answers on tape.

B.   Certain answers will vary. Possible answers include : 1.Oui, je suis allé-e/Non, je ne suis pas allé-e au théâtre la semaine dernière. 2.Mais oui, nous sommes restés/Non, nous ne sommes pas restés dans un hôtel vendredi dernier. 3.Je suis rentré-e à X heures hier soir. 4.Oui, les Charbonneau sont partis à la Martinique cette année.

5.Jacqueline Kennedy est devenue «*first lady*» en 1960. 6.Mais bien sûr, je suis tombé-e la première fois que je suis monté-e à bicyclette.

Activités de synthèse

A.   1.F Ils y arrivent vers quatre heures de l'après-midi. 2.F Il offre un beau vase à Mme Tremblay. 3.V 4.V 5.F Quand Jocelyne pense au vin de bleuet, elle a soif tout de suite. 6.F Les Tremblay encouragent Jocelyne et Robert à faire un somme avant le souper. 7.V

B. and C. Answers may be handed in for correction. Consult your instructor.

Chapitre 8

Scène 1 : Sur le vif !

A.   Answers on tape. (The oral answers you chose may have varied somewhat from the answers provided.)

Communication, structures et vocabulaire

I.A.   Answers on tape.

B.   Answers will vary.

II.A.   1.futur 2.présent 3.présent 4.futur 5.futur 6.futur 7.présent 8.futur

B.   Answers on tape.

III.A.   1.a 2.b 3.b 4.a 5.c.

B.   Answers will vary, but likely answers are : 1.Oui, je comprends presque toujours quand mon/ma prof de français me pose une question en classe/Non, je ne comprends pas (presque) toujours ... 2.Si je ne comprends pas, je dis que je ne comprends pas/je lui demande de répéter la question, etc. 3.Oui, je pense que (j'espère que) je vais comprendre parfaitement le français un jour. 4.Oui, en général, j'apprends (assez) vite les langues étrangères/Non, en général, je n'apprends pas vite ... 5.Oui, j'ai déjà appris une autre langue/Non, je n'ai pas (encore) appris ... 6.Oui, je prendrai le temps l'année prochaine d'en apprendre une/Non, je ne prendrai pas le temps ...

IV.A.   1.appropriée 2.inappropriée 3.inappropriée 4.appropriée 5.appropriée 6.inappropriée

Scène 2 : Sur le vif !

A.   Answers may vary somewhat. 1.Non, c'est faux; elle a beaucoup aimé le Marché aux Puces. 2.Non, c'est faux; tout le monde y marchande. 3.C'est probable; Chantal lui a dit de la contacter quand elle sera à Paris. 4.C'est vrai; elle doit attendre son tour. 5.Non, c'est faux; elle ne savait pas qu'il fallait prendre un numéro. 6.C'est vrai; les trains pour Charleville partent à la demie jusqu'à 19h30. 7.C'est faux; elle a payé en

Corrigé   379

espèces. 8.C'est probable; Maria est partie à 13h30 et elle est arrivée à Charleville à 15h40.

Communication, structures et vocabulaire

I.A.   Answers on tape.

B.   Answers may vary somewhat. 1.Non, les trains canadiens vont moins vite (ne vont pas aussi vite) que les TGV français. 2.C'est vrai, en France, un aller simple coûte moins cher qu'un aller et retour. 3.C'est vrai, les supermarchés en France acceptent les cartes de crédit plus souvent qu les supermarchés en Amérique du Nord. 4.C'est vrai, on est obligé de faire la queue plus souvent à la gare qu'au restaurant. 5.Non, c'est peu probable. Maria est en France depuis un mois seulement, elle ne comprend pas aussi bien (elle comprend moins bien) les coutumes françaises que les coutumes canadiennes. 6.Non, c'est le contraire. En France, une chambre d'hôtel avec douche à l'étage coûte moins cher (ne coûte pas aussi cher) qu'une chambre avec douche. 7.C'est vrai, bien sûr; le Quartier Latin attire beaucoup plus de touristes que la banlieue parisienne.

II.A.   Answers on tape.

B.   Answers will vary, but possible answers are : 1.Je suis montée dans l'avion à Vancouver. 2.Je suis descendue pendant quelques heures à Toronto. 3.Je suis arrivée à mon hôtel à six heures hier soir. 4.Oui, on a monté le petit déjeuner dans ma chambre ce matin. 5.J'ai quitté l'hôtel à neuf heures pour venir jouer au squash. 6.Non, je n'ai pas sorti les bagages de la chambre; j'ai décidé de rester (au moins) une deuxième nuit au même hôtel.

III.A.   1.b 2.c 3.b 4.a

IV.A.   1.inexact. Maria doit d'abord descendre la rue d'Arras jusqu'à la rue Monge. Après, elle va à la rue des Écoles où elle tourne à gauche. 2.exact 3.inexact. Elle sera près du Musée de Cluny et de la Sorbonne. 4.inexact. Elle prend le métro à la station St-Michel. 5.exact 6.inexact. C'est direct; il n'y a pas de correspondance. 7.inexact. C'est le contraire, la gare du Nord est juste après la gare de l'Est.

Activités de synthèse

A.   1. ... une auberge de jeunesse. 2. ... la Faculté des Lettres. 3. ... de partager avec un camarade. 4. ... un studio. 5. ... 1800 francs. 6. ... l'Office du Tourisme. 7. ... un petit studio.

B. and C. may be handed in for correction. Consult your instructor.

Chapitre 9

Scène 1 : Sur le vif !

A.   Answers will vary somewhat. 1. ... les Arnaud. 2. ... tout à fait chez eux. 3. ... la lumière de la Provence. 4. ... typique de la région. 5. ... juillet et août. 6. ... Aix (-en-Provence). 7. ... c'est une maison solide et M. Arnaud a fait des travaux. 8. ... dans les chambres et dans le salon. 9. ... s'est foulé la cheville. 10. ... un bon pédiatre.

B.   Answers will vary somewhat. 1.Les Arnaud viennent voir les Sawchuk/O'Brien pour voir si tout va bien. 2.Oui, ils trouvent que c'est une petite ville ravissante. 3.Elle a été construite au XIXe siècle. 4.Il a l'intention de faire une petite salle de jeux pour ses petits-enfants. 5.Ils sont assez soulagés parce que leur fils Andy ne s'est pas cassé la jambe.

Communication, structures et vocabulaire

I.A.   Answers on tape.

II.A.   1.Elle s'est levée à sept heures et demie. 2.Elle s'est lavé les cheveux. 3.Elle a déjeuné à huit heures. 4.Elle s'est brossé les dents. 5.Elle est allée à l'école. 6.Elle a donné son premier cours à neuf heures et demie. 7.Elle s'est reposée pendant l'après-midi. 8.Elle a écrit à Robert. 9.Elle s'est souvenue de son rendez-vous avec son amie Fatou. 10.Elle a préparé son dîner à six heures. 11.Elle s'est coupé le doigt. 12.Elle s'est couchée à onze heures et quart.

B.   Answers on tape.

III.A. Answers will vary.

B.   1.F Ça ne va pas du tout en ce moment. 2.on ne peut pas savoir 3.F Il est tombé sur la glace ce matin. 4.V 5.on ne peut pas savoir 6.F Il a mal au poignet et il se sent stressé. 7.V

IV.A.   Answers will vary, but will begin : 1.L'hiver, quand il fait froid, je préfère (+ inf.). 2.Au début de l'année scolaire, certains étudiants regrettent de (+ inf.). 3.Le week-end passé, je me suis amusé-e à (+ inf.). 4.Il n'est pas facile de s'habituer à (+ inf.). 5.Presque tous les étudiants détestent (+ inf.). 6.Hier soir, je me suis dépêché-e de (+ inf.). 7. L'année prochaine, je voudrais réussir à (+ inf.). 8.Il est très difficile de se souvenir de (+ inf.).

Scène 2 : Sur le vif !

A.   1.b 2.c 3.b 4.a 5.a 6.c 7.b

B.   1.Heather 2.Marie-Josée 3.Mme Sawchuk 4.Emily 5.Marie-Josée 6.Emily 7.Heather 8.Mme Sawchuk

Communication, structures et vocabulaire

I.A.   Answers on tape.

II.A.   Answers may vary slightly. 1.mauvais 2.mauvais 3.bon 4.mauvais 5.bon 6.bon 7.mauvais 8.bon

B.   Answers will vary.

III.A. Answers on tape.

IV.A. Answers may vary slightly. 1.Oui, je vois aussi Catherine/je la vois aussi chaque semaine. 2.Oui, j'ai vu la lettre que Pierre vous/t' a envoyée;/oui, je l'ai vue. 3.Oui, mes amis de Montréal me verront cet été. 4.Oui, je les verrai assez souvent. 5.Oui, mes parents m'ont vu-e récemment. 6.Oui, ils croiront que mes projets sont bons. 7.Oui, mon frère et moi/lui et moi, nous croyons que ce roman est ennuyeux. 8.Oui, je croirai un jour que tu ne mens jamais !

Activités de synthèse

A.   1. ... huit ... 2. ... la documentation scolaire d'Andy ... 3. ... acadienne. 4. ... trois livres ... 5. ... quatre-vingt-treize ... 6. ... rester une deuxième année si possible. 7. ... s'il comprend et parle assez bien le français. 8. ... à la piscine. 9. ... une semaine de ski ... 10. ... onze heures et demie.

B. and **C.** may be handed in for correction. Consult your instructor.

Chapitre 10

Scène 1 : Sur le vif !

A.   Answers will vary somewhat. 1.Ils se retrouvent à la gare de Charleville-Mézières. 2.Il voulait se promener quelques heures dans la ville. 3.Elle a passé les vacances de la Toussaint en Corse. 4.Elle lui propose d'aller dîner au buffet de la gare. 5.Il a six heures de cours chaque semaine. 6.Il est chanceux parce qu'il a reçu une bonne bourse France/Acadie. 7.Son problème principal au début de l'année scolaire était la discipline. 8.Elle comprend presque tout ce qu'on lui dit maintenant.

Communication, structures et vocabulaire

I,II.A. Answers on tape.

B.   Both affirmative and négative responses on tape.

III.A. (a)4 (b)2 (c)1 (d)5 (e)3

B.   Answers will vary.

Scène 2 : Sur le vif !

A. Answers will vary somewhat. 1. ... parce qu'il a la possibilité de rendre visite en même temps à un ami belge, et il s'intéresse à l'accent des Belges. 2. ... puisque Charleville est à quelques kilomètres seulement de la Belgique. Elle n'a pas encore bien visité Bruxelles; il pleuvait pendant sa première visite qui a duré seulement une demi-journée. 3. ... aussi la Vallée de la Meuse. 4. ... car le weekend elle fait souvent du vélo sur les petites routes de la région. 5. ... le Palais Berlaymont n'est pas très impressionnant, mais elle aime bien tous les jolis drapeaux. 6. ... qu'on a choisi Bruxelles comme siège de l'Union européenne. C'est la capitale d'un pays qui a trois langues officielles et trois régions presque autonomes. 7. ... les gens s'entendent bien et la ville est bien située sur le plan géographique. 8. ... Jean-Luc espère qu'il y aura des débouchés pour lui et ses amis.

Communication, structures et vocabulaire

I.A. Answers on tape.

B. Answers will vary.

II.A. 1.c 2.c 3.a 4.b 5.a 6.c

B. Answers will vary. Possible answers are : 1.Vous avez besoin de vous reposer *régulièrement*. 2.Prenez *seulement* quelques heures par semaine. 3.Venez *quelquefois* au ciné-club. 4.Vous y rencontrerez *sûrement/souvent* des amis. 5.Nous avons *toujours* les films les plus récents. 6.Les cinémas de la ville coûtent *beaucoup plus* cher. 7.Notre popcorn est *tout à fait/vraiment* superbe ! 8.Parlez-en *immédiatement* à tous vos camarades.

III.A. Answers will vary somewhat. Possible answers are : 1.Nous allons pouvoir partir en Belgique dans deux jours. 2.J'organise notre petit voyage depuis une semaine. 3.A mon avis, nous pouvons partir pour presque une semaine. 4.On peut être à la frontière belge en une heure. 5.Oui, nous pouvons rester à Bruxelles pendant deux jours. 6.Oui, nous allons retourner à Charleville dans quatre ou cinq jours.

B. Likely answers are : 1.implausible 2.plausible 3.implausible 4.implausible 5.plausible 6.implausible

IV.A. Answers on tape. (Your oral answers may have been slightly different.)

Activités de synthèse

A. 1. ... en Corse. 2. ... jaloux quand ils auront des cartes postales. 3. ... sept heures et demie. 4. ... mercredi. 5. ... l'heure où on fait du sport tous les jours. 6. ... Madame Trouillon lui pose une question; les autres élèves trouvent qu'il a un accent drôle. 7. ... on la taquine parce qu'elle a les cheveux roux. On se moque aussi de son accent. 8. ... de téléphoner à son amie Molly. 9. ... faire les bagages parce qu'ils partent bientôt en Corse. 10 ... Michael

Corrigé 383

B. and C. may be handed in for correction. Consult your instructor.

Chapitre 11

Scène 1 : Sur le vif !

A.   Answers on tape. (Your own oral answers may have been somewhat different.)

B.   1.b 2.a 3.a 4.c 5.a

Communication, structures et vocabulaire

I.A.   Answers on tape.

B.   Answers will vary. Likely answers are : 1.Oui, j'en suis plus ou moins content-e/Non, je n'en suis pas content-e. 2.Oui, j'en suis assez satisfait-e/Non, je n'en suis pas (assez) satisfait-e. 3.Oui, j'en ai envie/Non, je n'en ai pas envie. 4.Oui, j'en ai trouvé un/Non, je n'en ai pas trouvé (un). 5.Oui, il y en a assez/Non, il n'y en a pas assez. 6.Oui, j'en prends toujours une (pour me réveiller)/Non, je n'en prends pas toujours une (pour me réveiller) **ou** je n'en prends jamais ... 7.Oui, d'habitude, j'en ai une dizaine chaque semaine/Non, d'habitude, je n'en ai pas une dizaine chaque semaine. 8.Oui, j'en ai besoin en ce moment/Non, je n'en ai pas besoin en ce moment.

II.A.   1.Avant-hier, j'étais rentré-e de l'université à cinq heures. 2.Il y a trois jours, j'avais joué au tennis une heure et demie. 3.La semaine dernière, Marie s'était baignée quatre fois. 4.Le mois précédent, nous avions vu trois bonnes pièces. 5.Hier soir, je m'étais mis-e à lire une mauvaise autobiographie. 6.L'année dernière, Tom et Barbara étaient allés au Mexique.

B.   Answers on tape.

Scène 2 : Sur le vif !

A.   Answers may vary somewhat. 1.Plutôt implausible. Il ne pleut pas souvent à la Martinique au mois de janvier. (La saison des pluies va de juin en novembre.) 2.Plutôt implausible. Le climat chaud de la Martinique est un changement agréable pour les Charbonneau. 3.Plutôt plausible. Aline dit qu'elle aime bien le français **et** le créole. 4.Plutôt plausible. Yves, comme Aline, est fier d'être bilingue et très content d'étudier le créole à l'école. 5.Plutôt implausible. Il trouve que c'est un complexe magnifique. 6.Plutôt plausible. Ils aiment beaucoup la Martinique et Mme Charbonneau parle déjà de leur prochaine visite.

Communication, structures et vocabulaire

I.A.   1.Paris au mois d'avril. 2.Fort-de-France au mois de septembre. 3.Québec au mois de janvier. 4.Paris ... 5.Melbourne au mois de décembre. 6.Québec ...

B.   1.À la Guadeloupe en février — un maillot de bain; des sandales; un débardeur et un short 2.À New York au printemps — un sweat et des jeans; une robe en laine; une chemise à manches longues; un imperméable et des bottes de pluie 3.À Edmonton en décembre — des gants fourrés; un anorak; une écharpe

II.A.   Answers on tape.

B.   Answers on tape.

III.A.   1.conditionnel 2.conditionnel 3.futur 4.futur 5.conditionnel 6. futur 7.conditionnel 8.conditionnel

B.   Answers will vary, but all should contain a verb in the conditional.

IV.A.   1.des fruits 2.des clés 3.un livre 4.des fruits 5.une robe 6.une robe 7.un livre 8.des clés

Activités de synthèse

A.   1.faux Il pense qu'ils ne sont pas encore partis à la Martinique. 2.vrai 3.faux À la fin du mois d'octobre, la famille va partir faire du camping en Corse. 4.faux On dit que le mistral souffle pendant trois, six ou neuf jours. 5.vrai 6.faux Il espère que Réjean Charbonneau va bientôt lui renvoyer la cassette.

B. and C. Answers may be handed in for correction. Consult your instructor.

Chapitre 12

Scène 1 : Sur le vif !

A.   Answers will vary somewhat. 1.Les fêtes de Noël ont été assez difficiles pour Jocelyne parce que c'est la première fois qu'elle les passe loin de sa famille. Aussi, ça fait cinq mois qu'elle n'a pas vu son fiancé, Robert. 2.Non, elle a confiance en Fatou et Maman et elle ne veut pas les fâcher. 3.Maman a fini par comprendre les ennuis de Jocelyne quand Jocelyne lui a parlé franchement, et quand elle a expliqué le sens de «s'ennuyer» en québécois. 4.Jocelyne annonce qu'elle va se marier avec Robert. 5.Jocelyne a fait la connaissance de Robert Therrien l'été dernier quand elle travaillait à l'Université Laval. 6.Maman veut savoir si Jocelyne et Robert ont décidé de se marier tout seuls, sans demander la permission à leurs parents.

B.   1.Fatou 2.Maman 3.Jocelyne 4.Maman 5.Jocelyne 6.Fatou

Communication, structures et vocabulaire

I,II.A. Correct order is : 7; 4; 6; 3; 1; 8; 5; 2

B.   Answers will vary.

III.A. Answers on tape.

B.   Answers may vary somewhat. 1.Non, il n'arrive jamais en classe à l'heure. 2.Non, il n'a eu aucun bon résultat à ses derniers examens. 3.Non, ni son père ni sa mère ne sont contents de son travail à l'université. 4.Non, d'habitude, il ne trouve rien à faire le week-end. 5.Non, personne ne va lui offrir un bon emploi à temps partiel. 6.Non, il n'a pas encore trouvé un job d'été.

IV.A. Answers on tape.

B. Answers will vary, but all should begin : 1.Je préfère les vêtements qui ... 2 La plupart des étudiants aiment les activités qui ... 3.Les profs à notre université donnent des cours qui ... 4.Mes amis et moi, nous aimons bien les vacances qui ... 5.Je n'aime pas beaucoup les pièces de théâtre que ... 6.Ma mère fait ses courses dans les magasins que ... 7.J'adore les sports que ... 8.Mais je déteste les programmes à la télé que ...

Scène 2 : Sur le vif !

A. Answers will vary. 1.Jocelyne, Fatou et Souleye visitent le Musée des arts africains. 2.Chaque artiste veut montrer qu'il est lié à son histoire, à sa culture. 3.Après la fin de l'époque coloniale, le gouvernement a commencé à encourager les arts et Dakar a attiré d'excellents artistes. 4. Une mariée sénégalaise ne porte jamais le blanc parce que le blanc est la couleur du deuil au Sénégal. 5.Jocelyne va choisir sa robe de mariée au Sénégal — elle adore les couleurs des tissus sénégalais. 6.On trouve de très bons tisserands dans un village d'artisans près de Dakar. 7.Jocelyne et Souleye viendront dîner chez Maman et Fatou le soir de la visite du musée. 8.Un poulet aux arachides sera le plat principal.

Communication, structures et vocabulaire

I.A. Answers on tape. Depending on the interpretation of what was said, the answer to sentence 3 could also have been : «Oui, c'est atroce !», and the answer to sentence 4 might have been ; «Oui, elle (Jeannette) est fantastique !»

B. Answers will vary.

II.A. Answers on tape.

B. 1.Si j'étais le Premier Ministre, je parlerais plus souvent aux Canadiens à la télévision. 2. ... je m'occuperais beaucoup plus de l'économie. 3. ... je choisirais une femme comme Ministre des Finances. 4. ... je m'intéresserais plus aux problèmes régionaux. 5. ... j'attendrais un an avant d'augmenter les impôts sur le revenu. 6. ... je créerais un système national de bourses pour les étudiants

Activités de synthèse

A. Answers will vary somewhat. 1.Elle a envoyé quelques lettres assez tristes à Robert parce qu'elle se sentait très dépaysée et elle s'ennuyait fort de sa famille. 2.Elle se sent soulagée maintenant parce qu'elle a tout dit à Maman. 3.Robert a passé les vacances de Noël avec sa famille à Sudbury. 4.Il aimerait bien faire la connaissance de la «deuxième maman» de Jocelyne un jour. 5.On voit des Sénégalais de toutes les classes en train de mâchonner des cure-dents. 6.Chez elle, on le fait aussi, mais en privé. 7.Elle y est allée pour acheter sa robe de mariée. 8.Elle va lui montrer le tissage sénégalais traditionnel. 9.Il la verra le jour du mariage, pas avant. 10.Il propose le 23 juin; comme ça, ses parents peuvent être là pour le mariage et la fête de la St.-Jean Baptiste le 24.

B. and C. may be handed in for correction. Consult your instructor.

Chapitre 13

Scène 1 : Sur le vif !

A.   Answers will vary somewhat. 1.La «véritable crise» dont parle Hassan est que les gens ont beaucoup plus d'allergies aujourd'hui que dans le passé. 2.Charlotte est partie en Arizona parce que la pollution à Toronto la gênait beaucoup. 3.Michael trouve incroyable que le gouvernement dise aux Canadiens d'éviter de rester au soleil. 4.Heather pense que Michael exagère; à son avis, il est très important que les gens prennent des précautions. 5.Elle pense que la pollution et la destruction de la couche d'ozone sont les deux problèmes les plus graves. 6.Marie-Josée pense que les gens veulent protéger l'environnement seulement si ça ne dérange pas leurs habitudes. 7.La technologie du recyclage et des produits moins nocifs offrent d'énormes possibilités aux grosses entreprises.

Communication, structures et vocabulaire

I.A.   1.présent du subjonctif (soit) 2.passé composé (sont partis) 3.passé composé (a fini) 4.présent du subjonctif (puissiez) 5.passé du subjonctif (se soit levée) 6.l'indicatif présent (vend) 7.passé du subjonctif (aient oublié) 8.présent du subjonctif (prenne)

B.   1.a 2.a 3.c 4.b 5.b

II.A.   Answers on tape.

B.   Answers will vary. Possible answers are : 1.Suzanne a le livre dont j'ai besoin en ce moment. 2.La femme près de laquelle je me trouvais est la soeur de Lise. 3.C'est surtout le racisme que les gens doivent essayer de combattre dans la société aujourd'hui./Ce que les gens doivent essayer de combattre dans la société aujourd'hui, c'est le racisme. 4.Ce qui me plaît beaucoup, c'est un bon match de tennis. 5.La gare dans laquelle j'ai rencontré mon camarade est la gare de Marseille. 6.C'est exactement ce dont elle parlait hier.

Scène 2 : Sur le vif !

A.   Answers on tape. Your own oral answers may have been somewhat different.
B.   Answers may vary. Likely answers are : 1.Heather 2.Hassan 3.Marie-Josée 4.Michael 5.Hassan 6.Heather

Communication, structures et vocabulaire

I.A.   1.d 2.b 3.e 4.a 5.c

B.   Answers will vary.

II.A.   Answers on tape.

III.A. and B. Answers to both series of questions will vary. The questions asked were :

    A. 1.A peu près combien de fois êtes-vous sorti-e le mois dernier ? 2.Et avec qui êtes-vous sorti-e le plus souvent ? 3.Qu'est-ce que vous avez fait la plupart du temps ? 4.De quoi est-ce que vous avez beaucoup parlé avec vos amis ? 5.Et qu'est-ce qui vous a préoccupé le plus le mois dernier ?

    B. 1.Vous suivez peut-être plusieurs cours cette année. Lequel préférez-vous ? 2.Et lequel de vos cours est le plus difficile ? 3.Est-ce que la personne avec laquelle vous vous entendez le mieux étudie à la même université ou au même collège que vous ? 4.De toutes les émissions à la télé, lesquelles regardez-vous le plus souvent ? 5.Est-ce que les questions auxquelles vous répondez avec difficulté sont souvent posées trop vite ?

Activités de synthèse

A.   1. ... le dialecte du Poitou-Charentes (le dialecte de l'ouest de la France). 2. ... elle parlait patois. 3. ... dans une ou deux générations, on ne parlera plus patois dans sa région. 4. ... est mort très jeune, à l'âge de 42 ans. 5. ... de rester dans le village pour être viticulteur comme son père et grand-père. 6. ... reviennent vivre dans le village après avoir fini leurs études universitaires. 7. ... c'est typique des petits villages de la région; il y a du chômage partout en France.

B. and C. may be handed in for correction. Consult your instructor.

Chapitre 14

Scène 1 : Sur le vif !

A.   Answers will vary somewhat. 1.La conversation a lieu chez les Charbonneau. 2.M. Charbonneau est content d'être de retour au Québec, mais Mme Charbonneau aurait aimé rester plus longtemps à la Martinique. 3.Jocelyne propose de lui donner quelques recettes sénégalaises, dont (*including*) sa recette favorite, la soupe à l'arachide. 4.Ils se marieront le 22 juin, deux jours avant la fête nationale. 5.Non, ils ne vont pas y partir, ce serait bien trop cher/dispendieux. 6.Elle enseignera le tissage dans un collège. 7.Il préparera une maîtrise en ethnologie parce que le folklore le passionne de plus en plus.

Pronunciation

    Speakers were from : 1.Québec 2.southern France 3.northern France ("standard" accent) 4.Québec 5.Acadie 6.northern France 7.southern France 8.Acadie

Communication, structures et vocabulaire

I.A.   Answers may vary. 1.Bon anniversaire ! 2.Bravo/chapeau ! 3.Oui, joyeuses Pâques !

    4.Tous nos voeux de bonheur. 5.Félicitations !

II,III. A. 1.b 2.a 3.a 4.c 5.c

B.   The second part of each answer will vary, but should contain a verb in the past conditional. Sentences should begin : 1.Si Robert était venu passer deux semaines avec moi à Dakar ... 2.Si Emily et Andy avaient détesté leurs écoles cette année ... 3.Si ma femme n'avait pas commencé sa collection de recettes il y a longtemps ... 4.Si je n'avais pas décidé d'être assistante cette année ... 5.Si je n'étais pas allée souvent faire du sport cet hiver ... 6.Si Gérard avait pu venir en Louisiane ...

IV.A.   Verbs are indicated in brackets. 1.plus-que-parfait (avais fait) 2.conditionnel présent (irions) 3.futur antérieur (aura écrit) 4.plus-que-parfait (nous étions habitué-e-s) 5.passé du conditionnel (aurais fini) 6. futur antérieur (se seront rencontrés) 7.passé du conditionnel (seriez arrivé-e-s) 8.passé du conditionnel (me serais permis)

B.   Answers on tape.

C.   Second part of answer will vary. Yvette said : 1.Avant l'an 2050, on aura découvert une guérison pour toutes les formes du cancer. 2.Avant l'an 2050, les gens se seront complètement arrêtés de polluer notre planète. 3.Avant l'an 2050, on sera parti établir une colonie sur la lune. 4.Avant l'an 2050, quelqu'un aura couru les cent mètres en sept secondes. 5.Avant l'an 2050, tout le monde se sera habitué à un monde sans frontières politiques.

V.A.   Answers will vary. Possible answers are : 1.Oui, quelques-uns de mes profs cette année sont assez exigeants. 2.Mais oui, j'aurai d'assez bonnes notes dans certains de mes cours. 3.Oui, plusieurs de mes amis suivent exactement les mêmes cours que moi. 4.Oui, d'autres suivent un programme complètement différent. 5.Oui, quelqu'un que je connais n'est pas du tout content de son année/En général, chacun de mes camarades est assez satisfait. 6.Oui, j'espère faire quelque chose de très différent l'année prochaine.

VI.A. Answers on tape.

B.   1.c 2.b 3.c 4.c 5.b 6.a

Scène 2 : Sur le vif !

A.   Answers on tape

B.   (a) la lettre de Jane 1.F Jane a décidé de faire un tour à bicycle autour du Lac Champlain. 2.V 3.F Elle avait suivi un cours sur le cinéma québécois à Laval. (b) la lettre de Gérard 1.V 2.F Il a interviewé une famille de viticulteurs. 3.F Il hésite entre deux possibilités : faire une carrière en linguistique et retourner vivre dans son village natal.

Activités de synthèse

A. Answers will vary somewhat. 1.Oui, elle a visité la Corse, la Belgique, et Paris. Elle a aussi fait du ski en Suisse. 2.Les journées d'école sont bien plus longues en France. 3.On fait l'appel dans chaque classe. Aussi, il est interdit de quitter le collège si on y déjeune à midi. 4.Le système français semble à Maria être plus rigide; la discipline est très importante. 5.On est souvent bien content d'avoir la moyenne, 10/20. 6.Les profs français font assez souvent des grèves et ils descendent quelquefois dans la rue pour faire des «manifs». 7.Elle voudrait être prof de français au Canada un jour.

B. and C. may be handed in for correction. Consult your instructor.

READER REPLY CARD

We are interested in your reaction to *Bonne route ! À la découverte du français dans le monde: Cahier d'exercices / Manuel de laboratoire* by Gesner, Brown, De Méo, and Metford. You can help us to improve this book in future editions by completing this questionnaire.

1. What was your reason for using this book?
   ☐ university course ☐ continuing education course ☐ personal interest
   ☐ college course ☐ professional development ☐ other _____

2. If you are a student, please identify your school and the course in which you used this book.

3. Which chapters or parts of this book did you use? Which did you omit?

4. What did you like best about this book? What did you like least?

5. Please identify any topics you think should be added to future editions.

6. Please add any comments or suggestions.

7. May we contact you for further information?

   NAME: _____
   ADDRESS: _____
   _____
   PHONE: _____

(fold here and tape shut)
